# 傳統文學的現代詮釋

東海大學中國文學系編

文史哲出版社印行

傳統文學的現代詮釋 / 東海大學中國文學系
編. -- 初版. -- 臺北市：文史哲，民 87
　　面：　公分
　　ISBN 957-549-141-6(平裝)


1. 中國文學 - 論文, 講詞等


820.7

# 傳統文學的現代詮釋

編　輯　者：東海大學中國文學系
執 行 編 輯：吳　　　福　　　助
助 理 編 輯：張　素　華　劉　瑞　玲
出 版 者：文　史　哲　出　版　社
登記證字號：行政院新聞局版臺業字五三三七號
發 行 人：彭　　　正　　　雄
發 行 所：文　史　哲　出　版　社
印 刷 者：文　史　哲　出　版　社
　　　　臺北市羅斯福路一段七十二巷四號
　　　　郵政劃撥帳號：一六一八〇一七五
　　　　電話 886-2-23511028・傳眞 886-2-23965656
　　實價新臺幣三八〇元
中 華 民 國 八 十 七 年 四 月 初 版

中華文化與文學學術研討系列
第三次會議

# 傳統文學的現代詮釋

## 研討會論文集

主辦單位：東海大學中國文學系
贊助單位：教　　育　　部
時　　間：民國 86 年 5 月 31 日
地　　點：東海大學　茂榜廳

# 序

## 李　立　信

　　在過去的三年裡，本系已經舉辦過兩次「中華文化與文學學術研討系列」了。舉辦這個討論會的目的，一則是基於「以文會友」；再則本系同仁與國內學術界也因而得以互動；三則同仁的研究成果，得以有發表的園地。這真是一舉數得的事。

　　中華文化範疇極廣，為了讓討論會有一個比較明確的目標，所以每次會議都設定一個主題，今年會議的主題是「傳統文學的現代詮釋」。這次會議總共宣讀了十二篇論文。其中吳福助先生的〈文學詮釋學理論體系的構建〉及甘漢銓先生的〈從字詞的訓詁到作品的詮釋〉是從理論層面來探討文學詮釋學；而李建崑、徐照華、李立信、魏仲佑、林金龍、許建崑諸先生的論文，則是以現代詮釋的角度去看古典文學；而薛順雄、林茂賢、林政華三位先生的論文，則是將詮釋的對象，定著在台灣的古典文學上；而廖美玲女士的論文，則是從西方閱讀理論的立場，來談詮釋學。可見此次學者提出的論文，不僅照顧的面極廣，而且對「古典文學的現代詮釋」此一課題，也產生相當正面的意義。

　　大部分的學術討論會都集中在北部或南部舉行，本系每年在中部舉辦一次「中華文化與文學學術研討系列」，基本上盡量邀請中部的學者參加，大概可以發揮一點平衡的作用吧！

# 傳統文學的現代詮釋
## 目　　錄

# 「文學詮釋學」理論體系的構建

## 吳　福　助

## 一、前　言

　　「文學詮釋學」這個名詞，是由東海大學中國文學系薛順雄教授首先提出來的。薛教授於民國85學年度上學期（1996年9月–1997年1月），在該系碩士班新開「文學詮釋學」選修課程，目的是帶領研究生，將大學階段所修習的「目錄學」、「版本學」、「校勘學」、「辨偽學」、「輯佚學」、「文字學」、「聲韻學」、「訓詁學」、「詞彙學」、「語法學」、「修辭學」等學科的知識，加以系統串連，靈活運用，從而探索文學作品的豐富意蘊，做出客觀正確具有學術深度的詮釋。本文依此理念繼續思考，提出有關構建「文學詮釋學」完整的理論體系的初步設想，不揣譾陋，奉獻給文學界同好作為討論的參考。

　　本文提出「文學詮釋學」這個新名詞，讀者諸君看到後，大概會即刻想到西方的「詮釋學」（Hermeneutics，或譯解釋學、闡釋學），並且想要知道彼此有否關聯。「詮釋學」在西方，迄今為止，已經歷了三種主要形式：㈠早期詮釋學或局部詮釋學：它主要是對具體領域如聖經、法典、寓言等文獻材料的文字和寓意的解釋。㈡一般詮釋學：它基本上是方法論的。已不局限於具體文獻和經典的解釋方法和規則，而試圖提出適用於各個領域的普遍的理解方法和解釋規則。㈢哲學詮釋學：它是對理解和解釋的

各個方面的反思，和對它們所出現的全部領域的反思。它不再宣揚方法論的意義，反而成爲對方法論的批判、對理解中的意識形態作用的批判、對各種形式解釋的前提和限制的批判❶。筆者自問對西方詮釋學理論並無研究，因此本文歉難廣加援用。如何將19世紀以來西方詮釋學運用在文學作品詮釋上的豐富成果，加以融貫瞭解，並進一步超越其理論本身的片面性和解決問題的有限性，從而構建更爲完善的符合中國大陸及臺灣本土傳統與現當代文學需要的「文學詮釋學」理論體系，這只有寄望四方博洽君子將來的努力了。

## 二、「文學詮釋學」學科的成立

文學是以語言爲媒介，塑造具體的、生動感人的藝術形象，揭示並反映社會現實，從而表達作者思想、感情的一種藝術門類❷。它在一定的社會經濟基礎上形成和發展，與時代環境和各種社會歷史因素有密切的聯繫，同時又具有自身發展的規律。

由於文學產生社會背景的複雜難究，寫作、傳播過程的曲折多變，文學的詮釋，不可能僅限於運用文學自身的理論，必然還要牽涉到很多相關的學科才能圓滿達成。現代的學術發展，一方面學科劃分越來越細，分支越來越多；另一方面，學科之間相互滲透、相互交叉、相互結合，不斷湧現與傳統學科分類迥然不同的新學科，也就是「跨學科」。這種「跨學科」是跨介於傳統學科之間及跨出傳統學科之外。一般所說的「跨學科」，主要包含

❶ 以上參考鄭杭生主編：《現代西方哲學主要流派》（北京，中國人民大學出版社，1988年2月），第7章「解釋學」。
❷ 藝術一般可分爲四大門類：(1)造型藝術，如繪畫、雕刻。(2)表演藝術，如音樂、舞蹈。(3)綜合藝術，如戲劇、電影。(4)語言藝術，即文學。參考鄭擇魁、蔡良驥（主編）：《中文專業基礎知識總匯》，杭州，杭州大學出版社，1990年5月，頁1，「藝術」條。

「邊緣學科」、「橫斷學科」、「綜合學科」、「其它新興學科」
四種類型❸。「文學詮釋學」應該屬於「綜合學科」一類，它是
以特定的「文學詮釋」問題或任務目標爲研究對象，把已有的文
學分支學科以及相關的多元學科，有機地結合在一起，從而形成
新興的學科。它應是建立在總結並繼承傳統學問研究成果的基礎
上，並且適時地創立或衍生出一套科學的理論體系和卓有成效的
研究方法，從而爲文學作品的分析和解釋，開拓了深廣的符合時
代要求的新境界。

　　一篇文學作品，一旦經由作者創作完成，公諸於世，就成了
一個獨立自主的客體存在。這時作者對作品的一切，已經不再回
答讀者的任何提問，讀者與作者之間已失去了對話者雙方所共有
的語境。作品本身是一整套用語言和文字符號組成的嚴密的、封
閉的系統。有人對這個語言符號系統的性質，作了如下生動的比
喻：

> 它好似一個冷面美人，以其美麗端正的儀態吸引著眾多觀
> 眾，使許多人嘆爲觀止，但是，只有那些能了解她的獨特
> 性情和環境背景的人，才有可能接近她。它又好似一座宏
> 偉的殿堂，以極其完整和諧的建構組成了一個輝煌的整體，
> 只有那些掌握著能解開他各個門戶的鑰匙的人，才能夠拾
> 級而上，登堂入室❹。

　　理解一篇文學作品，首先要掌握語言符號系統的語言單位、
技法結構、文體形式。然後感受作品的形象體系指向的歷史內容，
包括客觀的社會生活內容和作家主觀的理解、評價。進一步領悟

---

❸見張光忠《社會科學辭典》，中國青年出版社，1990年10月。
❹曾祥芹、韓雪屏（主編）：《閱讀學原理》，河南教育出版社，1992年
　6月第1版，頁198。

形象或意境深沈的象徵意蘊，從而建構作品所表達的多層次、多面向的意義。這是文學作品詮釋的整個步驟。正因文學詮釋牽涉問題的繁難，「文學詮釋學」的成立，也就有了可能和必要。

# 三、文學詮釋的基本原則

文學現象錯綜複雜，文學詮釋是一種內潛很深的智力活動。詮釋文學作品的基本原則，大抵有三：

## ㈠應包括文學現象的整個基本流程

文學作品從孕育產生到現實功能的整個基本流程，可分為六個階段：

### 1.生活現實

包括社會生活、個體生活。包括物質生活、精神生活、情感生活。是文學創作的源泉，同時也影響了作品的精神風貌。

### 2.審美對象

作家通過觀察、感受、體驗生活等途徑，攝取、累積材料，使客體外物逐步轉化為審美意識，再經過理性的整理而轉化為審美對象。

### 3.創作過程

作家對審美對象進行細緻的加工改造，通過典型化的藝術處理，謀篇佈局，確定主題，外化為藝術形象。

### 4.文學文本

是作家構思活動的物態化結果，形成文字但還未經讀者閱讀檢驗的感性實體。

### 5.讀者接受

作家創造的文本，存在許多空白和不確定的地方，需要讀者加以想像、補充、再創造，經過讀者「具體化」後，才成為保存

在讀者意識中的具體「作品」，從而實現文本的潛在價值。

　　6.社會實踐

　　文本通過一定的傳播管道傳達給讀者個體或社會群體，從而產生各種不同的社會功能效應。它同時又是作者獲取作品信息反饋的過程❺。

　　上述這六個階段起著各自不同的，不可替代的作用，而又彼此相互連結成一個完整的系列鏈環。文學作品的詮釋，應包括上述整個基本流程。換句話說，作品產生的時代背景、作者創作的過程、作品本身的藝術評價、作品的社會效應，均應整體加以考察，避免割裂孤立地看待問題。

### ㈡所援用的文學理論容許有多元的選擇

　　由於文學所反映生活的廣闊性和豐富性，企圖用一種唯一的文學理論來涵蓋所有的文學現象是不可能的。各種文學理論體系的觀察和參照系統不盡相同，卻是可以彼此照映，相互補充。如果對它們進行整合，就可以獲得一個比較全面而完整的文學觀念架構。因而，在不排斥各個學派堅持自己的立場、觀點的基礎上，文學詮釋所援用的文學理論，應容許有多元的選擇。

### ㈢反映文學作品社會價值的高低

　　作家在文學創作過程中，通常會有明確的社會責任感，考慮到作品的社會效果，並以此制約、規範和指導自己的創作實踐。綜觀一般作家所表現對他人與他物的關懷，大抵可分為：(1)男女之愛，(2)家庭之愛，(3)社會之愛，(4)人類之愛，(5)萬物之愛。這五個層次由低而高，且可據以詮釋文學作品社會價值高低的標

---

❺參考王春元〈作品在文學整體中的位置及其存在方式〉，收入氏著《文學原理——作品論》，北京，社會科學文獻出版社，1989年9月，頁8-14。

準❻。

## 四、「文學詮釋學」理論體系的構建

「文學詮釋學」理論體系的構建,大抵可分為三個層次:(1)文學文獻學,(2)文章學,(3)相關學科。上述三個層次,第一層考察文學作品的原貌,用以奠定詮釋文學現象時堅實的考據基礎。第二層理解文學作品的體裁、結構、技法、語言、風格以及作家素質、創作過程,是文學詮釋學最主要運用的學科,為「文本」的解析提供大量的理論和方法。第三層剖析文學作品的多側面內容及其意蘊,可與文學作有機體的結合,提供多視角、全方位的研究方法。三個層次由底而高,逐層上昇,從而掌握文學作品詮釋的全部過程。

### (一)文學文獻學部份

文學文獻學,是以有文字記載的、有某種載體的文學作品和著作為對象,以目錄學的原理為基礎,並運用版本、校勘、辨偽、輯佚、編纂等知識的理論與手法,從而研究蒐集、鑒別、整理、利用文學文獻的規律和方法的學科。它揭示和反映了文學文獻的種類及其源流、出版物的演變歷史等。它有利於文學作品原貌及流傳利用情況的探索,為文學作品的詮釋,奠定了堅實的文獻考據基礎。

### (二)文章學部分

文章學以文章為研究對象。它研究文章的本質,文章的產生和發展,文章的分類,文章的構成要素,作家的素養,文章的寫作流程,文章的技法、風格,文章的閱讀鑑賞等。是研究文章的

---

❻此觀點係薛順雄教授口頭提供。

內部規律和讀寫技法、規律的學科。

文章學內容，包括：

**1. 源流論**

系統研究作品發展演變的規律及其與歷史傳統的關係。

**2. 文類論**

系統研究作品分類的意義、原則，以及分類法的發展、演變規律。

**3. 文體論**

系統研究作品內容的具體表現形式，包括體裁的特徵，內容與體裁的關係，體裁的發展規律。

**4. 要素論**

系統研究作品構成的基本要素，包括題材、主題、結構、語言四項。

**5. 作家論**

系統研究作家的文學思想、個性心理、人格結構、文化環境，以及其相互作用的生命規律。

**6. 創作論**

系統研究文學創作的整個流程，包括感知階段、構思階段、表達階段、傳播階段。

**7. 技法論**

系統研究作品的鍛字鍊句、謀篇布局、音韻節奏、語法修辭，以及敘述、描寫、議論、抒情手法的藝術規律。

**8. 風格論**

系統研究作品從整體上表現出來的一種獨特而鮮明的審美特徵，包括民族風格、時代風格、個人風格形成的客觀和主觀因素。

**9. 閱讀論**

系統研究作品經一定的傳播渠道傳達給讀者，產生各種不同的社會功能效應，同時作者又獲取文章信息反饋的過程。

文學詮釋的對象是「文本」——文學作品本身。文章學總結了文學創作的基礎理論知識和分科的專業知識，也揭示了作品構成及發展的一般及特殊的藝術規律，爲文本的解析提供了大量的理論與方法，應是文學詮釋學最主要運用的學科。

### ㈢相關學科部份

長期以來，人們爲了認識世界，不得不將各種對象從原來的整體和聯繫中，孤立起來，加以切割與分析，從而建立各門學科。這種從聯繫中孤立起來的割裂研究，不可能不在某些方面失去了事物原來的特性。文學觀念和文學體系本來就是一種多元的複雜現象，爲了深入研究文學，就必需聯繫文學自身的分支學科與其他外圍相關學科，進行綜合整體的研究。參照物越多，參照系越完整，得出的結論也越完善正確。尤其在人類知識急劇發展的今天，學術體系的構建詳贍邃密，理論架構與分析方法不斷創新，資訊又快速傳播、相互影響的嶄新學術環境裏，文學如何運用自身及其它相關學科的新知，予以適當詮釋，俾能因應現代社會生活的需要，此乃學術界急待探索的新課題。

## 五、中國傳統文學的現代詮釋

以中國傳統文學的現代化詮釋爲例，可以援引作有機體的結合，開拓多視角的領域的多元相關學科，及其適合詮釋的相關主題，謹舉例擬構如下，以供參酌：

1.從「文學心理學」觀點，詮釋傳統文學作家的素養（非智能、智能因素）、寫作過程（感知、構思、表達、傳播）。

2.從「文學批評學」觀點，詮釋文學批評對總結傳統文學創

作經驗，促進文學理論發展的作用。

3.從「比較文學」觀點，詮釋傳統文學題材、體裁、技巧、風格等方面的民族特色，以及在世界文學史上的特殊意義。

4.從「兒童文學」觀點，詮釋傳統民間兒童歌謠的民俗背景、兒童心理，以及其所發揮的審美教育作用。

5.從「接受美學」觀點，詮釋讀者的審美要求和社會評價，對傳統文學作家創作的推動和制約作用。

6.從「語言學」觀點，詮釋傳統文學由語文分離形成的兩大主流及其發展情況。

7.從「語意學」觀點，詮釋傳統文學遣詞用字的眞義所在，排除不必要的誤解。

8.從「哲學」觀點，詮釋哲學對傳統文學創作和文學思潮的關係。

9.從「宗教學」觀點，詮釋傳統宗教文學的意識特徵、宗教經驗，從而擬構未來宗教文學的新方向。

10.從「歷史學」觀點，詮釋歷代「傳記文學」的發展過程，及其與歷史的關係、內容基本特徵、社會作用、文學價值。

11.從「文化學」觀點，詮釋傳統物質文化、精神文化、文化價值系統，對文學特質的影響。

12.從「民族學」觀點，詮釋各民族文學所反映的社會型態、婚姻家庭與親屬制度、宗教與道德、民間文藝特色。

13.從「社會學」觀點，詮釋歷代小說對社會環境描寫的具體性和典型性。

14.從「民俗文化學」觀點，詮釋傳統文學的民俗基因，文學發展的民俗化傾向，以及文化變動。

15.從「藝術」觀點，詮釋傳統文學作為「語言藝術」，與

「造形藝術」、「表演藝術」、「綜合藝術」的相互作用。

　　16.從「自然科學」觀點，詮釋傳統文學中的自然科學知識，以及人類與生物自然的相互關係。

　　茲舉比較文學、接受美學爲例，進一步加以論析。

### ㈠比較文學

　　比較文學是文學研究的一個分支，專指跨越國家、民族和語言界限的文學比較。它以不同民族、不同國家和不同語言的文學之間的相互影響、相互關係爲研究對象，通過它們在文學思潮、文學理論、作家作品之間的影響、異同和關係的研究，認識各民族文學所擁有的特點，並探索世界文學發展的共同規律❼。

　　比較文學的研究方法，有影響研究、平行研究、跨學科研究等大類❽。它打破了文學研究的封閉狀況，開創了運用兩種或多種文化體系觀察文學現象的思維空間。譬如中國文學理論帶有直觀性和經驗性，西方文學理論帶有分析性和系統性。西方特重認識論之眞，把藝術描繪合乎理性邏輯作爲事實的內在標準；中國特重心理學之眞，往往把情感邏輯看成比理性邏輯更決定性地影響著藝術的眞實性。西方的藝術創作論特別強調對對象的細密觀察與描摹；中國的藝術創作論則更關注對對象神韻、生氣的把握與領悟。西方的眞實論強調「客觀地」描繪對象，主體情感不能影響對生活的「如實」反映；中國的眞實論重視眞情實感的自然流露，認爲社會生活經過主體情感的中介更能獲得理想的審美境界。總之，西方更重客觀的眞實，要求主體情感盡量服從反映客

---

❼參考陳挺《比較文學簡編》，上海，華東師範大學出版社，1988年8月第二版修訂本，〈前言〉。

❽同上，第二講。另可參看：⑴樂黛雲主編：《中西比較文學教程》，北京，高等教育出版社，1988年7月。⑵劉介民：《比較文學方法論》，臺北，時報文化出版公司，1990年5月。

觀現實的認識需要；中國則把情感提到了首位，是從主體的感受與體驗出發去看待和理解外界的一切事物。兩者都對藝術眞實的本質有不同角度及層次的把握，因而都有其各自的合理性❾。這樣的分屬兩個不同文化系統的文學理論比較，深化了人們對文學現象的認識，推動了文學研究深廣度的發展。再如英國伊利莎白時代莎士比亞戲劇《羅密歐與朱麗葉》與中國明代戲曲湯顯祖《牡丹亭》的比較，東方美女杜十娘與西方名姬茶花女藝術典型的比較，中西傳統浪漫主義文學、詩學、悲劇、小說、神話傳說的比較❿，這些都是趣味盎然，對於擴大文學研究領域，探索新的研究途徑很有價值的課題。比較文學促使中國文學和文學研究自覺地面對世界，從世界文化對中國傳統文學的影響中，探究文學現象發生、發展的原因，以世界文化爲最廣闊的背景和最完整的參照體系，從而正確把握中國傳統文學的民族特徵、演變軌跡以及其在世界文學格局中的地位⓫。這對中國傳統文學的詮釋，提供了從宏觀上考察文學的很多新角度、新方法，無疑地有莫大的幫助。

## (二)接受美學

接受美學是20世紀60年代興起的一種新的文學理論和美學思潮。其基本觀點是：(1)文本(text)是指與讀者發生接受關係前，作品本身的自在狀態；作品是指被讀者經閱讀、欣賞而灌注了自己的經驗體會後的審美對象。由文本到作品，是審美感知的結果。(2)文本是召喚性的語符結構。文學作品的不朽意義，正是在於它

---

❾參考黃展人主編：《文學理論》，廣州，暨南大學出版社，1990年6月，第19章〈中西文學理論的發展〉。
❿詳見註❻。
⓫參考鄧歡六：〈中國古代文學史與全球意識〉，《文史哲》1993年第1期。

的文本是多重意義，並且引發度愈大、象徵性愈強的作品，留給讀者再創造的空間就愈廣闊。(3)文本的信息能否有效地實現審美轉化，關鍵取決於讀者以合作者、創造者和最終完成者的身分，對這種籲求所作出的響應與回答。(4)文學的歷史是作家、作品和讀者之間的關係史，是文學被接受的歷史。而一部作品被讀者接受的過程必然會經歷不斷加深、鞏固、發展、修正、推翻的過程。(5)讀者作為接受主體，其與文本對象之間的雙向交互創造作用，不僅能夠影響甚至決定文學作品在不同歷史時期的評價和地位，而且能夠催化文學風氣的改革，激勵作家的創作意願，因而讀者是推動文學創作、促進文學發展的一個決定性因素❷。

　　接受美學理論在文學詮釋學上的應用，可以民初《禮拜六》小說雜誌為例。《禮拜六》是鴛鴦蝴蝶派作家的主要陣地，編者和主要撰稿人都是鴛派知名作家，以至「禮拜六派」後來成了鴛派的代名詞。它的題材主要是描述男女私情、風流放縱、悲歡離合的故事，曲折離奇的黑幕小說、偵探小說、宮闈祕史、義俠傳奇、神怪詭談、以及滑稽詼諧故事。它是當時發行很廣的一種小說雜誌，從1914年6月到1916年4月停刊，共出版100期。1921年3月復刊後，出至1923年2月第200期終刊。據云每期曾銷行到2萬份。這批通俗文學史料如果依據接受美學理論來詮釋，把讀者的接受活動作為文學進程中的一個基本環節和重要動力來看待，可以考察作家在進行寫作時充分考慮到讀者的愛好與需求，並以此來指導、制約自己的寫作的情況，以及來自讀者的正負反饋信息對創作現狀及其發展的影響。從而說明文學作品的社會效果和功

---

❷參考胡敬署等主編：《文學百科大辭典》，北京，華齡出版社，1991年1月。又劉峰：〈讀者反應批評——當代西方文藝批評的走向〉，收入陸梅林等主編《讀者反應批評》，北京，文化藝術出版社，1989年2月。

能問題，作家、作品和讀者之間的相互關係和影響，爲文學詮釋
開拓新的領域。

## 六、結論——科學思維與藝術思維的結合

　　從19世紀末迄今20世紀末葉，在大約一個世紀的時間裡，西
方文學理論和文學批評進入了空前繁榮的時期。隨著思維科學的
發達，自然科學領域中系統論、信息論、控制論等跨學科的引入
文學研究，眾多的學者們競相標榜，自立門戶，組建成一個個各
具獨特性的理論流派，而各流派又黨同伐異，往往以批判別的流
派來界定和確立自己的體系。這些名目繁雜蔚爲大觀的理論流派，
他們所提倡的文學思潮和理論體系，大抵可分爲三種類型：(1)注
重作家的「表現」理論，(2)注重作品本體的「形式」理論，(3)注
重讀者方面的「接受」理論❸。它們理論發展的總體特點是：(1)
背棄傳統，追求新奇和時髦。(2)研究重點轉向審美主體和藝術本
體。(3)研究方法多樣化、科學化、綜合化。(4)呈現世界一體的整
體化趨向❹。這些標新立異五花八門的流派，此起彼落，紛至沓
來，相互排斥而又相互補充。某些被替代的流派成爲「明日黃花」
之後，其中合理的思想成分，便爲新的流派所吸收和發展，從而
呈現文學觀念不斷更新的現象。

　　西方的文學詮釋理論和方法，大抵是傾向於運用嚴峻的科學
的思維方式。它崇尚理性的概念分析，排斥經驗理解。它往往把
文學作品當作純粹的知識實體，一個遠離詮釋者而等待被分析的
客體，從而進行概念化的操控剖析。這種「技術掛帥」的弊病，

──────────

❸詳見賈之放：《文學意象論》，廣州，汕頭大學出版社，1993年12月，
　第2章，頁39-76。
❹同上。

已有多人指陳：

> 現代的技術性思維方式，和深藏在此方式中的權力意志，
> 導致人是站在「主宰的主體」來思考事物，並且要「宰制」
> 事物。在文學領域中，可以察見到這種技術是專注於尋求
> 一種關於「對象」(即作品)的知識，以便認識對象並能對
> 它加以控制。這種強迫性的詮釋理論（如果我們可以這樣
> 稱呼它們的話）採取了這樣一種自我為中心的、教條的、
> 封閉的方式來審視作品，以致使作品變得索然無味了。有
> 關文學的「愉悅」的論證，很少為對結構和模式的冷酷分
> 析所推進❶。

> 現在，一些試圖去「理解」一部文學作品的方法，傾向於
> 用概念化定義的理解（這種定義並不忠實於詮釋學經驗）
> 來運作。這些方法還常常制訂一些公式並事先將其記牢；
> 它們預測作品中的諷語或弔詭，或經常出現的比喻，或者
> 原型的情境。它們與其是在聆聽作品，不如說是在對它嚴
> 密盤詰❶。

如何超越一般根據「主體——客體圖式」所定義的詮釋困境，朝
向一個更為廣闊的不背棄歷史意識的理解觀，乃是目前西方文學
詮釋學界所面臨的重大挑戰❶。

　　文學並非純粹概念性的冰冷的抽象思維知識，而是具有形象
性和情感性，鮮活感人的審美經驗描寫。因而文學作品的詮釋，
也就需要科學思維與藝術思維的密切結合，才能竟其全功。一個

---

❶帕瑪(Richard E. Palmer)：《詮釋學》(Hermeneutics)，嚴平譯，臺
　北，桂冠圖書公司，1995年4月，頁289。
❶同上，頁291。
❶參見上書第三部份「對美國文學詮釋的一個詮釋學宣言」，作者對此問
　題有詳盡的討論。

理想的文學詮釋者，他妙悟善解，藝術觸覺相當靈敏，直覺思維非常發達，卻又能夠運用科學思維去整理、加工、表述他捕獲的藝術感受，並把它提昇到一定的理論水準。他的思維精確而不僵硬、模糊而不混亂。他善於運用各種思維方式而又無跡可尋，擅長理論思維而又富於熱情[18]。他對文學作品的審美理解，表現爲超感性又不離開感性，趨向概念又無確定的概念，既有感性直覺的性質又有理性認識的深度。他的理性積澱在感性之中，理解融化在情感和想像之中。這應是文學詮釋者思維品質的理想境界。

　　建設「文學詮釋學」這樣一門新興的學科，應該是集體的、公衆的、社會的事業，需要許多人付出鍥而不捨的艱苦勞動，甚至一代又一代人的長遠努力。在這個鼓勵開創性思維，充滿昂揚奮發精神的世界裡，且讓我們不負時代所託，採用「全球學」的觀點，運用世界眼光看待中國大陸及臺灣本土傳統與現當代文學，精勤不懈地共同參與文學詮釋理論的建設，耐心耕耘，向世界文壇進軍！

## 後　記

　　本文寫作的宗旨，是希望透過學術界的相互激盪，共同努力，擬構「文學詮釋學」這一門新學科的理論體系。讓多元相關學科作有機體的結合，從而爲傳統文學的詮釋，開拓多視角的領域，也爲傳統文學的研究與教學工作，提供新的充滿時代精神並富積極意義的方向。

　　承蒙講評人鄭邦鎭教授稱許本文有「超越西方，整合世界，觀照傳統，落實主體」的理想，萬分感謝，只是這樣宏偉的學術

[18] 參考傅修延、黃頗：《文學批評思維學》，北京，文化藝術出版社，1989年9月，第7章。

重任,決非筆者個人能力所可承擔。本文下筆匆匆,未能詳盡發揮,不得已謹將翻檢過的相關圖書,擇要開列於後,或可稍補本文內容的缺漏,並提供讀者進一步深入探索的參考。

# 參 考 書 目

### (一)文學文獻學

1.張舜徽:《中國文獻學》,台北,木鐸出版社,1983年7月。

2.張君炎:《中國文學文獻學》,南昌,江西人民出版社,1986年12月。

3.高振鐸(主編):《古籍知識手冊》,濟南,山東教育出版社,1988年12月。

4.羅孟禎:《古典文獻學》,重慶,重慶出版社,1989年6月。

5.徐有富(主編):《中國古典文學史料學》,南京,南京大學出版社,1992年7月。

### (二)文學原理

1.林驤華(主編):《西方文學批評術語辭典》,上海社會科學院出版社,1989年5月。

2.王春元:《文學原理——作品論》,北京,社會科學文獻出版社,1989年9月。

3.杜書瀛:《文學原理——創作論》,同上。

4.錢中文:《文學原理——發展論》,同上。

5.黃展人(主編):《文學理論》,廣州,暨南大學出版社,1990年6月。

6.李傳龍:《文學創作美學》,西安,陝西人民教育出版社,1991年6月。

7.張毅:《文學文體概說》,北京,中國人民大學出版社,1993

年1月。

8.夏之放：《文學意象論》，廣東，汕頭大學出版社，1993年12月。

## ㈢寫作學

1.張壽康（主編）：《文章學概論》，濟南，山東教育出版社，1983年6月。

2.張聲怡、劉九洲（編）：《中國古代寫作理論》，武昌，華中工學院出版社，1985年10月。

3.莊濤等(主編)：《寫作大辭典》，上海，漢語大辭典出版社，1992年4月。

4.王凱符、張會恩（主編）：《中國古代寫作學》，北京，中國人民大學出版社，1992年9月。

5.朱艷英（主編）：《文章寫作學──文體理論知識部份》，高雄，麗文文化事業公司，1994年11月。

6.劉世劍（主編）：《文章寫作學──基礎理論知識部份》，高雄，麗文文化事業公司，1996年4月。

## ㈣宗教文學

1.馬焯榮：《中西宗教與文學》，岳麓書社，1991年10月。

2.劉守華：《道教與中國民間文學》，台北，文津出版社，1991年12月。

3.詹石窗：《道教文學史》，上海，上海文藝出版社，1992年5月。

4.卿希泰：《道教與中國傳統文化》，福州，福建人民出版社，1992年6月。

5.孫昌武：《中國文學中的維摩與觀音》，北京，高等教育出版社，1996年6月。

### ㈤兒童文學

1. 朱介凡：《中國兒歌》，台北，純文學出版社，1977年12月。
2. 方衛平：《中國兒童文學理論批評史》，江蘇少年兒童出版社，1993年8月。
3. 孫建江：《二十世紀中國兒童文學導論》，江蘇少年兒童出版社，1995年2月。

### ㈥民間文學

1. 吳蓉章：《民間文學理論基礎》，成都，四川大學出版社，1987年9月。

### ㈦比較文學

1. 樂黛雲（主編）：《中西比較文學教程》，北京，高等教育出版社，1988年7月。
2. 陳挺：《比較文學簡編》，上海，華東師範大學出版社，1988年8月。
3. 樂黛雲：《比較文學原理》，香港，中華書局香港分局；長沙，湖南文藝出版社，1989年2月。

### ㈧文學批評學

1. 傅修延、黃頎：《文學批評思維學》，北京，文化藝術出版社，1989年9月。
2. 潘凱雄等：《文學批評學》，北京，人民文學出版社，1991年12月。

### ㈨文學心理學

1. 錢谷融、魯樞元(主編)：《文學心理學教程》，上海，華東師範大學出版社，1987年12月。又台北，新學識文教出版中心，1990年9月，易名《文學心理學》。
2. 胡山林：《文藝欣賞心理學》，開封，河南大學出版社，1991

年10月。

### ㈩文學美學

1.吳調公（主編）：《中國美學史料類編——文學美學卷》，江蘇美術出版社，1990年6月。

### ㈠文藝社會學

1.花建、于沛：《文藝社會學》，上海文藝出版社，1989年5月。

### ㈡民族學

1.楊堃：《民族學概論》，北京，社會科學出版社，1984年7月第1版。

2.林耀華（主編）：《民族學通論》，北京，中央民族學院出版社，1990年2月。

### ㈢民俗學

1.張紫晨：《中國民俗與民俗學》，浙江人民出版社，1985年。又台北，南天書局，1995年8月初版。

2.烏丙安：《中國民俗學》，瀋陽，遼寧大學出版社，1985年8月。

3.陳勤建：《文藝民俗學導論》，上海文藝出版社，1991年10月。

### ㈣閱讀學

1.曾祥芹、韓雪屏(主編)：《閱讀學原理》，河南教育出版社，1992年6月。

2.曾祥芹、韓雪屏(主編)：《古代閱讀論》，河南教育出版社，1992年10月。

### ㈤詮釋學

1.高宣揚：《解釋學簡論》，香港，三聯書局，1988年10月。

2.董洪利：《古籍的解釋》，遼寧，遼寧教育出版社，1993年。

3.帕瑪（著）、嚴平（譯）：《詮釋學》，台北，桂冠圖書公司，

1995年4月。

㈥**接受美學**

1.龍協濤：《文學解讀與美的再創造》，臺北，時報文化出版公
　司，1993年8月。

# 從字詞的訓詁到作品的詮釋

## 甘　漢　銓

## 一、前　言

　　訓詁在中國傳統的學術中,有悠久的歷史和重要的地位;但是訓詁的性質一直相當模糊。它既要逐字逐詞的解釋詞義,又要分析句讀、闡述語法,對虛詞和句子結構進行分析;還得說明修辭手段;研究特殊的表達方式;同時又得串講大意、分析篇章結構,對整段或全篇文章進行解釋。

　　從這些內容看來,訓詁的性質的確是模糊而龐雜的。在學術分工的要求下,我們固然可以把訓詁學分成:詞彙學、語法學、修辭學……等等不同的相關學科,但我們也必須思考前人把這些問題串聯在一塊兒,成為一貫性的工作,融合而為「訓詁」,其目的何在?功用何在?

　　近代學者多認為訓詁學即語義學(Semantics),齊佩瑢在《訓詁學概論》中指出:

　　　　訓詁學既是探求古代語言的意義,研究語音與語義間的種
　　　　種關係的唯一學科,它就應當是「歷史語言學」全體中的
　　　　一環。這樣,訓詁學也可以叫做「古語義學」❶。

但是張世祿卻認為把訓詁學比附作語義學,忽略了訓詁學的獨特

------

❶齊佩瑢:《訓詁學概論》,（台北:漢京文化事業公司,1985）頁1。

性，倒不如說它是「解釋學」(Hermaneutics)。申小龍進一步闡論，以爲無論是哲學的語義學、語言的語義學，都不具備「解釋」的性質，而訓詁事實上是以「解釋」爲本體的。因此他說：

> 張世祿把訓詁學界定爲解釋學而非語義學，不僅肯定了訓詁學以意義的研究爲核心，對我國古代經學、哲學、史學、文學、文學批評、藝術等人文學科研究和社會歷史的發展所起的積極、巨大而又深刻的作用，肯定了訓詁學作爲我國古代人文科學一般方法論的重要地位❷。

張、申二氏對訓詁性質的探討，指出了訓詁除掉在語言學方面有其意義之外，更在思想、人文方面有其深刻的作用。

汪耀楠、董洪利、馮浩菲則認爲訓詁學就是注釋學(Annotative Science)。汪氏在1991年撰成《注釋學綱要》，指出注釋與訓詁是有區別的，但是全書內容仍然難與訓詁界分清楚。董氏於1993年完成《古籍的闡釋》，雖不以注釋學爲名，內容則在討論注釋之學，認爲注釋大於訓詁，但注釋應以訓詁爲基礎。馮氏於1995年發表《中國訓詁學》則指出：

> 訓詁學就是具有綜合性質的注釋學❸。

無論我們把訓詁當做語義學、解釋學還是注釋學，事實上我們都必須體認，訓詁本身有其模糊性，因爲訓詁本身做爲一種工具，根本的作用就在於詮釋作品；小至一字一詞的解釋，大到段落篇章的分析，目的祇在詮釋作品。

本文無意去分辨訓詁究竟是語義學、解釋學還是注釋學；相反的，我們可以從訓詁的模糊性質，在作品詮釋時所產生的作用，進行觀察；從而了解前人把這麼許多問題串聯在一塊兒，形成

❷申小龍：《語文的闡釋》，（台北：洪葉書局，1994）頁462。
❸馮浩菲：《中國訓詁學》，（濟南：山東大學出版社，1995）頁8。

「訓詁」這樣一個學科的意義與功用。

## 二、從《毛傳》看早期訓詁的融貫性

### ㈠《毛傳》的豐富內容

《漢書藝文志·六藝略》著錄：《毛詩故訓傳》三十卷。這是至今流傳的《詩經》注本，習稱《毛傳》。

《毛傳》的內容包括了詞義的解釋、章句的辨析，以及故事史實和章旨題意等等；蘊含了豐富的訓詁內容，是研究《詩經》的重要資料，同時也是探討訓詁性質的重要憑據。

《毛傳》的解釋內容是豐富而多樣的，根據馮浩菲的《毛詩訓詁研究》歸納分析，指出《毛傳》的訓詁內容共有七大類：

1.介紹每篇詩的意義、寫作背景及作者
2.解釋詞義
3.譯釋詩句
4.闡發蘊意奧義，補釋往事舊聞
5.揭示語法
6.揭明寫法
7.闡述詩理❹

這麼豐富的內容，其目的也不外是詮釋作品。用這種融匯貫串的方法態度來進行作品詮釋，而名之曰：「故、訓、傳」，其實正說明了訓詁原是一種融合性的詮釋工作，並非限於單純死板的就字釋義而已。

### ㈡「故、訓、傳」的名義

關於「故、訓、傳」三者的名義，歷來說法不同，唐·孔穎

---

❹馮浩菲：《毛詩訓詁研究》，(武昌：華中師範大學出版社，1988)頁57。

達在《毛詩正義》中說：

> 詁訓傳者，注解之別名。毛以《爾雅》之作，多爲釋詩，
> 而篇有〈釋詁〉、〈釋訓〉，故依《爾雅》訓而爲《詩》
> 立傳。傳者，傳通其義也。……詁者，古也。古今異言，
> 通之使人知也。訓者，道也，道物之貌以告人也。……然
> 則詁訓者，通古今之異辭，辨物之形貌，則解釋之義盡歸
> 於此。……言詁訓足總眾篇之目。

《正義》的說法，祇是把詁、訓之名歸本於《爾雅》，對「傳」
的解釋不多，也難以顯示《毛傳》的特點。

清代馬瑞辰在《毛詩傳箋通釋·毛詩訓詁傳名義考》中指出：

> 蓋散言則故訓傳俱可通稱，對言則故訓與傳異，連言故訓
> 與分言故訓又異。……蓋詁訓第就經文所言者而詮釋之，
> 傳則並經文所未言者而引伸之，此詁訓與傳之別也。……
> 詁第就其字之義旨而證明之，訓則兼其言之比興而訓導之，
> 此詁與訓之辨也。毛公傳詩多古文，其釋詩實兼詁訓傳三
> 體，故名其書爲詁訓傳。
>
> 嘗即〈關睢〉一詩言之，如「窈窕，幽閒也。淑，善；逑，
> 匹也。」之類，詁之體也。「關關，和聲也。」之類，訓
> 之體也。若「夫婦有別，則父子親，父子親則君臣敬，君
> 臣敬則朝廷正，朝廷正則王化成。」傳之體也。而餘可類
> 推矣。訓故不可以該傳，而傳可以統訓故，故標其總目爲
> 詁訓傳，而分篇則但言傳而已。

馬氏的說法確認了故、訓、傳爲三種不同的訓詁體式，其中故是
最簡單質朴的「就其字之義旨而證明之。」因此窈窕、淑、逑等
字的解釋都屬於詁。訓是進一步探討比興問題的。比興不屬於字
詞的基本義，而是透過譬喻、暗示的應用詞義，譬如「關關」一

詞如果解作「聲也。」則是單純的「詁」；解作「和聲也。」就已經進一步點出了字詞背後的暗示性，也就是比興的作用了。這是注者對作者遣詞用字技巧手法的體認與分析。至於「傳」所涉及的就更廣更遠了，誠如馬氏所說，是「並經文所未言者而引申之。」已經完全脫離了就字釋義的素朴面貌，也不是技巧手法的分析，而是對作品思想內容的闡述與評論。

　　(三)「故、訓、傳」的批評

　　《毛傳》融合了故、訓、傳三種解經的體式，對三百篇進行了全面的解析，其結果是有得有失的。因為素朴的詁，固然相當細密的為我們解釋了詞義；但是訓和傳的部份卻是相當主觀而缺乏憑據的。訓所談的比興問題，關係到注者對作品的感受與分析的能力，有時雖能精闢的指出字詞背後的言外之意，給讀者相當的啟發；但有時也確屬多餘、牽強甚至錯誤。至於傳的引申闡論，則根本是注者自己思想的投影，不但與詞義無關，而且有誤導讀者，偏離主題誤解作品的可能。

　　齊佩瑢在《訓詁學概論》中分析了漢儒解經的各種體裁。齊氏的意見，略如下：

　　1.訓故、故、解故、訓、訓纂為一類。其中訓類「辭多說博，其旨闡微著隱，著眼在說解義理，已超出訓釋古字古言的樸素本色了。」

　　2.傳、記、傳記、雜記為一類。他認為：「訓故祇是就字釋義，而傳記則在轉錄師說，或推其意，或廣其事，蔓延泛濫而不能守其本原。」

　　3.說、略說、說義為一類。齊氏曰：「傳記之屬已經就有些駁雜濫漫，而說義之類更是大放厥辭，絮絮不休。」

　　4.微為一類。「此例僅《春秋》有之，蓋夫子微言大義，

　　　　必待後學闡發而始著明也。」

　　　5.章句為一類。

齊氏總結各類的分析，認為：

　　　站在語學的立場上說，只有訓故是一切解釋古書方法的基
　　　礎，而且也祇有它較為可靠，較為客觀，較為科學❺。

從可靠、客觀、科學的角度，看這個問題，則唯有齊佩瑢所指的
「訓故」、馬瑞辰所指的「詁」是信而有徵的。齊氏的觀點代表
了語言學的立場，相當嚴謹的看詞義和詞義的解釋問題。

　　《毛傳》的價值，似乎祇在詁的部份，訓和傳的部份是不太
受到重視的；至於詩序的部份，就更是罪大惡極的衆矢之的了。
這不僅是訓詁學者的觀點，詩經學者的觀點也大致如此。

　　然而詁畢竟祇是《毛傳》的一部份，而且祇是最基礎的一部
份；毛公著述的態度與意圖應當不止局限在就字釋義的詁上面。
整體看待，《毛傳》的意圖，顯然在於透過字義的解釋，進而探
尋作者的技巧和暗示，闡論作品的內涵與價值。

　　毛詩是古文經學，不同於三家詩。三家詩是今文經學，今文
經學側重在哲理方面，講微言大義，又往往摻雜了陰陽五行的神
祕觀點，主觀成份很強，甚至有些涉及荒誕不經。古文經學長於
名物訓詁，言而有據的就字釋義，對詞義的解釋往往做到精當無
誤。這當然也就是《毛傳》的優點所在。

　　但是以毛公的古文經學背景，他卻也沒有偏廢作者技巧的探
尋和作品內涵的闡發等重要工作。這也足以說明毛公對作品詮釋
工作的體會，絕不是以截頭去尾的名物訓詁為滿足的。詁訓傳是
一個融貫的整體，它呈現了毛公對作品詮釋工作的完整體會。甚

───────────────

❺齊佩瑢：前引書，頁3至頁10。

至姑且不論〈詩序〉的作者究竟是誰，序和傳也是一個融貫的整體，因此毛公「依序解詩，序傳相成，渾然一體。」的事實是不容忽視的❻。

無庸諱言的，〈詩序〉以及《毛傳》中屬於「傳」的成份，往往難以服人；因為其中有較多牽強而主觀的推論，這也成為今人詬病的焦點。造成這些缺失的癥結，恐怕在於背後主導的倫理思想。易言之，受到時代環境以及個人意識形態的影響，傳、序之中的確存在較多的盲點；但這些缺失並非方法上的問題。

最重要的在於毛公的訓詁方法，是以一種融貫的態度，來詮釋作品；企圖結合語文的、技巧的與思想的各個層面，進行解釋和闡發。避免了死守詞義的固陋，也避免了光談義理的蹈空。

這樣的結合，與西方解釋學中整體與部份結合而成的「解釋學循環」恐怕是很接近的。張汝倫在《意義的探究》中指出：

> 沒有某種程度對意義的解釋，文獻釋義學家就不可能正確理解文本，而沒有適當的文獻訓練，神學釋義學家就不能理解文本的信息。由文獻學與經典注釋學構成的釋義學，實際上是一種正確理解的技術，是一種狹義上的文本解釋的方法論。這種形態的釋義學，非常類似我國古代對於各種經典和典籍的注疏訓詁❼。

《毛傳》的確印証了這個觀點。在訓詁的意義上，無論是乾、嘉段、王的文字訓詁之學，抑或是近世語法、詞彙、修辭等專門獨立的語言學分科和《毛傳》都並不相同。結合詁、訓、傳三體來詮釋三百篇的《毛傳》，呈現的是早期模糊而融貫的訓詁態度，

---

❻馮浩菲：《毛詩訓詁研究》頁74。
❼張汝倫：《意義的探究——當代西方釋義學》，（台北：谷風出版社，1988）頁3。

它也說明了原始訓詁的性質與內涵。

## 三、微觀的訓詁與宏觀的注釋

### (一)訓詁的嚴密化

《毛傳》之後，訓詁學者事實上就揚棄了早期模糊而融貫的訓詁態度，不再像毛公那樣詁訓傳三位一體的從事解經的工作。他們以名物訓詁，字詞解釋爲主要任務，這使得訓詁的內容與性質得以清楚確定。凡從非語言學角度來討論作品的，都不再屬於訓詁範圍之內。這樣的體認，是有助於訓詁這個學科的準確化與精密化的。也正由於這樣的體認，使訓詁在解釋古代詞義、探討漢語詞彙的系統與根源等方面有其可觀的成就。

宋明理學家當中，像朱熹這樣的大儒，仍是極重視訓詁的。朱熹認爲解經要「依訓詁說字。」而讀經要「得于辭而能通其意。」由此可見他主張要從名物訓詁開始，弄清楚字義詞義，才能夠通其意❽，這樣的態度和毛公三位一體的解經態度，基本上是一致的。

當然理學家的著眼點還是在義理，他們透過思辨的方法，深入挖掘字詞背後的思想內涵，對經典的哲學價值有所闡發；但這種闡發也往往虛妄牽強。因此站在嚴格的訓詁立場看，理學家解經，除掉少數謹守名物訓詁的例外，大半不屬於訓詁的範圍❾。

一直到清代，段、王等乾、嘉大儒的研究工作，更集中在文字形、音、義的考究上，細密、精確的考証出古音、古義來。他們的成就無疑是崇高的，然而段、王之學的意義仍在於文獻學、

---

❽朱熹在訓詁學上的貢獻，無論在理論、方法上均有可述者，趙振鐸有詳細討論，見所著《訓詁學史略》，（河南：中州古籍出版社，1988）頁202至213。

❾宋明理學家注釋的特點，見董洪利：《古籍的闡釋》，（遼寧：遼寧教育出版社，1993）頁15至16。

語文學上，並不像《毛傳》那樣具有融貫性的解釋意義。

　　《馬氏文通》以後的漢語學者，也同樣在漢語的研究上，有著重大的貢獻。然而多數語言學家的興趣，集中在語言形式、結構與功能方面。他們以專精的學養，改變了傳統的語文學，建構了漢語的語言學。包括語法、詞彙、修辭等等專門細密的語言學分科，和訓詁都有密切關聯；然而它們卻並不具備早期訓詁的融貫性，也不是做為解釋文本的工具之學，而是一些獨立的語言學分科。

　　由此可知，訓詁的發展，是愈趨嚴格化、明確化的，誠如陸宗達所說：

　　　訓詁學便會成為這樣一門科學：

　　　對象：古代文獻語言（即古代書面漢語）的詞義；

　　　材料：古代文獻語言及用語言解釋語言的注釋書、訓詁專
　　　　　　書；

　　　任務：研究古代漢語詞的形式（形、音）與內容（義）結
　　　　　　合的規律以及詞義本身的內在規律；

　　　目的：準確地探求詮釋古代文獻的詞義。

　　　所以它實際上就是古漢語詞義學❿。

這種明確嚴密的發展趨勢是有利於訓詁，而不利於作品詮釋的。弄清詞義、詞源固然有助於理解作品，但作品的詮釋如果不能以融貫的態度，進行廣泛的探索思考，顯然是未能盡其功的。

　　從解釋學循環的理論來看，那麼訓詁發展的嚴密化，正好切斷了這個循環系統；因此，如果我們企圖進行作品的詮釋，光靠訓詁解釋詞義是遠遠不夠的。我們勢必得從作品的整體出發，以

---

❿陸宗達、王寧：《訓詁與訓詁學·訓詁學的復生發展與訓詁方法的科學化》，（太原：山西教育出版社，1994）頁8。

訓詁的方法爲基礎，同時兼採種種非訓詁的方法，才能對作品進行較深較廣的詮釋。

### 二注釋學的宏觀意義

汪耀楠、董洪利、馮浩菲等大陸當代學者，提出「注釋學」的說法，或以爲訓詁即注釋，或以爲注釋大於訓詁。其原因就在於訓詁嚴密化以後，排除了所有非語言學角度的觀察，也規避了許多作品詮釋上的問題。而注釋的範圍和層面遠超過訓詁，因爲注釋除了詞義解釋之外，還包括：

> 作者生平事跡、思想體系以及創作意圖的考述與分析；
>
> 作品的歷史背景、思想內容及其歷史和現實意義的敘述與發揮；
>
> 作品中歷史事實、典章制度的考証；
>
> 各種資料的補輯、辨析；
>
> 作品文學藝術的欣賞與評價等等[11]。

從這麼多不同的角度，對作品做如此深刻的辨析，的確彌補了訓詁嚴密化以後，在作品詮釋上功能不足的缺憾。

同時注釋學事實上並不排斥訓詁，而是在訓詁的基礎上，進一步採納許多非訓詁學的理論、觀念與方法，來詮釋作品。我們可以說：訓詁的嚴密化在微觀的意義上得以深刻細密，但卻在宏觀意義上有所偏枯；注釋學的提出則是在微觀的基礎上，重新添注宏觀的努力，肯定宏觀的意義。微觀與宏觀結合以後，對作品的詮釋，才趨於完整。

---

[11]董洪利：前引書，頁36。

# 四、注釋學的復古、創新及其困難

## (一)注釋學的復古與創新

注釋學之名雖然在近年才被提出來，但注釋工作則古已有之。而注釋學的內容，除了詞義的解釋之外，更涵蓋了作者、歷史、思想、藝術等不同層面的問題。這些問題，是《毛傳》在詮釋三百篇時考慮過的，卻也是後世訓詁學者所規避和排斥的。

表面上看，注釋學似乎是回到訓詁所摒棄的老路，把一些非語言學的方法重新納入，做為詮釋作品的重要考量。這樣的復古態度，究竟有何意義？目的何在？

事實上，重新肯定《毛傳》以降的注釋工作，積極的在方法、內容與理論上構建一個較完整的體系；並且把這些工作視為整體，明確指出這是一個內涵豐富的重要學科，注釋學自有其積極與創新之意義。

作品的詮解絕不僅止於字義詞義的訓詁，字詞訓詁祇是理解作品的基礎，注釋學主張以訓詁的內容與方法為基礎，吸收既有的訓詁成果，來理解通段、詞義、語法、句讀等語言層面的問題。

但是注釋學更企圖向上發展。從歷代的注疏中其實不難發現，注者對於作者的生平、時代、思想以及創作背景與手法等等問題，往往有所介紹和闡論。這些介紹和闡論是超越語言層面的，也是注釋中的精華。董洪利指出：

> 闡釋和發揮作品的思想意義是注釋最主要的內容，同時也是最難掌握的內容。……注釋者只有站在一定的理論高度，才能準確深刻地把握作品的思想意義，才能說出新穎獨到的思想觀點。……注釋者要具備廣博的知識和豐富的經驗，

才能對作品的意義有較為深刻的理解⓬。

這些層面的問題是注釋學所關注的，這樣的關注和訓詁的立場恐怕有相當的距離；但是這樣的關注卻重新打通了「解釋學的循環」，使得作品的語言和思想，聯結成為一個整體。

### ㈡注釋學的困難

以字詞訓詁為基礎，再進一步探討作品的思想與文學，對作品進行完整通透的詮釋；這個理念固然正確，但實質上卻又充滿困難。

首先要討論的是，作者的意念是否可以透過語言文字在作品裡面完整披露？作者的思維是一種內部語言，寫作是作者將其內部語言轉換成外部語言的過程，轉換的過程中存在著一定的落差。因為外部語言具有共通性，內部語言卻是「抽象思維的載體」⓭，是個別的、特殊的。所謂「書不盡言，言不盡義」道理就在於這些個別特殊的抽象思維，和外部語言的符號系統並不完全相應。

文字訓詁事實上僅及於就共通的外部語言進行解釋，並不能觸及個別特殊的內部語言。以外部語言的解釋為基礎，進而企圖闡發作品的思想內涵，固然是注釋學的理想，但其間的困難是可知的。

其次，即使作者可以做到書盡其言，言盡其義，使內外語言完全相容，不存在任何落差；注釋者是否就能夠完整重建作者語言背後的「義」呢？事實上意念仍然是抽象的，我們透過語言文字，企圖重建作者的抽象世界時，無可避免的要加進自己的知識經驗、生活閱歷和審美情趣等等成份；也就是說把自我融合在作品的語言與意象中，才能進一步詮釋作品。因此：

---

⓬董洪利：前引書，頁177、178。
⓭金開誠：《文藝心理學概論》，轉引自董洪利：前引書，頁58。

> 任何一種解釋都已經不可避免地摻雜了解釋者自己的東西。
> 然而解釋者往往不自知，還誤以爲他是直接接觸作品的語
> 言，完全客觀地理解作品的意蘊，並理直氣壯地對不同的
> 理解加以批評，指責他們曲解作者的原意❹。

由此可知注釋超越了文字訓詁的範圍，就很難保持客觀；事實上已然成爲一種創造性的解釋活動。

　　既然是創造性的行爲，那麼就極可能出現主觀隨意的解釋。《毛傳》的隨心所欲穿鑿附會，爲訓詁學者、詩經學者所不取，理由在此。注釋學的困難亦在於此。

# 五、結　語

　　字詞的訓詁和作品的詮釋，不是相同層面的工作。前者顯然較爲單純，可以找到明確的答案。後者觸及的層面更深更廣，企圖解決的問題更多更大，不容易找到明確的答案。然而二者之間卻又密切關聯。離開了作品，則字詞的訓詁將是孤立而沒有實際意義的。因此即使純粹文字訓詁，也必須考慮語境的問題，探討字詞的深層義、文化義。所謂就字釋義，其實不能解決問題；當我們考慮語境等問題的時候，就已經涉入了詮釋的範疇。詮釋作品的時候，當然必須以正確的字詞訓詁爲基礎，因爲文本才是作品本身，而文本的解釋原本就得依賴正確的訓詁。

　　訓詁本身由模糊融貫到明確嚴密，其目的正在於透過嚴密的方法，去發現並証明客觀而確定的詞義。這種純語言學的訓詁，並不考慮意義(significance)的問題，而是由考據求得詞義的本原，因此：

_____

❹董洪利：前引書，頁64、65。

訓釋者只須站在原典之外，客觀、冷靜地把本義描寫出來。
在描寫的過程中必須「空所依傍」、「排除私見」，反對
「私智穿鑿」、「直逞胸臆」。……研究者能夠實証的祇
是文字音韻結構，卻無法實証「意義」❺。

作品的詮釋關心的正是意義的問題，字詞訓詁祇是幫助理解
作品意義的觸機，並非意義本身。詮釋者必須積極參與，融入作
品，因為：

意義是相對於人們的需要，目的和價值等實踐來說的，意
義的理解只有在同解釋者的關係中才能呈現出來。……訓
詁本質上是解釋者主體與原典客體的對話、交融與統一。
……文本的真義並不依賴於作者和最初讀者而偶然存在，
它總是部份地被解釋者的歷史境遇及歷史的總進程所規定。
在這個意義上，原典的意義是一個開放的過程。它隨歷史
情境的發展，在詮譯者的理解中不斷生成❻。

字詞訓詁與作品詮釋，其實存在著重大的歧異，二者的融合
則更為艱鉅。朱熹在《詩集傳‧序》中說：

章句以綱之，訓詁以紀之，諷詠以昌之，涵濡以體之。

表現的正是一種融合。詮釋者唯有在正確訓詁的基礎上，諷詠、
涵濡，才能與原典的意義對話、交融，做到「既守注疏，又兼論
道」，才能不斷生發、不斷豐富文本所蘊含的內在意義。這才是
真正的訓詁，真正的詮釋。

---

❺ 申小龍：前引書，頁580。申氏認為本義派的訓詁，是祇見六經不見
　「我」，無法進行正常的釋義操作。
❻ 申小龍：前引書，頁580至頁582。申氏認為新義派的訓詁，有些流於蔑
　古逞奇，見「我」而不見六經，亦非正常的釋義操作。

# 臺灣扮仙戲的象徵意義

## 林　茂　賢

## 一、緒　論

　　臺灣傳統戲劇的演出型式有野臺、內臺、電視、電影等型態，其中又以野臺型式最爲普遍。而臺灣民間野臺式的演劇活動歷來與宗教信仰、歲時節慶、生命禮俗有密不可分的關係。質言之，民間演戲多因廟會、神誕、酬神、還願、婚喪、彌月等名目，因此，民間演戲除基本的娛樂功能之外，更具有祈福酬神的宗教意義。傳統戲劇多在外臺表演且非純粹表演藝術，而爲宗教儀式之一部分，俗諺說：「誤戲誤三牲」，意謂耽誤演戲等於耽誤祭典儀式，可見演劇活動在廟會慶典中的重要性。

　　臺灣民間演戲習俗，凡是與宗教信仰有關之演出，在正戲開演之前，必先表演一段「吉慶戲」，民間俗稱爲「扮仙」。吉慶戲普遍流傳在中國各地，比如廣東的「例戲」、江浙地區的「討彩戲」或「口彩戲」、甫田的「弄仙」、閩南、臺灣地區的「扮仙戲」等。

　　所謂的「扮仙」顧名思義就是演員扮演天上神仙，向神明祈求賜福。扮仙戲是民間演劇活動中的開場戲，也是最重要的一部份，臺灣民間無論任何劇種在正戲上演之前，一定先扮仙爲信徒祈福，然後再表演正式戲文。傳統戲劇外臺演出除非是由政府主辦之藝文活動或商業性質之促銷活動，否則一律要先演出扮仙戲，

但即使是純粹藝文活動或促銷活動，假如在廟口表演，也不能免俗必需先扮仙再演出正式戲劇。近年來臺灣廟會有以露天電影取代傳統戲劇之情況，而在播放影片之前仍需先播放一段扮仙影片才能開始播放電影，可見扮仙在臺灣演劇活動中之重要性。本文試就扮仙戲的內容及其在臺灣民間所象徵的意涵提出討論，藉以瞭解扮仙在演劇活動中之必要性與象徵意義。

# 二、扮仙戲的介紹

## ㈠扮仙戲的特色

傳統戲劇在野臺的表演多與宗教節慶有關，而在演出之前先為神明祝賀並為信徒祈福成為必要之程序。因此野臺戲劇表演可分為兩個部分：一為扮仙戲，一為正戲。而兩者之間並無任何關連。

臺灣的扮仙戲除了皮影戲使用潮調之外，其它劇種都使用北管音樂，演出時唱腔唸白皆用「官話」，戲劇音樂、曲調也都使用北管（包括西皮、福路、崑腔），而且無論北管戲、歌仔戲、客家戲、九甲戲、傀儡戲、布袋戲都是使用同一程式，扮完仙之後再使用不同的語言、音樂曲調表演自己所屬的劇種。

扮仙戲都是一些情節簡單、內容單調的短劇，演出時間通常在二十分至三十分鐘之間。它的藝術性不高但宗教儀式性極強，扮仙主要目的是向神明祝賀、祈福，而非供人觀賞。

扮仙戲的內容是由神仙戲和人間戲兩部分組成。神仙戲的劇情大都是描述某神明壽誕，而三仙、八仙、天官或各星君連袂前往祝賀的故事。人間戲則是演出人世間的吉祥故事，劇情都是敘述歷史人物功成名就、封官晉爵的內容。

## ㈡扮仙戲的戲碼

　　臺灣傳統戲劇無論任何劇種在演出前必然要以扮仙戲作開場，而民間最常演的扮仙戲是「三仙白」、「三仙會」，其次為「醉八仙」、「天官賜福」，再其次為「蟠桃會」、「富貴長春」，而「大拜壽」、「太極圖」、「五福天官」、「金牌仙」則較少演出。

　　至於演出戲碼是由廟方決定，如廟方未指定，戲碼則由劇團自行決定，但劇團多選擇「三仙白」、「三仙會」，因為三仙所用演員最少，因此最普遍。其它戲碼演員人數較多，相對增加成本之故。

　　臺灣各地扮仙戲的曲調、文詞皆有所差異，此或為在流傳過程中有所增減改變，或為傳統劇本充斥錯別字而扭曲其原意之故。但大體而言，各地扮仙戲情節、臺詞、唱曲都大致相同，以下僅介紹民間常演扮仙戲的故事大綱，以瞭解各種扮仙戲主要內容。

### 1.三仙會

　　劇情描述某寺廟神明千秋華誕，福祿壽三仙下凡前往慶賀，其過程是：福仙上臺唱「崑頭」、唸定場詩，作自我介紹並說明今日乃某廟宇某神明千秋華誕，祂邀請二位老仙一同前往祝賀，然後祿仙、壽仙上臺一同駕祥雲前往祝賀。到了華堂，福仙獻魁星祝福信徒金榜題名、一門雙魁。祿仙獻麻姑祝福主人壽比南山龜鶴遐齡，壽仙則獻出白猿祝福主人長生不老。拜壽完畢，三仙各歸天曹。最後並合唱道：「榮華富貴千年享，福如東海壽南山，福祿財喜永流傳」。

### 2.三仙白

　　其劇情大意與三仙會相同，但三仙白只有唸白，並無唱腔，三仙會有加四功曹，三仙白則無。

### 3.大醉八仙

　　某神千秋華誕，瑤池金母邀八仙前往祝賀，祝賀完成後金母取出萬年瓊漿宴請眾仙，結果八仙喝得酩酊大醉，醉步蹣跚神情可愛。表演過程是瑤池金母上臺唱「點絳唇」，並說明今日乃某神生日將邀集八仙前往祝賀。之後漢鍾離、李鐵枴、張果老、曹國舅、呂純陽、韓湘子、藍采和、何仙姑依序上場唱「粉疊兒」，而後齊至瑤池請出瑤池金母，一齊駕著祥雲前往華堂慶賀。到了華堂眾仙各吟詩一首祝賀，之後瑤池金母取出萬年瓊漿，排開酒筵開飲，臺上眾仙並將餅乾、糖果等食物丟給觀眾，使臺上臺下共享喜氣。最後八仙皆醉倒兩兩相扶下臺。

　　4.天官賜福

　　劇情描述，賜福天官率領天上諸星君，下凡賜福人間樂善好施之家，以彰積德之報。表演內容為值年、值月、值日、值時公曹出臺，恭侯天官降臨，天官出場謂其掌人間福祿，今奉玉旨率領眾星君下凡賜福樂善好施之士，後老人星、天祿星、月德張仙、天喜星、牛郎星、織女星出場，與天官駕祥雲下凡賜福，老人星賜其福壽綿長，天祿星掌理人間祿爵，特來獻富貴萬年春，月德張仙送麒麟兒願其瓜瓞綿綿，天喜星賜其喜事重滿門喜慶，牛郎星則賜五穀豐登，織女星獻天絲願其彩帛豐盈。之後魁星、財神出場象徵功名成就、財源廣進。賜福完畢一同拜壽後，眾星君各歸天曹。

　　北管戲「天官賜福」與京劇「天官賜福」內容雷同。

　　5.蟠桃會

　　瑤池金母千秋華誕，齊天大聖孫悟空、八仙、二郎神楊戩等均前往祝賀，途中孫悟空巧遇八仙，並與二郎神發生爭執，後經老仙勸解三人才一齊前往拜壽。表演過程是，孫悟空出場謂其因大鬧天宮被如來佛押在五指山，幸被唐三藏搭救，隨其赴西天取

經回來，被封爲齊天大聖。今瑤池金母壽誕牠也將前往祝賀。而
後八仙陸續出場，孫悟空則調皮地模仿八仙動作，到了聚仙橋，
二郎神楊戩出現，孫悟空譏笑牠的妹妹華山聖母私配凡夫沾辱天
庭，雙方針鋒相對正要開打之際，所幸老仙出面化解衝突，邀兩
仙一同前往拜壽。

蟠桃會原是北管戲「寶蓮燈」其中一折，但通常用作扮仙戲
單獨立演出。

以上所引「三仙會」、「三仙白」、「醉八仙」、「天官賜
福」、「蟠桃會」五齣戲碼爲臺灣民間常見之扮仙戲，另外尚有
「富貴長春」、「五福天官」、「太極圖」、「金牌仙」幾種扮
仙戲，但內容與前面幾齣都大同小異。「富貴長春」是敘述賜福
天官率福、祿、壽、財、喜等五福星君，下凡人間賜福予積善之
家。「五福天官」也是敘述賜福天官奉玉旨率領五福星君，賜福
樂善好施之家。其中福神賜予福氣，祿星帶金甲神，壽星帶百壽
圖、財星帶五路財神，喜神帶一團和氣賜予積善之家。「太極圖」
內容演出賜福天官邀集東方老仙、八仙等同往慶賀蟠桃大會。到
了華堂之上，天官獻上牛郎、織女星，東方老仙獻上南北斗星，
八仙獻白猿以示慶賀。「金牌仙」則是描述註生娘娘奉玉帝之命
送文曲星下凡投胎到人間積善之家。張仙奉命親送文曲星下凡，
途中遇見太白金星送福、祿、壽金牌，與太上老君送麟兒，三仙
於是一齊前往賜福給積善之家。

### (三)人間戲戲碼

扮仙戲可分爲神仙戲與人間戲兩部分，神仙戲是天上神仙、
星君下凡賜福的內容，人間戲則爲歷史人物功成名就闔家團圓的
故事。人間戲種類有「加官」、「封王」、「封相」、「卸甲」、
「金榜」，其中「金榜」是必演之戲，其它戲碼則以組合方式演

出。

　　一般而言，「三仙會」、「三仙白」之後是接「加官」再接「金榜」；「天官賜福」則接「封相」再接「金榜」；「富貴長春」之後接「卸甲」再接「金榜」。以下僅就人間戲劇情作概略介紹。

### 1.加官

　　又稱「跳加官」，演員著官服、戴官帽，口咬面具，手持奏版上場，後場僅以單皮鼓、梆子和響盞三種打擊樂伴奏。加官在亮相、走四角之後，打開寫有「天官賜福」、「加官晉祿」或「當朝一品」的布條，向觀眾展示。加官俗稱「啞吧仙」，因表演時演員以口咬住面具，沒有唱腔也沒有唸白之故，梨園諺語有「跳加官歹開嘴」俚語。

　　加官係唐代宰相狄仁傑之民間傳說：唐明皇在位時，在宮中命文武百官分扮角色粉墨登場，狄仁傑因年紀老邁羞於妝扮，只得戴上面具表演，即為跳加官之由來。此說只是民間傳說不可信，因唐明皇即位之時（西元七一二年），狄仁傑已過世（西元七〇〇年），自然不可能擔任唐明皇之宰相。但基於唐明皇對梨園之貢獻，因此民間關於戲劇傳說，如戲神西秦王爺、唐明皇扮演丑角，命百官扮戲等傳說，都推說是唐明皇。

### 2.封王、新封王

　　劇情描述韓擒虎平定番亂凱旋歸來，受封為「定國公」的故事。韓擒虎為隋大將，隋文帝命之為滅陳先鋒，率兵攻入建康，俘陳後主，進位上柱國，但史實上並無平定番亂受封為「定國公」之事。

　　封王與新封王故事情節相同，但使用曲牌不同。封王通常在醉八仙之後演出，但如演「封王」則不必跳加官。

3.封相

劇情敘述蘇秦說服六國，合縱對抗秦國，並受封爲六國丞相之故事。蘇秦爲戰國時代縱橫家代表人物，奉燕昭王之命入齊從事反間工作，防止齊國謀燕，齊湣王末年被任爲相國，當時秦昭王約齊湣王並稱東西帝，蘇秦勸說齊王取消帝號合縱攻秦，後因反間身分暴露被車裂而亡。歷史上並未有蘇秦封六國丞相之史實，但民間傳說則有蘇秦掛六國相印之說。

封相通常在「天官賜福」之後演出。

4.卸甲

描述唐代大將郭子儀奉命平定安史之亂，班師回朝皇帝封爲中書令，並在望春樓設酒筵慰勞，席中皇帝欲親自爲郭子儀卸下戰甲以示君王養士尊賢，因郭子儀再三懇辭，皇帝乃改命李白、龔敬二臣作陪。

5.新卸甲

郭子儀率領五個兒子平定安史之亂凱旋回京，至長亭李白、高力士前來迎接，郭子儀請兒子先行回家，自己則上朝晉見皇上，到了朝廷皇帝大喜封他爲汾陽王，不料郭子儀長期征戰，因換袍而得卸甲風寒，昏倒在金階之上，皇帝乃脫下龍袍爲之覆蓋，並加封萬代公侯。

郭子儀平安史之亂，封中書令、汾陽王均屬史實，但皇帝是否親自爲卸甲，或以龍袍加身則不得而知。

「卸甲」通常與「富貴長春」聯演，先演「長春」後加「卸甲」，最後再以「金榜」收尾。

6.金榜

劇情描述鍾景期狀元及第後，回家與夫人葛明霞團聚，夫妻拜謝天地的故事。

金榜又稱「尪婆對」，為扮仙中必演之一段，取金榜題名、洞房花燭、闔家團圓之意。此外，在戲劇結束之後，也要再出場向觀眾行禮致意，一為感謝觀賞，二為祝福觀眾闔家團圓。

## 三、扮仙戲的象徵意義

扮仙戲雖然內容枯燥，卻是臺灣演劇活動中最重要的一部分，扮仙內容其實就是反映民眾對未來的期待，透過扮仙由神仙同事向神明祈求福份。

### ㈠三仙的祝福

三仙會、三仙白主要腳色有福、祿、壽三仙及魁星、麻姑、白猿，三仙會多出值年、值月、值日、值時四位功曹，由劇中腳色可看出民眾的希望。

福仙據說是周文王，文王有百子，多子在傳統觀念中就是福氣；祿仙據傳是富可敵國的石崇；壽仙是享年八百二十高壽的彭祖，福祿壽三仙代表民眾希望有福氣、有財富和長壽。福祿壽三仙所獻之寶也有其象徵義，福仙獻魁星，「魁星祝壽獻秋闈，獻出月丹桂蕊，御筆親點狀元郎，果然一門點雙魁」，魁星所代表的是功名，象徵人民希望狀元高中、一門雙魁；祿仙獻麻姑，「麻姑祝壽獻瓊漿，獻出瑞氣滿廳堂，慶祝南山萬年壽，龜鶴遐齡二八丈。」麻姑獻壽代表民眾希望長命百歲；壽仙獻白猿，「白猿祝壽獻蟠桃，獻出長生永不老，福祿壽仙齊下降，好個麒麟萬丈高」，白猿獻蟠桃象徵希望長生不老。

由三仙會、三仙白的腳色、臺詞觀之，其實是象徵民眾對福氣、財富、長壽以及功名的希望，透過演員假扮的神仙作仲介，以戲劇的呈現方式向神傳達人民的祈求。

### ㈡八仙的祝福

　　扮仙戲中出現八仙的戲碼有「醉仙」、「蟠桃會」、「太極圖」等三齣，其中「蟠桃會」與「太極圖」劇中八仙只是配角。從「醉仙」劇中眾仙所吟詩句，「海屋添壽不等閒，飛鵝萬丈碧波天，多少靈芝生瑞草，年年白鶴獻壽添，今日跨鶴離海島，錦上添花實仙景，麻姑進酒並雙爵，慶賀人間福壽綿」。詞中的靈芝、瑞草象徵祥瑞，白鶴代表長壽，末兩句則直指爵位、福壽。

　　在醉仙劇中，最特殊的是瑤池金母宴請八仙時，八仙將餅乾、糖果擲給觀眾，使凡人共享神仙所吃的食品，神仙與凡人之間達到交融的境界。在八仙醉倒後神仙也回復人性，呂洞賓調戲何仙姑、醉態可掬步伐蹣跚，彷彿人神之間並無差別，神仙也具有人性。

### ㈢天官的賜福

　　扮仙戲與天官有關的戲碼有「天官賜福」、「太極圖」、「富貴長春」、「五福天官」等劇。在天官賜福劇中，天官奉玉旨帶領天上星君賜福積善之家，其中南極星君「將太極圖為壽，願其福壽綿長，壽添海屋」，天祿星掌理人間祿爵「特來筵前獻富貴萬年春。」月德張仙「特送麒麟兒為嗣，願其子孫奕世，瓜瓞綿綿」，天喜星「喜得加冠之喜，進爵之喜，喜事重重，滿門喜慶」，牛郎星則「願其年年如意，歲歲平安，稻生雙穗，五穀豐登」，織女星「敬獻天絲一端，願其蠶桑茂盛，彩帛豐盈，錦繡綾羅」，由眾星君所賜內容幾乎涵蓋民眾生活所需，除福壽、祿壽、富貴之外尚包括農業生產與布帛服飾，至於隨後出場的魁星則代表「五子登科」。

　　「太極圖」劇中賜福天官邀請東方老仙與八仙參加蟠桃大會。至華堂天官帶牛郎、織女星前來慶賀，「牛郎星年年五穀豐登，織女星絲帛豐盈」，東方老仙則帶南北斗星代表「世年雙」與

「節節高」。八仙則獻上白猿象徵「白猿獻財寶，長生永不老」。

「富貴長春」劇中賜福天官率五福神，五花神賜福積善之家，五福神獻上「堆金積玉滿銀箱，榮華富貴世無雙，金銀滾滾財源茂，贈金贈銀滿庫倉。」天官則「進爵三公積善堂，榮華富貴喜氣揚，玉堂金馬人堪羨，兒孫代代立朝綱。」五花神則折取蓬萊山頂四季珠花，象徵「富貴長春」之兆。在劇中所反映的是人民對財富、爵位與富貴等期望。

「五福天官」劇情與「天官賜福」類似，描述玉帝命賜福天官率領福祿壽財喜五福神，下凡賜福給人間積善之家，天官「賜你善家春富貴，福祿雙全壽綿長。」福神帶五福祝其「世代纘纓登金榜，瓜瓞綿綿及子孫。」祿神帶有金甲神賜其「祿位廣大指高陞，子孫代代出公卿，世代纘纓稱極品，滿門富貴最昌盛。」壽神帶有「百壽圖」前來敬獻「壽比南山日日新，百年偕老祝遐齡，生子及孫孫生子，一堂歡喜言語頻」。財神帶五路財神前來祝其「堆金積玉堂當積門，榮華富貴實堪祿」。喜神則帶著一團和氣前來「喜得子貴與妻賢，一團和氣萬萬年，無憂無慮真幸福，一日清閒一日仙。」最後眾仙齊賀積善人家「榮華富貴萬萬年，福祿壽財喜神齊下凡界，各獻祥瑞，但願得福主門庭永運降。」在「五福天官」中所反映人民祈求福祿壽、功名成就、子孫滿堂、祿位高昇、壽比南山、榮華富貴、子貴妻賢、一團和氣等希望。

### (四)註生娘娘的賀禮

在扮仙戲的神仙戲之中，大體上是以福祿壽三仙和賜福天官為主導，唯有金牌仙因特殊「任務需要」而以註生娘娘、張仙等送子之神為主。

金牌仙劇中玉帝命註生娘娘送文曲星下凡投胎到人間積善之家，這是表示天上星辰可投胎轉世到人間。而張仙奉註生娘娘之

命護送文曲星下凡，途中遇到太白金星與太上老君言其「因城隍奏道凡間積善甚多，玉帝見喜，命我特送福祿壽金牌下凡。」「特送麟兒下凡投胎」表示積善之家是由賞善罰惡的地方神城隍所呈奏。

太白金星與太上老君又謂：「只爲人間行善事，天賜福祿壽金牌到他家」，「此子本是財子貴，當朝一品封王侯。」，表示唯有行善方有福報，而且爲善將庇蔭子孫。金牌仙通常在結婚、彌月演戲酬神時演出，它代表民眾祈求麟子、望子成龍的期盼。

### ㈤封王、封相、卸甲的象徵意義

在神仙戲中觀眾透過天官、三仙下凡賜福予民眾，在人間戲中則反映民眾對歷史上因功受封者肯定，並期望自己也能效法其行獲此殊榮。質言之，無論韓擒虎封王、蘇秦封相或郭子儀卸甲，都是模擬傑出的歷史人物功成名就的故事，勉勵觀眾亦當效法古人行徑。

### ㈥加官

加官其實是象徵官位節節高昇之意，代表職位的昇遷。

跳加官在京劇、崑劇及閩南各劇種都有。加官顧名思義是加高官位，也是祈求升官之意。在臺灣梨園禁忌中有拿加官面具不得開口說話，否則將會失聲；又有加官面具雙眼鏤空處，不可戳刺，否則則演員會失明之說。

### ㈦金榜的故事

金榜所代表的不僅是鍾景期金榜題名的故事，劇中鍾景期穿狀元服代表金榜題名，葛明霞則穿鳳冠霞披，表示洞房花燭，二人比肩同進同出，代表闔家團圓。金榜題名、洞房花燭、闔家團圓正是民眾所期待的。一般民間所言人生有四大樂事，「洞房花燭夜，金榜題名時，久旱逢甘霖，他鄉遇故知」，在金榜劇中已

有金榜題名與洞房花燭兩大樂事，而其它兩大樂事則是以口白方式唸出「小生：今日你我夫妻相會好有一比。小旦：好比什麼？小生：好比久旱逢雨。小旦：他鄉遇故知。」於是人生四大樂事都已齊全。

金榜最後一段是小生小旦拜謝天地神明保庇，並唱道：「這是老爺積德有，蒼天不負貧窮人」，反映的是高中狀元亦得心存感恩之心，感謝天地神明庇佑，其次，即使家境貧窮，但有志者事竟成，皇天必定不負苦心人。

由臺灣扮仙戲中可以看出，扮仙戲其實是反映人民對未來的期望，民眾假藉神仙為仲介向神明祈求福報，或以歷史人物故事影射信徒的期望。

在扮仙戲劇情中，我們也能歸納民眾祈求的項目，包括福氣、祿位、長壽、功名、富貴、升官、喜氣、祥瑞、財富、生貴子、闔家團圓等希望。而一般庶民的希望，在扮仙戲中幾乎已經全部涵蓋，難怪民間演戲時總是以扮仙為第一要務。

## 四、扮仙的規矩

### ㈠戲碼的選擇

扮仙戲戲碼的選擇主要是根據以下條件來決定。

#### 1.戲金多寡

戲金較高時可以選擇腳色較多的天官戲、蟠桃會等劇，戲金不多就以三仙白充數。其中價碼最高的是「天官賜福」，其次「蟠桃會」和「醉八仙」。

#### 2.劇團演員人數

一般劇團演員人數多在十人以下，而有些扮仙戲腳色則多達一、二十人，此非劇團所能負擔，因此即使雇主點戲，劇團也無

法演出。但一般而言，扮仙戲的演員人數，會與接著要扮演的正戲腳色人數相符，亦即通常由扮仙的原班人員演出正戲。

### 3.主神位階的高低

民間宗教信仰大抵是對照傳統政治制度，在政治上最高的是皇帝對應宗教上的玉皇大帝，最基層的村里長，對應宗教上的土地公，因此神也有所謂的神格。其中王爺信仰相當於政治上的王爺、千歲，媽祖（天后）相當於皇后，保生大帝、玄天上帝則相當於帝王，扮仙時必須視主神位階決定扮仙戲碼，比如土地公、有應公、大樹公、石頭公等位階較低之神祇，不可扮天官戲，因擔心小神承受不起之故，由此可見即使神仙世界也是階級分明。

### (二)扮仙的步驟

扮仙通常是在戲上演之前，首先由團主介紹劇團名稱，再說明今日乃某神千秋華誕，眾弟子（或某人）誠心向神明謝戲全臺，希望神明庇佑眾弟子（或某人）闔家平安、大賺錢等吉祥語，祝福的內容包涵人間所有祈求。唸完之後燒金紙、燃放鞭炮才開始扮仙。

扮仙的過程是先演神仙戲，再演人間戲。人間戲部分通常選擇加官、封王、封相、卸甲其中一折，再加金榜組合而成。

扮仙完成之後，劇團稍作休息以便演員改妝、更換戲服，再演出正戲。

### (三)公仙與私仙

扮仙的類型有「公仙」與「私仙」兩種。公仙就是由廟方或族群出資扮仙，為所有信徒酬神祈福。

扮完公仙之後經常有信徒為個人還願、祈福，要求劇團為其扮仙，此為私仙，意即為私人所扮之意。扮私仙之前，團主會先報出扮仙者之姓名、地址、扮仙目的並祝福他一切順利之後才開

始扮仙。

扮仙次數通常不只一場，有時候扮仙所花費的時間比正戲表演還長，尤其是作醮、開廟等重大慶典，或神明壽誕當天，往往一整個下午都在扮仙，根本沒有演出正戲。然而，民眾都認扮仙比演戲重要，因此戲可以不演，仙可不能不扮。

一般情況扮公仙時最為莊嚴隆重，一切按步就班，而扮私仙時劇團會刻意加快演出節奏，因此往往會愈演愈快，扮私仙的時間通常不及公仙的一半。

### ㈣扮仙的酬勞

一般酬神戲演出，戲班的酬勞來自三部分，一是雙方所議定的戲金，二是觀眾或廟方執事者所貼之賞金，三是扮仙所得之紅包。

由於民眾熱衷於扮仙，因此扮仙所得的紅包也是劇團一大收入。在重要廟會中，扮仙場次必然激增，因此請主往往將戲金壓低，而戲班在不敷成本的情況仍然會接受請戲，因為扮仙所得足以彌補戲金之不足。梨園諺語有「加官禮恰濟過戲金銀」，就是形容跳加官（扮仙）的收入反而比戲金多，此外「醉仙半棚戲」意謂表演「醉八仙」的禮金是戲金的一半，可見扮仙收入之豐。

## 五、結論——象徵人民希望的扮仙戲

扮仙是民間演劇活動中最重要的一部分。

民間請戲有時劇團因天災、意外事故而無法演出，是否需付戲金是依據有無扮仙作標準，扮完仙即使無法演出也必需悉數付給戲金，如未扮仙則需擇期重演無需支付任何費用。

在廟會中，每當神駕返廟，則正戲立即停止演出，改演扮仙戲以示莊重。且重要廟會經常因扮仙耽誤正戲演出甚至無法表演，

但民眾卻不以為意，因為扮仙當然比作戲重要。

　　民間子弟社團拜館互訪時，是以排場扮仙為禮。一般廟會、節慶，初一、十五寺廟所播放的也是扮仙音樂。

　　扮仙戲的劇情都是描述神仙賜福和加冠晉祿的故事，扮仙戲的臺詞、唱詞都是吉祥語，扮仙戲也呈現人民對未來的希望。扮仙內容反映臺灣人的價值觀及其人生追求的目標，在扮仙戲中民眾透過演員假扮的仙，向神表達他們對未來的期望，而神人之間在扮仙過程得到融合、交會。

# 孟郊詩的考校與詮釋

## 李　建　崑

### 一、前言——校注孟詩的緣起

　　大約十年前，筆者購得海外學者劉斯翰先生選注的《孟郊賈島詩選注》(遠流版)，才比較深入研讀孟郊的作品。雖然劉斯翰先生只選注孟郊詩八十餘首，卻使筆者對孟郊詩篇構想的新巧，措詞的生峭，情詩的淒苦，留下深刻印象。當時所能找到的選注並不多，除了劉斯翰先生的大著外，僅有夏敬觀的《孟郊詩選注》(商務版)。至於全注本則僅有陳延傑於民國二十八年九月出版的《孟東野詩注》(商務、新文豐版)。有關孟郊詩的專著，亦惟華忱之的《唐孟郊年譜》(北大圖書館版)及尤信雄先生的《孟郊研究》(文津版)。學界對孟郊的研究可謂相當冷落。

　　民國七十九年，臺灣大學羅聯添教授與國立編譯館合作，進行「歷代詩文集校注」計劃，總主持人羅教授邀集國內學者及筆者就歷代重要詩文集，進行校注彙評工作。鑒於歷代重要的詩文集校注，大陸地區進行已久，而且績效卓著，因此擬作的校注，儘量避免與大陸學者的工作重覆。當時業師邱燮友教授提出「孟郊詩集校注」子計劃，並邀請筆者共同執行，自民國八十一年五月開始搜集相關資料，進行版本的選擇、字句勘定、初稿寫作，至八十四年二月稿成。歷經兩年修訂、審查，已於民國八十六年十月出版。

筆者在共同執行計劃的過程中，由一全無經驗的生手，經師
長友人的訓練、指導，獲致寶貴經驗。在此擬就《孟東野集》整
理過程中考校、注釋、詮評各方面所觸及的問題，以及今後努力
的方向，略作檢討說明，敬請學界方家不吝指正。

## 二、孟東野詩集之成書與重要版本

### (一)孟詩的結集

孟郊生前創作不輟，韓愈是他最重要的詩友。韓孟交往，大
約始於唐德宗貞元八年（西元七九二年）。當時孟郊四十二歲，
已有相當創作成績；此由韓愈〈孟生詩〉：「作詩三百首，窅默
咸池音。」即可略知一二。憲宗元和九年（西元八一四年），山
南西道節度使鄭餘慶辟孟郊爲節度參謀，試大理評事，赴任途中，
不幸暴卒，享年六十四歲。賈島在〈弔孟協律〉中悼念孟郊說：
「才行古人齊，生前品位低。葬時貧賣馬，逝日哭惟妻。孤塚北
邙外，空齋中嶽西。詩集應萬首，物象徧曾題。」雖是針對孟郊
才高位低，一生窮窘卻作詩不輟而說。但此詩最後兩句頗值得注
意。由「詩集應萬首」一句，可見孟郊在世時，作品不少；復由
「物象徧曾題」一句來看，孟郊詩歌題材內容，應有相當程度的
開闊性與多樣性。

韓愈張籍等私謚爲貞曜先生，韓愈爲作〈貞曜先生墓志銘〉，
卻未替孟郊編纂遺著。直到宋初，始有詩集問世。當時雖有「汴
吳鏤本」一百二十四篇。「周安惠本」十卷，三百三十一篇。
「別本」五卷，三百四十篇。蜀人蹇濬纂《咸池集》二卷，一百
八十篇，皆非完本。比起賈島所謂「詩集應萬首」，其遺佚之情
況相當嚴重。今人所見的孟東野詩集是北宋藏書家宋敏求(1079-
1079)就當時所能見到的遺逸，編綴而成。據宋氏云：

　　東野詩，世傳汴吳鏤本，一百二十四篇。周安惠本十卷，
　　三百三十一篇。別本五卷，三百四十篇。蜀人蹇濬用退之
　　贈郊句纂《咸池集》二卷，一百八十篇。自餘不爲編秩，
　　雜錄之，家家自異。今總括遺逸，擿去重覆，若體製不類
　　者，得五百一十一篇，釐別樂府、感興、詠懷、居處、行
　　役、紀贈、懷寄、酬答、送別、雜題、哀傷、聯句十四種，
　　又以讀書二繫於後，合十卷。嗣有所得，當次第益諸。十
　　聯句見《昌黎集》，章章於時，此不著云❶。

宋·晁公武《郡齋讀書志》著錄《孟郊詩集》十卷，跋尾所記之
內容幾與宋敏求之後序相同。宋·陳振孫《直齋書錄解題》著錄
《孟東野詩集》亦爲十卷，可知是同一系統。後世所有傳本，都
是根據宋敏求所編之十卷本，所以就版本而言，孟郊詩集的傳本
雖多，彼此差異並不大。

### ㈡孟詩的傳本

　　孟郊詩集存現存版本有：宋刻本、明初抄本、明弘治十二年
（1499）楊一清、于睿刻本、明嘉靖三十五年（1556）秦禾刻本、明
毛晉影宋寫本、清席啓寓輯《唐詩百名家全集本》、《四部叢刊
本》（據明弘治刻本景印）、《四部備要本》（據明刻本校刊）、
1934年武進陶氏涉園據宋本影印、1939年商務印書館《國學基本
叢書本》、1959年7月人民文學出版社校訂印本。

　　在宋刻本方面，上海古籍出版社曾在1994年九月出版《宋蜀
刻本唐人文集叢刊》（二十三種，四十八冊）中收錄北京圖書館
藏《宋蜀刻本》五卷，是目前所能見到比較早的刻本，據程有慶
跋尾云：

---

❶見唐·孟郊撰《孟東野詩集》，上海涵芬樓影印明弘治己未刊本，宋敏
　求後序。

北京圖書館藏宋蜀刻本《孟東野文集》十卷，文目錄和一至五卷。半葉十二行，字二十一字，白口，左右雙欄。書內有「翰林國史院官書」及「黃丕烈」、「百宋一廛」等印，即原黃蕘圃所藏❷。

程有慶跋尾謂：楊紹和《楹書偶錄》著錄此本爲北宋刻本，傅增湘《藏園群書經眼錄》不同意此說，認爲是「疏於考證，以意想推之耳。」程有慶跋尾續云：

> 本書刊於南宋中葉，內容分爲樂府、感興、詠懷、居處、行役、紀贈、懷寄、酬答、送別、雜題、哀傷、聯句十四類，末卷有贊一篇，書二篇，與宋敏求〈後序〉所敘相合，是現存宋敏求本的較早版本。

《宋蜀刻本》雖是殘本，仍有很高的價值，筆者在勘定孟詩文字時，列爲重要依據。至於台灣地區流傳的古本主要還是明朝的刻本。《明弘治本》與毛氏《汲古閣刻本》要以較常見。我們進行的校注，便是以這兩個本子爲根據。聯經出版公司《全唐詩稿本》所據即爲毛氏汲古閣刻本，上有異文及簡短的批語，十分寶貴。至於臺灣商務印書館出版的《四部叢刊本》是據明弘治刻本景印；《四部備要本》係根據明刻本校刊而成，也是值得參閱的本子。

在注本方面，夏敬觀《孟郊詩選注》先後收入《萬有文庫薈要》及《學生國學叢書》之中，民國五十四年台灣商務印書館重印《萬有文庫薈要》，十分通行。本書收錄孟詩五十三題七十八首，前附年譜及導言，注文簡短，不乏睿見；其年譜對於孟詩繫年，雖有值得商榷之處，仍有不可掩抑的參考價值。至於陳延傑在民國二十八年九月出版的《孟東野詩注》，是前此最重要的孟

---

❷見唐·孟郊撰《孟東野文集》程有慶跋，上海古籍出版社影印宋蜀刻殘本所據爲上海古籍出版社1994年9月出版《宋蜀刻本唐人文集叢刊》。

詩全注本。陳延傑在《孟東野詩注‧序》中說：

> 余窮老江南，凤遭憂患，時放浪溪山間，顧影寡儔，其憂
> 寒鳴阨不平之氣，與東野未嘗不同，故喜讀其詩，如見其
> 肺肝然。亦實有感于心，而得以亂思遺老也。東野詩蘊奧
> 難見，自宋以來，無一人注者，曷其寂寞焉！輒為之批郤
> 導窾，釋其章句，蓋欲以覺來者耳目熒也。余沉思此注，
> 幾及十五年，恐有所遺闕，故旦暮孜孜若此，東野有靈，
> 亦當驚知己於千古矣❸。

陳延傑以將近十五年的時光注解孟詩，可謂孟郊異世知音。陳延
傑在中唐詩人的校注方面，成果豐碩。除本書之外，尚有：《賈
島詩注》(民國二十六年上海商務印書館版及)《張籍詩注》（民
國二十七年長沙商務印書館版）。陳延傑《孟東野詩注》的注文
簡鍊，間有篇旨之點醒、詩法的闡發，但因陳先生刻意注明詩句
來歷，時有注文與孟詩不相干之例，雖然如此，陳延傑的注本卻
是自宋代以來，惟一的全注本。此書與華忱之《唐孟郊年譜》，
都是深造有得，開創有功的名作。各本對孟詩的編排，都是沿用
自北宋宋敏求以來的體例，分為十卷十四類，孟郊作品之中，能
夠辨悉年代的詩篇不足五成，假若勉強打破過去的歸類方式，重
新考徵繫年，文獻不足，難度甚高；因此我們所作的新校注，一
仍舊貫，未曾變改。

## 三、考校孟詩的文獻資源

### (一)比勘孟詩異文的文獻舉隅

孟郊詩歷經長時期的傳抄、選錄、刊刻，以致在篇題、字句

---

❸見陳延傑注《孟東野詩注》前序，臺北，新文豐出版公司，民國68年8月
初版。

方面頗多異文。尤其是樂府詩，更是如此。孟郊的樂府詩存現六十九首，宋‧郭茂倩《樂府詩集》即收錄孟郊樂府三十首，此書於察考孟郊樂府詩命題來源，頗有參考價值。茲引三條爲例：

〈列女操〉爲古琴曲。《樂府詩集》卷五十八孟郊〈列女操〉引《琴集》云：「楚樊姬作〈列女引〉。」

〈灞上輕薄行〉爲雜曲歌辭。《樂府詩集》引《樂府古題》云：「〈輕薄篇〉，言乘肥馬，衣輕裘，馳逐經過爲樂，與〈少年行〉同意。」

〈長安道〉爲橫吹曲辭。《樂府詩集》引《樂府解題》卷二十三云：「漢橫吹曲，二十八解，李延年造。魏晉已來，唯傳十曲：一曰《黃鵠》，二曰《隴頭》，三曰〈出關〉，四曰〈入關〉，五曰〈出塞〉，六曰〈入塞〉，七曰〈折楊柳〉，八曰〈黃覃子〉，九曰〈赤之揚〉，十曰〈望行人〉。後又有〈關山月〉、〈洛陽道〉、〈長安道〉、〈梅花落〉、〈紫騮馬〉、〈驄馬〉、〈雨雪〉、〈劉生〉八曲，合十八曲。」

類似的例子還有：〈古樂府雜怨三首〉、〈古薄命妾〉、〈古離別〉、〈遊子吟〉、〈傷哉行〉、〈出門行二首〉、〈湘妃怨〉、〈巫山曲〉、〈空城雀〉、〈閒怨〉、〈羽林行〉、〈遊俠行〉、〈有所思〉。《樂府詩集》都注記詩題來源，此於孟郊對古樂府之前承與變創，可作對照。有些還提供異文，成爲比勘篇題最佳資料。如：〈古樂府雜怨三首〉本詩爲相和歌辭，楚調曲。《樂府詩集》卷四十三作「雜怨三首」。再如：〈出門行二首〉爲雜歌曲辭，《樂府詩集》卷六十一收本詩。與古辭〈驅車上東門行〉、晉‧陸機〈駕言出北門行〉、魏‧阮瑀〈駕出北郭門行〉歸爲同類。

除了《樂府詩集》，其他總集、選集如《文苑英華》、《萬

首唐人絕句》、《唐文粹》也在孟郊詩作篇題、字句的考察，有一定程度的參考價值。例如：〈古薄命妾〉之題名，《唐文粹》卷一二作〈薄命妾〉。即以《弘治本》《汲古閣本》加以比對，而有小小異同。如：汲古閣本、《文苑英華》另收〈妾薄命〉一篇。弘治本則無此篇。汲古閣本另收《望遠曲》一篇，《弘治本》亦無此篇。此類例證甚多，不再枚舉。

　　㈡《御定全唐詩》附注於考校孟詩的價值

　　國立中央圖書館（國家圖書館）所藏《全唐詩稿本》，於民國六十八年由聯經出版事業公司印行，研究使用十分方便。據劉兆佑教授的考察，此稿本是《御定全唐詩》最可能的底本。先是錢謙益以《唐詩紀事》為本纂輯，季振宜踵其事而成。此稿本最可貴的地方在於季振宜之校勘成果。季振宜在校刊唐詩時，不僅廣收輔本，對字句之校勘，作者之審辨，態度十分嚴謹，其小注尤多新意❹。

　　《全唐詩稿本》以汲古閣刻本《孟東野集》作為底稿，稿本上仍留有季振宜校改的原跡，對孟郊詩之校勘，十分寶貴。我們在作注時，曾大部份加以引錄。連同其他參纂者考證之資料，皆用《全唐詩注》標記之，不敢掠美。《御定全唐詩》的字句校勘，筆者曾持與弘治本《孟東野詩集》加以比對，發現有些異文沿自更早的版本，有些抄自《汲古閣本》附注，有些是勘改《汲古閣本》上附注的異文，有些則為季氏獨到之見。我們在校注孟詩時，為慎重起見，將《全唐詩稿本》上部份勘改或直接刪去的汲古閣本附注異文，仍予注記，以俟後考。

　　《御定全唐詩》對於少數孟郊詩篇章數目或編排秩序曾有更

❹參劉兆佑〈御定全唐詩與錢謙益季振宜遞輯唐詩稿本關係探微〉載：屈萬里·劉兆佑主編《全唐詩稿本》第1冊，聯經出版事業公司，民國68年。

動，具有相當參考價值。茲舉兩例為證。如：卷一〈征婦怨四首〉
弘治本《孟東野詩集》編排秩序如下：

> 良人昨日去，明月又不圓。別時各有淚，零落青樓前。
>
> 君淚濡羅巾，妾淚滿路塵。羅巾長在手，今得隨妾身；路
> 塵如得風，得上君車輪。
>
> 漁陽千里道，近如中門限；中門踰有時，漁陽長在眼。
>
> 生在綠羅下，不識漁陽道。良人自戍來，夜夜夢中到❺。

汲古閣本《孟東野集》附注：一刻作「二首」。《御定全唐詩》
則將「君淚濡羅巾」六句，與前連屬作一首。將「生在綠羅下」
四句，與前連屬作一首❻。細按全詩，確以作兩首為是。

　　再如：卷九〈列仙文〉原為總題，以下〈右方諸青童君〉、
〈清虛真人〉、〈金母飛空歌〉、〈安度明〉四首應為子題。但
是《弘治本》、《汲古閣本》都誤將〈金母飛空歌〉、〈安度明〉
兩子題合成〈金母飛空歌安度明〉，似不知孟郊在此一吟詠仙真
的組詩中，係將詩題置於作品之後，以致歷來讀者誤以〈列仙文〉
為第一首，〈右方諸青童君〉為第二首，〈清虛真人〉為第三首，
〈金母飛空歌安度明〉為第四首，秩序完全錯亂。

　　《御定全唐詩》則將〈列仙文〉視之為總題，然後分別在每
一首詩後標上〈右方諸青童君〉、〈右清虛真人〉、〈右金母飛
空歌〉、〈右安度明〉，如此的篇章安排，始恢復孟郊〈列仙文〉
之原貌。有關孟郊〈列仙文〉的問題，李豐楙先生曾作精闢的討
論❼。

---

❺見唐・孟郊撰《孟東野詩集》，上海涵芬樓影印明弘治己未刊本，卷1。
❻參見清聖祖御定《全唐詩》第6冊，頁4184，台北，文史哲出版社，民國
　67年12月。
❼參李豐楙〈孟郊「列仙文」與道教降真詩〉，中國唐代學會編輯委員會
　主編《唐代文化研討會論文集》頁645至頁668，臺北，文史哲出版社，
　民國80年7月。

## (三)歷代詩論資料的詮釋價值

孟郊爲中唐時期作風突出的詩人，歷代史志、筆記、書序、詩話著作中，載有不少相關資料。這些資料內容駁雜，不乏對孟郊詩作的深究與評騭。以宋代而言，類似范成大《吳郡志》對孟郊父親的考證、吳子良《荊溪林下偶談》卷一據〈東野墓誌〉及韓愈相關作品，考證《新唐書·韓愈傳》附傳以及樊汝霖注文的錯誤；如曾季貍《艇齋詩話》、吳聿《觀林詩話》均曾記載孟郊四〈嬋娟篇〉誤收於《顧況集》。類似資料或許只是片語零縑，對孟郊出身及生平行實的考察，甚有裨益。

南宋以來不少詩話使用摘句批評的方式，評騭孟詩。例如吳可《藏海詩話》、范晞文《對牀夜語》、劉克莊《后村詩話》。《對牀夜語》等書，論及孟郊詩藝時，遍及、體制、聯句、用意、用韻各層面，頗多慧見。

清人對孟詩鑑賞尤爲精細，針對個別的詩篇，提出不少精湛的批評。如清·賀裳《載酒園詩話·又編》評〈遊子吟〉：「真是六經鼓吹，當與韓退之〈拘幽操〉同爲全唐第一。」清·吳喬《圍爐詩話》有相同的批評。清·沈德潛《唐詩別裁》卷四評〈列女操〉：「寫貞心下語嶄絕。」評〈長安羈旅行〉：「『直木』一聯傳出君子之品。」評〈聞砧〉：「竟是古樂府。」類似批語，皆極有見地，值得重視。

清·方南堂《輟鍛錄》雖曾說「孟東野集不必讀，不可不看。」卻仍舉孟郊名篇〈列女操〉、〈塘下行〉、〈去婦詞〉、〈贈文應、道月〉、〈贈鄭魴〉、〈送豆盧策歸別墅〉、〈遊子吟〉、〈送韓愈從軍〉爲例，說明孟郊詩：「運思刻，取逕窄，用筆別，修詞潔，不一到眼，何由知詩中有如此境界耶？」再如清·馬星翼《東泉詩話》、清·宋長白《柳亭詩話》、清·方東

樹《昭昧詹言》雖也沿用傳統「摘句評賞」的方式，詮評個別的詩篇，有時更延伸到孟郊詩格、人格、以及時人的倣效的評論，跨躍的批評領域比較大，與一般即興印象式的摘句評賞不同。都是我們在作注時極為重視的參考資料。

## 四、孟詩新詮釋的可能途徑

傳統的校注，就文學研究而言，只能算是「文本」的整理。因應新的文學學術要求，理應汲取新知，尋求新的理論工具，對古典文學作品進行現代的詮釋。僅就孟郊詩來說，詮釋孟詩，實有若干困難與躓礙。其中最大的難題是：不少詩篇措辭拗澀，解讀為難。早在韓愈的〈薦士〉詩中，已經提及孟郊詩：「橫空盤硬語，妥帖力排奡」，在〈貞曜先生墓誌銘〉論及孟詩時，也說他的詩「劌目鉥心」、「鉤章棘句」、「神施鬼設」，顯然孟郊在詩歌創作技巧以、遣詞用字極富於個人的特色。在歷代評孟的論述中，如說孟詩「苦吟而成」、說孟詩「字字生造，為古來所未有」、說孟詩「筆瘦多奇」、說孟詩「意新音脆，最不凡」，皆是就字句層面而言。孟郊詩「巧搜僻鍊、盤空生造」的修辭方式，對現代的讀者言，無疑是解讀的障礙。

再者，孟郊詩諸體僅十分之一二，五言詩佔了十之八九，堪稱專工五古。孟郊以矯激的格調，苦吟的態度作詩，不像韓愈的「豪橫恣縱、刻意逞博」；反以「高度簡約、別具巧思」的短篇為之。其詩法又故反常格，詮評更加困難。

此外，孟郊一生貧寒窮窘，卻執意作詩，實有特殊的創作心態與心理需求，若未能體貼作者心靈，很難理喻孟郊反複吟詠貧病窮窘的原因。凡此皆為解讀孟詩的難題與挑戰。在此僅就思考所及，提出三點可能途徑，作為後續努力的參考。

### (一)孟郊內心世界的觀察與說明

　　文學創作是複雜的心理活動，從心理學的角度來看，作品不但反映作者表層心理狀態，更涵有潛層心理的底蘊。運用精神分析方法，不但可以探索詩歌表層的意義，並可進窺詩人深層心理的意蘊。

　　孟郊之生活與創作，其實是極佳的「精神分析個案」。孟郊的現實生活，貧病窮窘、飽經磨難；究竟是何種心理動力使其不斷寫作。是成就慾的煎逼？或是使命感的驅勵？是期望舒解受壓抑的願望？或是其他的需求？類似的問題，頗饒興味。孟郊創時的心智狀態、成就動機、現實矛盾、意志衝突、心理自衛等等成為頗值得考索的論題。此外，無意識活動的探討與揭示、精神官能症候群的分析與因果回溯與破解詩中具有象徵意味的物象與細節、孟郊內心世界的觀察與說明，或是應用現代精神分析理論詮釋孟詩的新途徑。

### (二)孟詩語言風格的分析

　　詩人感於事而動於情，動於情而後形於詩。雖然詩、文同以語言作為表達情思的媒介，詩歌卻有遠比文章更為特殊的性格。清人吳喬有此妙喻：「意喻之為米，文喻之為炊，詩喻之釀為酒；飯不變米形，酒形質盡變；噉飯則飽，可以養生，可以盡年，為人事之正道；飲酒則醉，憂者以樂，喜者以悲，有不知所以然者。」〈答萬季野問〉孟郊在語言運用上有何特殊？孟詩的語義有什麼獨特意涵？孟郊寒苦、奇澀風格的形成有何語言的因素？都屬於極有意味的論題。

　　就筆者對孟郊語言運用的粗淺了解，舉凡情境的偏離、變形、轉換，意念的跳躍、思維的剝離、奇妙的譬喻都是孟郊詩語運用的獨特手段。其語法方面巧妙的假喻、語意上奇特的展延，都是

使孟郊詩語極富個人特色的因素。若能對孟詩語言的選擇、組合、配置，語調安排等問題，運用語言風格學的方法深入考察，或能對孟詩特殊語風的形成，作出比較具有學理意義的說明。

### ㈢讀者對孟詩的接受與訾應

晚近以來，接受美學蔚為潮流。在接受美學家心目中，作者、作品、讀者三者構成一互為影響、相互關聯的體系。在此一體系中，讀者絕非無關緊要的因素。文學作品若僅視為文字的組成物，則僅有潛在的審美價值；惟其通過讀者的接受、理解、闡釋才能成為審美對象，煥發真正的美感價值。近代的接受美學批評家常將作品比擬為樂譜，讀者喻為演奏家；認為只有進行演奏，否則無法展現樂章的優美。詩歌亦然，在不同的歷史時期，因不同讀者的解讀，自然呈現豐富的意義。這些意義，除作者所寄寓，尚融鑄讀者對於審美理想的「期待」所賦予的意義。隨著時代的變遷，每一時代的讀者，對於作品的解讀層面、審美視野，都會擴大加深，此於詩歌作品的新詮釋，大有啓示。

從孟郊詩在歷史上受到的讀者的接受與訾應來看，孟郊以五言詩享譽貞元、元和詩壇，唐·張為《詩人主客圖》列為「清奇僻苦主」，「清」「奇」「僻」「苦」四字，已能涵括孟郊詩風；但宋人論孟郊詩「陋於聞道」、「寒苦」、「刻苦」、「有理致」，不論是訕笑、譏諷、訾議、質疑、肯定，都引發了後人更為深入的解釋與商榷。宋人不論是以詩論詩、或以摘句批評，或以任何形式批評孟郊作品，論見已經較前代更為精細。

元、明時期對於孟詩，固有「詩囚（元好問）」、「思不成倫，語不成響……如嚼木瓜，齒缺舌蔽。」（陸時雍）之類的苛刻批評；也能見到「龍肝鳳髓」（徐謂）或「入其題，如一入巖穴；測其旨如測一封象。」（譚元語），如此兩極化的揄揚，留

給論者很大的論述空間。在清代的評論資料中，不論是評孟資料的檢討、孟詩的評賞與比較、孟詩的前承後繼問題、或是韓孟的聯句詩、五古成就、詩風的描述以及價值的評估等領域，都開發出一些具有學理意義的論題。考察歷代讀者對孟詩的接受與詧應，是一件頗饒興味的工作❽。宋代以來，論述孟郊的角度越來越寬，論析內容越來越鞭闢入理。許多值得思考的論題，若能以接受美學的方法加以闡發，或許也能成為詮釋孟詩的新途徑。

## 五、結　語

　　孟郊以苦吟的態度，從事詩歌創作，在文學史上佔有一席之地。能有機會以傳統方法校注孟郊集詩，實在是筆者學思生涯中難得的經驗。然而字句考校、訓解，在文學研究雖有其必要性，卻終究屬於「作品本體」的一個基礎研究而已。文學研究者最終的職責是在讀者與作品之間擔任中介者，發人所未發，言人所未言，並引領讀者對於既有的作品作更加深入的賞析。

　　當代的文學研究方法日益繁多，不論是以作者為中心的研究趨向，以文本為中心的研究趨向，以讀者為中心的研究趨向，還是以社會文化為中心的研究趨向，皆以探索作家獨特的造詣、解讀作品難言的奧秘為宗旨。不管使用的方法如何，必須是構成一個有組織、合邏輯的有機系統，還需估量每一種方法的適用性、可行性與互補功能；更重要的是能夠在一個寬廣的學術文化視野中，接受檢視與批判。

　　前賢常謂「文無定法」，詩歌的解讀或詮釋亦乏常規。孟郊內心世界的觀察與說明、孟詩語言風格的分析、讀者對孟詩的接

---

❽筆者曾有〈孟郊詩歷代評論資料述論〉一文於86年1月11日在逢甲大學及中國古典文學研究會合辦之「第15屆中國古典文學學術研討會」上宣讀。

受與訾應，只是目前思考所及的詮釋議題。如何借助新的詮釋理論，對孟郊詩作更深入的解讀，是一個值得繼續努力的目標。

# 參 考 書 目

1. 陳延傑注《孟東野詩注》，臺北，新文豐出版公司，民國68年8月初版。

2. 夏敬觀《孟東野詩選注》，商務印書館，民國54年8月。

3. 邱燮友、李建崑合注《孟郊詩集校注》，國立編譯館主編，新文豐出版公司，民國86年10月。

4. 劉斯翰選注《孟郊賈島詩選注》，仁愛書局，遠流出版社，民國77年7月。

5. 王軍選注《韓孟詩派選集》，北京師範學院出版社，1993年4月1刷。

6. 尤信雄《孟郊研究》，臺灣，文津出版社，民國73年3月。

7. 華忱之《唐孟郊年譜》，國立北京大學圖書館印行，民國29年7月。

8. 夏敬觀《說孟郊》，見氏所著《唐詩說》81至84頁，臺北，河洛出版社，民國64年12月。

# 蘇軾農村詞研究

## 徐　照　華

## 一、前　言

　　自晚唐五代到北宋，詞之發展由民間走向文人手中，此時詞人們僅將之作爲「花間」「尊前」中「綺筵公子」們佐歡助興之用，故多爲宴集時應歌而作，文人們填寫之後供繡幌佳人演唱，以爲「娛賓遣興」，所以作爲詞的題材和其所抒發的情思就必須迎合「綺筵公子、繡幌佳人」的趣味。故其時詞中表現的多爲男歡女愛的離情別緒，且敘寫觀點亦多屬女性口吻。這種抒情類型發展的軌跡歷經韋莊、李煜、柳永等人的努力突破與開展，至東坡始能獨樹異幟，而爲詞另闢了一個開闊的天地。蓋蘇軾在總結前人的創作經驗，與表現方法的基礎上，建立起「自是一家」❶的風格特質，學者稱爲「東坡類型」❷。他的詞著重於表現主體意識，塑造自我形象，表達自我人生經驗，抒發其自我的人生理

---

❶〈與鮮于子駿書〉《蘇東坡全集・續集》卷5，下冊，頁141，河洛圖書
　出版社，1975年9月，初版，台北。
❷王兆鵬先生將詞的抒情範式分爲「花間範式」與「東坡範式」而兩種，
　所謂「花間範式」是承繼花間娛賓遣興的創作需要，形成「非我化」、
　「類型化」的抒情方式，創作者是以非我的身份，假託他人的聲吻來抒
　感言情，詞的抒情主人多是無定指。寫的題材是人皆有之的離情別緒，
　男歡女愛。而「東坡範式」則著重主體意識的表現，抒發自我的人生理
　想，是「自我化」「個體化」地表現自己對社會人生和歷史的獨立觀察
　和思考。見《宋南渡詞人群體研究》第7章〈從類型化走向個體化〉頁
　161-177。文津出版社，1992年3月，初版，台北。

想和追求。龍沐勛在〈兩宋詞風轉變論〉中即言其：

> 悍然不顧一切，假斯體以表現自我之人格與性情抱負，乃
> 與當時流行歌曲，或應樂工官妓之要求以爲笑樂之資者，
> 大異其趣❸。

自此乃改變「詞爲艷科」的觀念，而一掃柔靡纖弱之氣及離
情別緒的局限，詩化了詞的寫作；故相對亦擴展了詞的內容，由
懷古、詠史、說理談玄，感時賦物，抒情，乃至於田園農村的描
寫等，真的做到「無意不可入，無事不可言」的境地。而在此諸
多題材中，農村詞是極重要的，極特殊的一圜。

蘇軾一生因宦遊而流落各地，所到之處，與農民有著深入的
接觸，以其體察民情的觀察和自然放曠的性格，在農村詞上的表
現，不但內容深刻豐富，其藝術的表現手法亦獨樹一格。在詞的
發展上乃開闢了前所未有的領域。其農村詞中除了農村田園自然
風光的描寫，更將農村生活作了深入寫實的反映，其中農人、農
婦、村姑、漁父都有著生動鮮明的形象刻劃；既抒寫自我性靈懷
抱，又表現其對社會人生的關懷與體察；對擴大詞的題材範圍，
提高詞的社會寫實功能，有其劃時代的意義。

## 二、蘇軾農村詞的内涵

提到蘇軾的農村詞，最重要的，莫過於他在徐州所寫的五首
《浣溪沙・徐州石潭謝雨道上作》：

其一

照日深紅暖見魚，連村綠暗晚藏烏。黃童白叟聚睢盱。
麋鹿逢人雖未慣。猿猱聞鼓不須呼，歸來說與採桑姑。

---

❸《詞學季刊》第2卷，第1號。

其二

旋抹紅妝看使君，三三五五棘籬門，相排踏破舊羅裙。
老幼扶攜收麥社、烏鳶翔舞賽神村，道逢醉叟臥黃昏。

其三

麻葉層層檾葉光，誰家煮繭一村香，隔籬嬌語絡絲娘。
垂白杖藜抬醉眼，捋青擣麨軟飢腸，問言豆葉幾時黃。

其四

簌簌衣巾落棗花，村南村北響繰車，牛衣古柳賣黃瓜。
酒困路長惟欲睡，日高人渴漫思茶，敲門試問野人家。

其五

軟草平莎過雨新，輕沙走馬路無塵。何時收拾耦耕身。
日暖桑麻光似潑、風來蒿艾氣如薰，使君元是此中人。

這組詞作於元豐元年（一〇七八）仲夏。蘇軾在此前一年即熙寧
十年四月由密州移知徐州。七月黃河大水決口，泛於梁山泊，溢
於南清河，匯於徐州城下。作者帶領軍民奮戰洪水，「不避塗潦、
過家不入」❹終而保住徐州，其後並建黃樓，與人民共同慶祝抗
洪的勝利。但是第二年春天，又遇旱災，蘇軾遂與人民到城東二
十里外的石潭求雨，湊巧眞的下了一場雨，旱情因而解除；因此
又到石潭謝雨。此五首〈浣溪沙〉就是在謝雨途中所作，此時蠶
已成繭，麥初登場，農村生活一片繁忙。

　　第一首寫紅日照暖了石潭，深澈潭水中，遊魚歷歷可見，郁
郁蔥蔥的茂密綠蔭遮暗了全村，黃童白叟老老少少歡歡喜喜地聚
到這兒來看太守謝雨。深謐的山村中突然熱鬧了，原本來去從容
的麋鹿，不習慣見到人群，都紛紛走開；而調皮的猿猱，聽到祭

❹蘇轍〈東坡先生墓誌銘〉。見龍榆生校箋《東坡樂府箋》前附，華正書
　局，1990年3月，初版，台北。

祀的鼓聲卻不請自來。這一切熱鬧有趣的情景看在參觀民眾的眼裡，回去後還繪聲繪影爲那不能前來的採桑姑娘們描說著。

第二首寫太守謝雨後從山谷中回來，村中姑娘們聽到消息，很快地爲自已抹粉打扮一番，而後三三五五，排門爭看他們心中景仰的太守，因爲太擁擠，以致有人的紅色羅裙被踏破。下片接著寫太守看到村中迎神賽會，不獨老幼歡騰，就是高空的烏鳶也圍著供祭的食物盤翔飛舞。直到黃昏，還偶而可見喝醉了社酒的老叟躺在路邊。

第三首寫他又走到另一座村莊，但見沿途田園中，麻葉茂密，層層而生，而蕠葉在這暮春初夏的季節正閃爍著亮麗的陽光。遠遠地不知那戶人家正在煮繭，整個村子都散發著撲鼻的香味。隔著村家的籬笆，時而可聞繅絲娘的叫聲❺。下片寫路上見到垂著白髮拄杖而行的老人，與之攀談。抬起醉眼的老人告知他因爲糧食缺乏，只有捋取未熟的青麥，擣麨充饑了。太守藹然探問還有多久豆子才能黃熟呢？

第四首寫的是另一村子裏，棗花在風中簌簌掉下，落滿自已一身。因爲村子很靜，不但花兒飛落聲音聽得眞切，村南村北響起的繰車聲更是明顯；還有人在柳樹下賣黃瓜呢！這說明全村都默默地在從事生產。而自已這一路行來，因爲日高，路長，感到疲倦口渴，所以就向那山野人家，敲門討個茶喝。

第五首寫解了渴後，太守精神好了，雨後驕陽下一路上農村美景盡收眼裡。因下過雨，大地潤澤了，空氣清新，草軟沙平，

---

❺《爾雅翼》：「莎雞率以六月振羽振聲，連夜札札不止，其聲如紡絲之聲，故一名梭雞，一名絡緯，今俗人謂之絡絲娘」見《東坡樂府箋講疏》卷1，頁88，廣文書局，1972年9月，台北。惟據俞平伯《唐宋詞選釋》謂：「從前江南養蠶的人家，禁忌迷信很多，如蠶時不得到別家串門。這裏言女郎隔著籬笆說話，殆此風宋時已然」可備一解。

馬蹄飛過輕輕的沙路上，幾乎沒啥塵埃揚起。而且桑麻上日光似潑，風吹蒿艾，草氣如薰。如此美好情境，使他更加萌發耕讀歸隱的念頭。

作者筆觸細膩生動的寫實手法，讓我們對古代淮北平原上的農村生活、農村風光等有了一番的瞭解。底下即就農村生活，及農村風光兩部分析論之：

## (一)農村生活的苦樂

從〈浣溪紗〉五首，我們看到了農村中生活衣食的憑藉，無非是「耕耨」、「收麥」、「桑麻」、「採桑」、「煮繭」。詞中所見但為黃童白叟等等老幼婦孺，村中並未看到壯丁，從事生計的壯漢應正在田畝間忙碌著（所謂「五月人倍忙」，「丁壯在南岡」），而部分姑娘在桑園中採桑，家中但留下婦女從事「繰車」抽絲的工作，還有人以「賣瓜」作為副業。作者寫出了農村中男耕女織的辛勤勞動，大家都忙著生產，充滿活力，也免不了艱辛。因為他們生活的好壞，絕大部分須取決於外力：即自然氣候及政治因素，而且不是自已努力與否就能決定的。

### 1.自然氣候（晴雨風雪）的影響

雖然〈浣溪沙〉五首的氣氛大致是歡欣的，因為是時雨解旱後的農村，所以農民們正充滿桑麻收割的希望與歡樂。只是這個希望與歡樂是由「雨」水帶來的。故此歡樂之下，其實深隱著一種悲哀——耕耘者未必有收獲，農民再如何努力，總是要仰仗老天，他們需要時雨瑞雪的幫助，過雨則水，不雨則旱，農民是看天吃飯的，自然氣候對農民的影響很大，所以連太守蘇軾為了人民生活疾苦也得隨著風雪晴雨而憂而喜，如其見雪的「萬頃風濤不記蘇，雪晴江上麥千車」（〈浣溪沙〉）寫詞人在醉後，記不得何時醒來，夜來但聽得風聲大作，待及天明，但見一片風靜雪

晴，大地一片銀裝，使他高興地預料今年將是麥收千車的一年。
蓋所謂「雪兆豐年」，其〈雪後書北臺壁〉詩中言「遺蝗入地應
千尺，宿麥連雲有幾家」，分類本有注云：

> 雪宜麥而避蝗，故爲豐年之祥兆。蝗遺子於地，若雪深一
> 尺，則入地一丈；麥得雪則滋茂而成稔歲，此老農之語也。

雨雪之於農收，在其〈出城送客不及步至溪上〉詩中可證之：
「父老借問我，使君安在哉？今年好雨雪，會見麥千堆」❻──所
以自然氣候對農產收穫影響極大，見瑞雪則喜麥收，薰南風則阜
民財，故久旱則祈天求雨，雨後又得「謝雨」，收割後百姓亦得
「謝神」而舉辦「賽神」會。〈浣溪沙〉其一寫的就是老老少少
跟著太守蘇軾到石潭謝雨的狀況。其二寫的是謝雨後進入村莊，
所見村民們祭社迎神賽會種種情形。

基於敬天畏命，傳統農村中有著祭神祈雨的習俗，在〈浣溪
沙〉五首中略曾提及，如〈浣溪沙〉其一所謂「……黃童白叟聚
睢盱。麋鹿逢人雖未慣，猿猱聞鼓不須呼」一寫的大約是在「蒼
石」「巖竇」❼之間，一群人於潭邊舉行謝雨儀式。儀節細文未
有交待，僅知要擊「鼓」進行，以示莊嚴，以達天聽，向社稷山
川祈謝甘霖。而其二之「老幼扶攜收麥社，烏鳶翔舞賽神村，道
逢醉叟臥黃昏」則知社祭時應是供品豐富，才會招惹烏鳶盤旋拜
祭的食物不肯離去；而祭典後則該是家家戶戶宴酒請客。社神就
是土地神，古二十五家置一社，祀之報功並祈甘雨。古立春後五
日曰春社、立秋後第五日曰秋社，爲祭賽土神之日，而社日祭祀
所用酒，叫社酒；如〈蝶戀花‧密州上元〉所謂「寂寞山城人老

---

❻〈出城送客不及步至溪上〉二首。《蘇東坡全集‧前集》卷6，頁107，
同註❶。
❼詳見〈起伏龍行〉同註❶卷9，頁136-137。

也，擊鼓吹簫，卻入農桑社。」這是說他在密州上元夜，隨意閒行，聽到簫鼓喧闐，尋聲前往，卻原來是村民正在舉行社祭，祈求豐年。其實這種風俗在《周禮》中已有記載：

> 凡國祈年於田祖，吹《豳雅》，擊土鼓，以樂田畯(農神)。

蘇軾〈滿庭芳〉中：「山中友，雞豚社酒，相勸老東坡」可以為證。這種傳統習俗與晚近一般民間尾牙祭土地神亦相彷彿。

此外農村生活中在「立春」日亦有許多的傳統習俗，蘇軾〈減字木蘭花·己卯儋耳春詞〉有著鮮明的記載：

> 春牛春杖，無限春風來海上。便丐春工，染得桃紅似肉紅。
>
> 春幡春勝，一陣春風吹酒醒。不似天涯，捲起楊花似雪花。

此詞上下片皆就立春日農村習俗加以著墨。立春為廿四節氣之一，其日陽氣轉盛。《禮記·月令》：「某日立春，盛德在木，天子乃齊。立春之日，天子親率三公九卿諸侯大夫以迎春於東郊。」《汲冢周書·時訓解》：「立春之日，東風解凍，又五日蟄蟲始振，又五日魚上冰。」府縣官署則於該日「立青幡，施土牛耕人於門外，以示兆民」(《後漢書·禮儀志上》)春牛，即土牛（後亦有以葦及紙為之）春杖，指耕夫持犁侍之，或以紅綠鞭打之，謂之打春，以示農耕之早晚。「春幡」即「青幡」，青色旗幟；「春勝」一種剪成圖案或文字的剪紙，又稱剪勝，彩勝；皆表示「迎春」之意。而立「春牛春杖」，正所以象徵春回大地草木生機勃發，大家應辛勤耕耘，並願乞得春神之力化育人間。而立「春幡、春勝」亦迎取春風，使草木萬物皆得甦醒。凡此農業社會的種種風俗，在在象徵著希望自然賦予我們春風、春雨、春露、春水的滋潤，期於五穀豐收；即使在嶺外海南的春天，蘇軾所見與中原是一般無二。雖然這首詞表面充滿了希望，但仔細思之，實亦流露出農村社會對自然無限憧憬和仰賴。

## 2.政治的影響

　　蘇軾農村詞中顯現出農民生活苦樂的另一問題，便是政治因素的影響。〈浣溪沙〉五首，雖然寫的是農民雨後桑麻茂盛，麥穀登收的歡樂，但詞中且隱隱出現一個農村生活的憂患和遺憾。其三詞中有一個關鍵語句，所謂「捋青擣麨軟饑腸」是何意？此中間乃深藏著一個農村的問題待我們去深入瞭解。捋青，摘取尚未熟黃的青色新麥。擣麨，碎麥炒的乾糧。作者〈發廣州〉詩：「三杯軟飽後，一枕黑甜餘」自注：「浙人謂飲酒爲軟飽」。軟，疑作「飲」、「食」解，所以這話是說：把尚未黃熟的新麥炒成乾糧來充饑裹腹。這顯現出農民們因爲水旱，麥子未熟便將就捋來吃了，以後如何是好，只得寄望于秋收了。豆葉一般都到農歷八九月才黃；而農民卻在寅吃卯糧的情形下，於麥初登場時就巴望著豆子成熟了。僅此二句，便反映了北宋農民生活的疾苦。其意較「二月賣新絲，五月糶新穀」寫得更深刻，因其將悲哀深孕於字裡行間。蘇軾在〈陳季常所蓄朱陳村嫁娶圖〉詩中亦言：「我是朱陳舊使君，勸耕曾入杏花村，而今風俗那堪畫，縣吏催租夜打門。」由此可知，當時農村經濟的凋敝，農民終年艱苦工作仍然不得溫飽，這雖然有時是因天災所致，但是主政者嚴征暴斂應是最重要的因素。

　　但是農民的這種悲哀，作者在此寫得非常含蓄非常隱微，因爲這個詞組表面上主要還是描繪農村久旱得雨的歡欣，而且徐州百姓們確實是幸運的，至少他們得有一位能夠體察民瘼，關心民生的太守先生，這位太守能與農民們共憂患、共歡笑。他爲農民祈雨謝雨，而農民呼擁著蘇軾到深山絕谷中參加舉行的謝雨儀式，而隨後來到村莊裏村姑們聽到消息，紛紛化妝，一群群擠在棘籬門前，圍看他們心目中景仰的太守。當太守走過時，大家因互相

擁擠爭看；把漂亮的紅綢裙子也踩破了。則人民與蘇軾之間的感情，藉此村民的言行，充分流露出來了。其三中他憂心人民捋青擣麨，剜肉補瘡之苦，秋冬後，如何過日，乃探問豆子何時方能收割？這就是蘇軾與人民休戚與共的政治懷抱。其四中他一路行來，酒困欲睡，天熱口渴，因而試著向山野人家敲門要水，最後更發出他自己的心聲，「何時收拾耦耕身」，想退隱之後，一起耕種，充分反映出一位地方官與民共歡樂共憂患的襟懷。。試想古封建社會中，太守出巡，通常不多是朱輪華轂，侍者前驅喝道，行人則肅敬退避，姑娘們豈敢嘻嘻哈哈？那允許在旁有人賣黃瓜？又怎會出現醉叟擋在路上，這些不都早就捉將官裏去了？而且太守出門不都是供帳盈路，吃喝備全，何至於因口乾而「敲門試向野人家」？身為太守的蘇軾既不講官排場，不搭官架子，藹然親切，平易近人，且愛民如子，這也是徐州地方農民的在貧困中仍得溫飽的原因之一。因為他們擁有一位知民疾苦且與人民站在同一陣線上共抗嚴重天災的父母官；這樣一位官吏，無異於農民生活中的時雨春風，農民相對的也愛戴他，尊敬他。故農民生活的疾苦歡樂與政治因素有著密切關係；而「政治因素」包括政治體制及施政人員，體制的建全固然重要，政治人物操守品格之良窳優劣則更為重要。官吏們對農民是剝削榨取、或是同情關懷，其於農民生活之品質關係至大。

### (二)農村的自然風光

蘇軾農村詞的內涵，除了充分反映農村生活的歡樂疾苦，也流露出他和農民間的情誼外，有一大部是純粹從「美」、「真」的角度來描繪農村自然的景光。即以《浣溪沙》五首為例，整個詞組根本就是一幅生動的農村風情畫，內容豐富生動；可以說有人、有物、有草木。人物方面包括黃童、白叟、紅妝、桑姑、醉

翁、老老幼幼。動物方面有魚、有鳥、有麋鹿、有猿猴、有烏鳶、有絡絲娘。草木方面則更是農村景致的主體,包括綠樹、棘籬、菻麻、蠶繭、麥子、桑樹、棗花、黃瓜、蒿艾。而鋪寫組合,則有色、有聲、有香、有味、有陽光、有和風,且上下互映,動靜成趣。在深谷中伴著老老少少的有深淵游魚、翠葉藏鳥,當祭祀的鼓聲響起,有膽怯的麋鹿避開,有好奇的猴兒跑來,真是一幅有趣的畫面。而農忙的村子裡,有陽光閃爍下綠葉晶瑩的光澤,有和風吹襲下煮繭撲鼻的香味,有絡絲娘的嬌語,亦有醉眼老叟閒話豆麥的收割,生活的勉強,更有著太守的關懷。另一個鄉村中,有簌簌的棗花掉落,更有滿村的繰車響起,在動中顯靜,使得一個寧靜的古老莊子中,隱隱充滿勞動者的活力,洋溢著生活的律動。而正當日高氣熱時,一株參天的古柳,引來涼風襲襲,牛在蔭下休息,人在樹下賣黃瓜,而一位長程跋涉、酒困口乾的人,來到野人家敲門,想要討杯茶喝,一涼一熱,一靜一動(此中寓有象徵意義,後面另有分析。)真是相映成趣。而最後一幕,柔軟的草原,平蕪的青莎,在雨後顯得如此滋潤清新。而雨浥輕塵,輕輕馬蹄踏過,路上卻沒啥塵埃。作者享受著如此田園之美,不知不覺又觸動了「何時收拾耦耕身」的感慨,而此時路旁桑麻上但見日光如潑,田園中的蒿艾經和風吹過,只覺得氣暖如薰;一切都洋溢著農村的氣息和煥然的生機。綜此觀之,作者不但描繪出美麗幽靜、活潑生發的農村景致,同時也反映了各種農村生活的動態;語言雖然樸質,但摹景寫狀,皆生動入妙,設色佈局亦屬神品,洵是一幅真實而充滿動態的農村風俗畫。

　　除了〈浣溪沙〉五首之外,蘇軾詞中描寫農村風光及自然景致者尚多有之,如〈望江南〉詞:

　　　　春已老,春服幾時成。曲水浪低蕉葉穩,舞雩風軟紵羅輕。

　　酣詠樂昇平。　微雨過，何處不催耕。百舌無言桃李盡，
　　柘林深處鵓鴣鳴。春色屬蕪青。

此為作者寫於密州任上暮春的田園景象，上片寫曲水流觴，著春
服、飲春酒、（春服，指單袷之服，蕉葉，仍杯名）舞春風、迎
春雨，詠昇平。下片寫春雨過後，郊野間百舌叫過，桃李也開盡，
柘林深處鵓鴣鳴聲卻相續催耕；而春色之最盛者，莫過於那原野
間蔓生的一片蕪青了；這是密州農村在春耕時節的美景。又其同
時所寫的另一支〈望江南〉上片：

　　春未老，風細柳斜斜。試上超然臺上看，半壕春水一城花，
　　煙雨暗千家。

　　但覺春風柔美，春柳在風中斜斜搖曳，而城池中春水漫漫，
整座城則更是繁花似錦。而當濛濛春霖飄落時，千百戶人家就只
有籠在一片灰黯的煙靄之中了。密州的農村景致卻原來也不遜於
江南，僅只是雨景較為灰黯罷了。

　　再如〈水龍吟〉的上片：

　　小溝東接長江，柳堤葦岸連雲際。煙村瀟灑，人間一哄，
　　漁樵早市。

這是黃州郊外的村野風光，直似一幅中國山水畫的情境。作者必
是登高眺遠，而後以大寓小，萬里納於尺寸之間，故小溝曲流通
於長江，而堤岸兩旁的柳樹葦草漫連在雲煙之間，這一切盡收眼
底。更仔細一看，在那煙靄濛濛的村子裏，還有趕赴早市的漁樵，
把人間點綴得閙閙一場。案鄭文焯謂此詞云：「有聲畫，無聲詩，
胥在其中。」❽寥寥數字，詞境一似畫境，真是乾坤萬里眼，天
地入胸臆；若非蘇軾超然游於物外的胸襟，何得如此。

────────────────

❽見鄭文焯《大鶴山人詞話》評〈東坡樂府〉。《詞話叢編》第 5 冊，頁
　4327。

蘇軾黃州詞中，尚有一闋著名的〈西江月〉，描寫的也是詩情畫意的鄉野風光：

> 照野瀰瀰淺浪，橫空隱隱層霄。障泥未解玉驄驕。我欲醉眠芳草。　可惜一溪風月，莫教踏碎瓊瑤。解鞍欹枕綠楊橋。杜宇一聲春曉。

詞前小序謂：「頃在黃州，春夜行蘄水中，過酒家，飲酒醉，乘月至一溪橋上，解鞍，曲肱，醉臥少休；及覺已曉，亂山攢擁，流水鏗然，疑非塵世也。書此語橋柱上。」蘄水是黃州地界的農村，蘇軾極力描繪著蘄水郊外原野中春夜的迷人的氛圍。先寫春夜月光灑滿空曠的原野，並照著一蜿漫漫流動的溪水。「淺浪」，「淺」字可見水流明澈、風力輕柔，「浪」字則知潺潺流水在灑滿月光綠野中閃爍地流著，而長空中隱隱約約密佈著充滿流動變幻的雲層。此時作者醉飲後來到溪橋上，陶醉在那靜謐而美麗的自然中，馬兒也被春野中的氣息所感染，未及解鞍，它就歡騰跳躍起來；作者也陶醉了，他想就在芳草上，席地而眠，享受一下那春夜原野的空氣、清香的芳草、澄澈的流水、沁涼的月光，以及種種春天的聲息。尤其最叫人珍愛的是風中那彌滿月色的溪流，就像瓊瑤一般晶瑩剔透，委實叫人不忍踏碎它，而擾亂了春夜的寧靜。所以他從橋上退回草地，解下馬鞍，伴著些許醉意，就在那綠楊掩映的橋邊曲肱而臥，暫且投入大自然懷抱，稍事休息一下吧。而甜美的一覺直到被杜鵑啼聲叫醒，卻已經又是一個春天的早晨了。這首詞把田野風光的幽美、靜謐及它的聲息光影寫得如此迷人，直似一首田園交響詩般動人心弦。

此外蘇軾在南方時，也有不少關于農村自然風光的詞作。在惠州所作的〈臨江仙〉云：

> 九十日春都過了，貪忙何處追遊，三分春色一分愁。雨翻

> 榆莢陣，風轉柳花毯。　我與使君皆白首，休誇年少風流。
> 佳人斜倚合江樓。水光都眼淨，山色總眉愁。

此寫南方山水田園的景光——一片春天的淡風細雨中，榆莢在雨中陣陣翻飛，楊花在風中毯毯飄轉，無限纏綿繾綣的春情，春袖把春光點畫得煞似少年人般俊灑風流。而合江樓前的水色山光，不就像佳人明淨的眼波與凝愁的翠眉。作者手追心摹，將南方村野的景色，　勒得生動婉約卻又清空窈眇。

其他描述田野風光者亦多有之，如〈木蘭花令〉：

> 經旬未識東君信，一夕薰風來解慍。紅綃衣薄麥秋寒，綠綺韻低梅雨潤。　瓜頭綠染山光嫩，弄色金桃新傅粉。……
> ………

此寫春暮夏初的景光。東風無信，南風已薰薰然吹來，女孩穿著薄薄的紅綃衣，麥子將熟前還有一陣寒呢。而江南開始下梅雨的溼潤的天氣，就如綠綺琴彈奏時低沈的聲調。枝頭上累累結實的綠瓜，就像染上了青山的光澤般，顯得無限脆嫩；而迎著陽光的桃子，就像抹上金粉的紅顏，風情無限地賣弄自己的姿色。……。把個江南暮春初夏季節的氣候特徵、風向，及花果穀物等摹繪得如此具體，亦無異於一幅農村風土畫。再如〈浣溪沙〉中：

> 風壓輕雲貼水飛，乍晴池館燕爭泥，沈郎多病不勝衣。
> 水上不聞鴻雁信，竹間時有鷓鴣啼，此情惟有落花知❾。

作者輕描淡寫就是一幅鄉居的春天景致。先是和風吹著白雲，雲兒貼著水面飛。天氣乍晴，池塘旁邊的房舍有著啣泥的燕子爭相忙著呢！沙灘上鴻雁也不解為人捎個信兒來，竹林間的鷓鴣鳥卻不時地啼叫著；此情此景病瘦的主人該是何種心情，恐怕只有那

❾此詞龍沐勛校云：「元本毛本俱無此闋，世共傳為南唐中主詞。或為傅氏誤收。」同註❺卷3，頁61。

風中落花才能瞭解了。案此詞寫來較消沈，若爲蘇軾所作，或許
當是初謫黃州時所撰。

以上描寫鄉村自然風光者多以春景爲多，非春景者雖亦有之，
但分量較少，如元豐五年寫黃州冬景的〈浣溪沙〉五首之二：

　　覆塊青青麥未蘇，江南雲葉暗隨車，臨(53)煙景世間無。
　　雨腳半收檐斷線，雪牀初下瓦跳珠。歸來冰顆亂黏鬚。
　　半夜銀山上積蘇。朝來九陌帶隨車，濤江煙渚一時無。
　　空腹有詩衣有結，溼薪如桂米如珠。凍吟誰伴撚髭鬚。

案此一詞組前有序云：「十二月二日，雨後微雪。太守君猷攜酒
見過，坐上作浣溪沙三首。明日，酒醒，雪大作，又作二首。」
此處所舉前一首寫的是雨後微雪的農村，只見遍佈大地的是青綠
茂密的麥子，尚未成熟，大雪前江南天空一片片如蓋似葉的烏雲，
因風流動，跟著車行進。臨(53)天際的煙雲靄靄，這種奇觀實在世
間少有。下片寫雨腳逐漸將停，屋檐的雨水三滴兩珠地，欲止未
止，就像斷線一般。此時雪霰開始降落，擊落在屋瓦間─聽來好
比珠子在彈跳一樣，回家路上作者的鬍鬚上都沾滿雪珠子。雨景、
雪景、作物、人、車，儼然是一幅雨雪歸車圖，寫實之筆生動而
傳神。第二首寫的是農村雪景：昨天半夜下了大雪，山上積滿了
冰雪，遠望之就好像銀彫玉琢一般。清晨出門，隨著車子駛過條
條路上都翻起一片雪花，就像一條條縞帶，原本浪濤滾滾的江面，
煙靄迷濛的江渚，一時都被冰雪彌蓋了。這樣的冰天雪地，衣食
成憂，還好自已有詩書自足，但擔心的是雪後薪貴於桂，食貴於
珠，大家日子不知如何挨過呢？──此首寫的是大雪後農村的景
色，包括遠山、江上、洲渚間，及車子所行路上，種種殊異奇絕
的雪景，作者輕筆描繪即成皚皚雪原圖，再加上「溼薪如桂米如
珠」，凍寒貧瘠中憂及世情物價，則境界又深一層，眞是引人入

勝。

　　再有〈鷓鴣天〉一首，寫的應是黃州夏末秋初的農村景色：

> 林斷山明竹隱牆。亂蟬衰草小池塘。翻空白鳥時時見，照
> 水紅蕖細細香。　　村舍外，古城旁。杖藜徐步轉斜陽。殷
> 勤昨夜三更雨，又得浮生一日涼。

　　這是蘇軾閒居時所見的鄉村，雨後原野幾許清新，使其閒適
地流連在自然美景中─遠處鬱鬱蔥蔥的樹林盡頭，有明媚的山色
連接天際，近處叢生的翠竹，隱沒著村家的圍牆；靠近院落的池
塘旁邊，但見衰草連天，蟬聲鳴噪。幽居的生活，自有一片自已
的天地。而仰首長空，不時可見白鳥上下盤旋，自由地翱翔。映
在水面的紅荷，莘莘地散發出幽幽的芳香，一切仍然閒逸自得。
桂杖來到這村舍外，不知不覺中夕陽已斜照在西天；還好，感謝
老天深厚的情意，昨夜三更下了那場好雨，使得自已在這飄搖的
人生中能夠享受這麼涼爽的一天。全詞由遠處的山林到近處的竹
牆，由聽覺所及的亂蟬，到視覺所見衰草，由天上的白鳥到水塘
的紅蕖，最後再補點出地點是古城旁的村舍，並映照著由消沈落
沒而流轉為閒適自在的作者心情，摹繪出一個豐富生動而富有野
趣的初秋農村風光。

### ㈢歸隱農村自然的希望

　　蘇軾農村詞的內涵，除了前面描寫「農村生活的苦樂」、
「農村的自然風光」外，還有一種就是表現「歸隱農村自然的願
望」，這一類詞如〈浣溪沙〉五首詞組中最後兩首即屬之。

　　以農村生活為客體、作者意識為主體，這類詞展現出作者對
農村社會由關懷同情，到喜愛欣賞，而轉變為回歸參與。試摘
〈浣溪沙〉其四之下半片為例：

> 酒困路長惟欲睡，日高人渴漫思茶，敲門試問野人家。

「酒困」、「路長」、「欲睡」、「日高」、「人渴」，這數句詞其實都寓有深刻的象徵意義。「路長」一語雙關，暗指的是「長安古道」路長難行，「日高」指君王高居廟堂，則「酒困」、「欲睡」、「人渴」皆象徵著功名路上致君堯舜之努力已感乏力、疲憊；生活的意義，生命的本質已然被模糊。所以「敲門試問野人家」更是一個關鍵句；長安道上風塵僕僕，身心充滿創痛與疲乏，只有試向「歸隱自然」去投石問路，也許在這兒才能得到一杯涼泉來洗滌自己的塵埃，來贖救自己的身心志意，以幫助自己走出傷痛，充獲新生的契機。

所以〈浣溪沙〉其五中：「軟草平莎過雨新。輕沙走馬路無塵，何時收拾耦耕身。　日暖桑麻光似潑，風來蒿艾氣如薰，使君原是此中人」更有深刻的寓託——試看「軟草」、「平莎」、「雨新」、「輕沙」、「無塵」等——這是象徵歸隱田園這條路，一路行來，都是叫人怡心悅性而且逍遙輕快；因為只有耕讀歸隱者才能隔絕紅塵是非，超越俗世險惡風波，避開官場名韁利鎖的束縛。是以「軟草平莎過雨新，輕沙走馬路無塵」，指的就是耕隱者的農村山野之路，那兒沒有狡詐的機心，沒有功名富貴的爭逐，有的只是似潑的日光，薰然的和風，故寧靜自得，清新閒適。而且自己原本就是那美好樂土中的一份子，為何不及早回歸那塊土地呢？

蘇軾農村詞中，自密州詞後，這類作品逐漸增多。如寫於湖州的〈南歌子〉：

> 帶酒衝山雨，和衣睡晚晴。不知鐘鼓報天明。夢裡栩然胡
> 蝶一身輕。　老去才都盡，歸來計未成。求田問舍笑英豪。
> 自愛湖邊沙路免泥行。

詞中充滿瀟灑自適的性情。作者帶著酒意在山中冒雨而行，回來

後雨過天晴，就於夕陽暮色中，和衣醉酒而眠。一覺到天亮，不知東方之既白。而年歲已漸老大，一切芳意未成，竟然求田間舍，只有讓豪傑們恥笑的份。可嘆的是，自己生來就是喜歡過著這種閒隱的生活。其實湖邊歸隱這條路走來是最輕快、最乾淨，它絕不會像世俗功名之路那般泥濘難行。案此詞筆觸疏快，正見其人意興之灑脫。而「自愛湖邊沙路免泥行」，與〈浣溪沙〉其五之「輕沙走馬路無塵」及「細草軟沙溪路馬蹄輕」(另首〈浣溪沙〉)意皆相同；指擺脫功名束縛，無官一身輕的走在歸隱田園這條路上 ，才能逍遙自在的。

　　烏臺詩案前，蘇軾僅管曾經說過「何時收拾耦耕身」、「使君原是此中人」，不過，那始終是「虛存慕耕」之心罷了。眞正親事農事，是蘇軾被貶於黃州之後；爲了衣食生活他開始闢東坡、築雪堂、親執耒櫌，躬犯風霜。元豐五年春天所作〈江城子〉，則說明了他的心願：

> 夢中了了醒中醉。只淵明、是前生。走遍人間，依舊卻躬耕。昨夜東城春雨足，烏鵲喜，報新晴。　雪堂西畔暗泉鳴。北山傾。小溪橫。南望亭丘，孤秀聳曾城。都是斜川當日景。吾老矣，寄餘齡。

此詞作者前有小序云：「陶淵明以正月五日遊斜川，臨流班坐，顧瞻南阜，愛曾城之獨秀，乃作〈斜川詩〉，至今使人想見其處。元豐壬戌之春，余躬耕於東坡，築雪堂居之，南挹四望亭之後丘，西控北山之微泉，慨然而嘆，此亦斜川之游也。乃作長短句，以〈江城子〉歌之。」——蘇軾耕於東坡後，居於雪堂，感到滿意閒適，直以爲淵明就是自己的前生。他頗能理解淵明飲酒後，不管是夢中，醉中，實際上都是清醒的。而人生路途千殊萬別，自己卻依舊走回耕隱的一條路，田園的生活是恬靜閒適而充滿生機

的。看東坡春雨漲足，烏鵲報喜地鳴叫著，好像向人報告天氣又放晴了；而雪堂周圍有鳴泉、小溪、北山、亭丘，翠峰等，好像淵明當日遊斜川的景致一般，而自己好容易從個人痛苦的情緒中解脫出來，感到年紀也大了，剩餘的歲月有限，就將餘生寄於躬耕的田畝間了。

同年，他又撰〈哨徧〉一詞，表明自己歸耕田園之心意。是櫽括陶淵明〈歸去來辭〉而成的，有詞序詳記其事：

> 陶淵明賦歸去來，有其詞而無其聲，余既治東坡築雪堂於上，人俱笑其陋，獨鄱陽董毅夫過而悅之，有卜鄰之意，乃取歸去來詞稍加櫽括，使就聲律以遺毅夫，使家僮歌之。時相從於東坡，釋耒而和之，扣牛角而爲之節，不亦樂乎。

〈哨徧〉一詞，體近散文，可與淵明原辭比並觀讀。詞云：

> 爲米折腰，因酒棄家，口體交相累。歸去來，誰不遣君歸。覺從前皆非今是。露未晞。征夫指余歸路，門前笑語喧童穉。嗟舊菊都荒，新松暗老，吾年今已如此。但小窗，容膝閉柴扉。策杖看，孤雲暮鴻飛。雲出無心，鳥倦知還，本非有意。　噫，歸去來兮，我今忘我兼忘世。親戚無浪語，琴書中有眞味。步翠麓崎嶇，泛溪窈窕，涓涓暗谷流春水。觀草木欣榮，幽人自感，吾生行且休矣。念寓形宇內復幾時。不自覺，皇皇欲何之。委吾心，去留誰計，神仙知在何處，富貴非吾志。但知臨水登山嘯詠，自引壺觴自醉。此生天命更何疑。且乘流遇坎還止。

由此可見，蘇軾於黃州時期對於惡劣的環境，得以安之若素，甘之如飴，實因精神上對陶淵明心靈的深刻體會。而其黃州的田園經驗，使其心情閒適，襟懷放曠，心情滿足，根本不像貶居者的生活，所以在他去黃移汝時，會有「山中友、雞豚社酒，相勸

老東坡……云何，當此去，人生底事，來往如梭。待閑看，秋風洛水清波。好在堂前細柳，應念我莫剪柔柯。仍傳語，江南父老，時與曬漁蓑。」（〈滿庭芳〉）語語叮嚀，事事不捨，詞中充滿對黃州農耕生活的留戀、對當地農民們深摯不捨的感情。獲罪謫黃之初，其心情之落寞可想見之，但這兒農民的勸慰關愛及朋友們溫暖的陪伴，使他逐漸走出哀傷，重獲新生的契機；所以他想，有一天他還要回到此地，重當東坡老農，去耕種打漁。

這以後他時時都有歸隱的想法（既使被朝庭復用時），久經憂傷的洗禮，及沈潛的思索後，他有著追求自我閒適的灑脫心懷。如元豐八年乙丑（一〇八五）所作〈菩薩蠻〉云：

> 買田陽羨吾將老。從來只爲溪山好。來往一虛舟，聊從造物游。　　有書仍懶著，且漫歌歸去。筋力不辭詩，要須風雨時。

傳注：「陽羨，毗陵之宜興也，公愛其有荊溪西山之樂而將老於是」❿。案蘇軾買田宜興，詩文中多有提及，其事約在熙寧七年⓫。此詞爲乙丑五月，至常州貶所之作。乃與弟子由相約早休歸田，共爲溪山之遨遊。又此時其與友人的兩首〈浣溪沙〉，亦表明了同樣的心願：

> 傾蓋相逢勝白頭。故山空復夢松楸。此心安處是菟裘。
> 賣劍買牛吾欲老，乞漿得酒更何求。願爲同社宴春秋。
> 炙手無人傍屋頭。蕭蕭晚雨脫梧楸。誰憐季子敝貂裘。
> 顧我已無當世望，似君須向古人求。歲寒松柏肯驚秋。

蘇軾因上表乞居常州，誥下准以汝州團練副使，不得簽書公事，

---

❿《傅幹注坡詞》卷第 7，〈菩薩蠻〉其 11，頁 202。巴蜀書社，1993 年 7 月，成都。
⓫買田宜興事，據宗典考證應在熙寧七年正月，蘇軾通判杭州任內。詳見〈蘇軾卜居宜興考〉〈中華文史論叢〉1979 年，1 輯，頁 376-386。

常州居住；遂有「賣劍買牛」「乞漿得酒」之語，雖不能歸去故鄉，惟有「此心安處是莬裘」。

　　另有〈行香子〉一詞，亦述其懷歸田園之志：

> 清夜無塵。月色如銀。酒斟時須滿十分。浮名浮利，虛苦勞神。歎隙中駒，石中火，夢中身。　雖抱文章，開口誰親。且陶陶樂盡天眞。幾時歸去，作個閒人。對一張琴，一壺酒，一溪雲。

語如白話，但覺仕宦之途，浮名浮利，虛苦勞神。惟有歸去田園，對琴飲酒，欣賞田野間那一溪白雲才是眞自由。

　　所以農村田園在蘇軾詞中，多數是指其精神的依託。尤其在歷經人事的滄桑，政治的苦難之後，毋論是黃州雪堂前的細柳、魚蓑，　或是陽羨荊溪的田園、丘山，　都是他生命中最實在的皈依。

## 三、蘇軾農村詞的特色

### (一)用世與超世的衝突

　　對於農村自然生活主題，蘇軾詞中處理它的方法雖然皆樂之、愛之、肯定之，但就作者主體意識而言卻呈現以兩種不同題材；其一是站在入世淑世的立場，即以朝廷命官化民、治民的態度去關懷農村生活，其二則站在出世超世的立場，即以耕者隱者的身份去參與享受農村生活，這兩種詞顯現了蘇軾心靈世界的矛盾面，他時而入世，時而出世。蘇軾一生中歷經宦海浮沈，備嘗各種政治風波，在人生路上，亦充滿進退，榮辱，苦樂的糾結與煩惱，掙扎抉擇的心情是複雜的。「用世」是肩負社會的責任，致君堯舜，經國治世，「超世」乃追求個體的自由，歸隱山林，放曠自適。蘇軾農村詞中常流露出這種矛盾的心理。元豐八年乙丑，蘇

軾移汝去黃，因表請常州居住，蒙恩放歸，所作〈滿庭芳〉詞即是描寫這種心情。

> 歸去來兮，清溪無底，上有千仞嵯峨。畫樓東畔，天遠夕陽多。老去君恩未報，空回首，彈鋏悲歌。船頭轉，長風萬里；歸馬駐平坡。　　無何，何處有，銀潢盡處，天女停梭。問何事人間，久戲風波。顧謂同來稚子，應爛汝腰下長柯。青衫破，群仙笑我。千縷挂煙蓑。

蘇軾雖然響往陶淵明歸隱田園的閒適自得，可是當自已在得以歸田時，卻又心情如此複雜。到底沒能像陶潛般心無罣礙，卻是牽掛著「天遠夕陽多」、「老去君思未報」，而且還要「彈鋏悲歌」。可見其心境是充滿困惑而不能平靜的。王兆鵬曾引用蘇軾於熙寧十年所寫的〈水調歌頭〉「安石在東海」，以分析蘇軾這種矛盾心理的背景因素說：

> 既想早日歸隱林泉，又想建功立業。「雅志」本是在山林修身養性，以享親友兄弟相從之樂，但現在功業未就，人生的社會責任未曾履行，故不能去追求個體的自由享受而退居林泉，這就不免心為形役。……宋代的士大夫既追求市朝軒冕，在取得較高的社會地位的同時，實現自我的人生價值，完成個體對社會的責任，而又留戀嚮往山水林泉間寧靜閒適，超然無礙的生活，以減輕宦海風波對心靈的壓抑與困擾。洪适《跋米元暉畫》即說「丘壑之士久寂寞，則起朝市之念；朝市之士久喧囂，則懷丘壑之放。古今之理一也。」但要同時在市朝與山林之間，社會責任與個體自由之間保持平衡，實非易事。故或是身在江湖而心懷魏闕，或是身居廟堂而夢想江湖，所謂「君恩未報身何有，且寄扁舟夢想中」東坡詞就典型地表現出來宋代士大夫的

　　這種矛盾心態⓬。

當然蘇軾這種心理矛盾在烏臺詩案之前較爲強烈，但詩案後，仍然未能或減。蓋儒家道統下，中國文人幾千年來內聖外王、經國濟世的理想，使得仕宦功名成爲士大夫追求人生理想的唯一途徑。「君恩未報」事實上就是人生價值尚未實現，人生理想尚未達成；士大夫可以「功成身退」「衣錦還鄉」，而自己「恩未報」「功未成」，卻已老去而退，當是何等苦悶。而相反的，久處田園後，一旦再度被召，蘇軾卻又無法忘懷田園生活放逸閒適的情趣，乃有心爲形役的苦惱。這種心理矛盾反映在蘇軾農村詞中，尚多有之；如元豐八年乙丑六月，蘇軾由司馬光推薦，復朝議郎，知登州軍事，行前所撰〈蝶戀花〉即是：

　　雲水縈回溪上路。疊疊青山，環繞溪東注。月白沙汀翹宿鷺。更無一點塵來處。　溪叟相看私自語。底事區區，要爲官去，尊酒不空田百畝。歸來分取田中趣。

寫峰迴路轉，仕途變化無常，自己又將被召。好不容易常州居住，正可以過著歸田躬耕的生活，且又要「爲官去」，「底事區區」，到底爲何，竟在這進退仕隱間，載浮載沈。正如〈滿庭芳〉所謂「問何事人間，久戲風波」。而元祐間蘇軾官至翰林學士，知制誥，身居廟堂之要，正是可以「報君恩」時，他卻又深深渴念著黃州躬耕東坡的日子。且看此時所作的兩首〈如夢令〉：

　　爲向東坡傳語。人在玉堂深處。別後有誰來，雪壓小橋無路。歸去。歸去。江上一犁春雨。

　　手種堂前桃李。無限綠蔭青子。簾外百舌兒，驚起五更春睡。居士，居士。莫忘小橋流水。

---

⓬《宋南渡記人群體研究》第7章〈從類型化走向個體化〉頁180，同註②。

案此時司馬光盡廢熙寧舊法，蘇軾卻主張「較量利害，參用所長」，與之發生爭議，因招舊黨猜忌，且又與程頤不合。遂備感喧囂，深厭樊籠之苦，因而再度萌發歸耕的念頭。蓋人在玉堂深處，心思東坡春雨，「歸去，歸去！江上一犁春雨」想望黃州東坡，此時該是瀰瀰一江春雨，恰宜犁田春耕，何不歸去？此與陶潛「田園將蕪胡不歸」實異曲同工。

　　對於這種衝突與矛盾，他也時時感到迷離惝恍，如〈點絳唇〉即是：

　　　醉漾輕舟，信流引到花深處。塵緣誤盡，無計花間住。

　　　煙水茫茫，千里斜陽暮，山無數，亂紅如雨，不計來時路。

「塵緣誤盡，無計花間住」，無法真正超脫現實人生的羈絆，就享受不到超然自適的精神境界。而回去的路如何走呢？眼前卻是「煙水茫茫」、「不計來時路」「芳草迷歸路」（〈桃源憶故人〉），他只有倍感徬徨了。

　　蘇軾農村詞中描寫這種出世入世的矛盾者不少，而藉農村中「漁父」為題材者，有四首較為特別。先看其中兩首〈調笑令〉（效章應物體）：

　　　漁父、漁父。江上微風細雨。青蓑黃蒻裳衣，紅酒白魚暮
　　　歸。歸暮，歸暮，長笛一聲何處。

　　　歸雁、歸雁。飲啄江南南岸。將飛卻下盤桓。寒外春來苦
　　　寒。寒苦寒苦。藻荇欲生且住。

前者寫漁父的悠游自在，放曠美好的生活，而歸雁則四處漂泊，為裹腹而進退盤桓，過著是悲涼沒有歸宿的流浪生涯。作者藉此為自已心靈中矛盾的兩端，作一番理智的鑑照與衡量，也呈現了他在仕途中進退浮沈的徬徨與苦悶。

　　另有連章的四首〈漁父〉詞，論者謂為蘇軾自度曲。初讀之，

看似歌詠隱逸生活的閒適與自由。細味之,復覺其中別寓哲理:

> 漁父飲,誰家去。魚蟹一時分付。酒無多少醉爲期,彼此
> 不論錢數。
>
> 漁父醉,蓑衣舞,醉裡卻尋歸路。輕舟短棹任橫斜,醒後
> 不知何處。
>
> 漁父醒,春江午。夢斷落花飛絮。酒醒還醉醉還醒,一笑
> 人間今古。
>
> 漁父笑,輕鷗舉。漠漠一江風雨。江邊騎馬是官人,借我
> 孤舟南渡。

四首分別以「飲、醉、醒、笑」爲開頭。飲與醉的漁父代表著怡
然自得,擺脫人生憂患榮辱,享受自然閒逸的隱逸者。醒與笑的
漁父則象徵超脫塵俗、曠達自任,且更具有洞達人情,俯仰古今
的練達與智慧者。前者放情逍遙,後者忘情豁達;前者忘我,後
者遺世。而其三之所謂「酒醒還醉醉還醒」,表明歷經人事的掙
扎和歷練,徬徨於用世與超世的矛盾後,方得有其豁達的智慧。
而其四則更饒富意味,謂漁父的豁達超越,一如鷗鳥舉翅,任他
滿江風雨,還是縱浪大化,輕鬆地渡過。那就是〈水調歌頭·黃
州快哉亭贈張偓佺〉中所寫的漁父(下片):

> 一千頃,都鏡淨,倒碧峰。忽然浪起,掀舞一葉白頭翁。
> 堪笑蘭臺公子,未解莊生天籟,剛道有雌雄。一點浩然氣,
> 千里快哉風。

面對人生的驚風駭浪,只要剛正不阿,坦然自適,無喜無懼,皆
能處之泰然,平安而渡。而這位漁父之於風,但求天籟,毋論雌
雄,實正處世之道,不須執著於用世超世之別,入亦非入,出亦
非出,所謂「縱浪大化中,不喜亦不懼」,但以閒鷗忘海,逸鶴
任風的精神處之,則必能超越一切,自在逍遙。而結尾二句:

「江邊騎馬是官人，借我孤舟南渡」則更蘊寄深意，蓋官場上的是非榮辱，便似風雨之中倏忽變化的暗濤急流，隨時都可能叫人捲入而滅頂。至於應當如何渡過官場這一生死海的險惡風波，恐怕只有借用漁父那一葉智慧之舟了。

### ㈡扮演角色的定位

　　總結蘇軾農村詞中的生活經驗，知其對農村生活的意義和價值乃予以深入的肯定。但透過這些經驗所呈現的作者形象卻是深刻而繁複的。姑不論其形象如何深刻繁複，若就蘇軾與農村社會的關係加以界定分析，則其於農村社會中所扮演的角色，約略不出下列三者：

　　(1)關懷與同情者——瞭解並關心農村生活的疾苦與歡樂。

　　(2)欣賞與喜愛者——欣賞愛好農村的田園風光，並享受其美。

　　(3)回歸並參與者——歸隱並參與農村生活的耕耘與生產。

　　就第一種角色言之，〈浣溪沙〉五首屬之，於此作者乃以「長官」的立場去關懷農民生活。不論官職為何，或為通判或為知州，他都是本著積極用世的精神去關懷百姓。如在杭州時治西湖，在密州時補蝗蟲，在徐州時抗洪水。而祈雨、謝雨更是他以民生疾苦為憂患的表現。——而〈浣溪沙〉五首所寫正是他在石潭為百姓謝雨道上所見種種，詞中但見其對農村社會的深入觀察、瞭解和體恤，他寫出農民的辛勤勞苦，又寫出百姓收割時的歡樂，也寫出自己對農村生活的嚮往；充分流露出一位為政者民胞物與的懷抱。而由于他憫民、愛民，因此農民對他也感激愛戴。古封建社會中，地方官吏與地主間經常勾結一氣，並對百姓加以剝削，所以一般說，農民對地方官是沒有好感的；可是對待那些清廉正直，體恤民情的父母官，卻是相反。由于蘇軾對農民的關懷同情，使徐州百姓對他也推崇喜愛。所以〈浣溪沙〉五首中，作者與農

村社會人民的關係，雖是吏民間的上下對立角色，但彼此感情卻是和諧良好的。在此他所扮演的角色，是關懷，同情者；而非對立者，而且積極地從協助者的身份，像時雨春風般，體察民瘼，替百姓對抗天災，解除問題，為他們祈雨、謝雨，並寫出如此一組真摯動人的農村抒情詩。

　　就第二種角色言之，除了〈浣溪沙〉五首外，其他密州〈望江南〉「春已老」中農村春日催耕圖，還有黃州〈西江月〉「瀰瀰淺浪」的鄉野風光，黃州〈浣溪沙〉「覆塊青青麥未蘇」的雨景、雪景，惠州〈臨江仙〉「九十日春都過了」；……等等，從北方到南方，從春到夏秋到冬，從煙水漫漫到雲靄黯黯，所有農村的自然風光，在他筆下都如畫像影片一般記錄下來，儼然一部中國農村景觀圖、中國農村風情畫。從這一類作品來看，作者與農村社會的關係，則純粹是欣賞喜愛的角色，惟景語即是情語，雖然描繪的是農村風光，卻有放曠瀟脫的讚美、歌詠，也有消沈落沒的低吟，更有任天而動，以理化情的澄澈清明。這一類屬浪漫唯美的抒寫，作者把農村社會與自已情感之間作了水乳交融的投射，而狀寫自然的詞筆，也都一一成為作者心影的記錄。

　　就第三種角色言之，農村生活及自然田野成為歸隱者人生的方向；成為蘇軾在坎坷仕途中歷經創痛、疲乏後，可以洗滌塵埃、贖救身心，而重獲新生的一杯清泉，一項指歸。相對於仕宦生涯起落無常的際遇，政治風雲的詭譎多變，官場上險惡的急風駭浪，以及自已幾遭滅頂的經驗，山林田野的生活即使再辛苦也是美好的——那兒有大自然的無限生機，有雨後鄉村的幾許清新，有怡然自得的生活情味，還有山中父老的情誼。他一生中那段樸實的東坡歲月，奇絕的海南風土，都是他療傷止痛的靈糧。郭美美論及蘇軾詞嘗有類似的觀點：

> 不論是陽羨的溪山田畝，或是黃州東坡的堂前桃李，它們
> 對一個走過人間繁華與苦難的飄泊者而言，該是最穩實的
> 依託、最情親的慰藉了。東坡所以深念不忘，自與詩獄之
> 後的人生鍛鍊大有相關。——不再是早年杭州山水的賞玩
> 意興，或是徐湖田園的閑遊情懷。——東坡真正閱歷了人
> 生，隱退是無奈，卻也鍾情的最後歸屬⓭。

這是說早期「杭州山水」或「徐湖田野風光」對於蘇軾而言，僅
止於賞玩意興或閑遊情懷之所寄託，而詩獄之後，蘇詞中的農村
田園（指東坡或陽羨）才成爲他歸隱的依靠。——其實這話有問
題。如前所述，早在徐州石潭〈浣溪沙〉詞中，農村田園即已是
蘇軾歸去隱耕的象徵了。也許只能說：黃州親執耒耰，躬犯風霜
的歲月，使他更實在地感到歸隱的意義。而詩獄前歸隱的希望是
「功成身退」，詩獄後歸隱的希望，則不計功成與否了。

　　整體觀之，蘇軾農村詞中的三種角色定位，呈現出作者對客
體不同的主體意識，這三種類型彼此性質內涵皆各殊異；其一是
出現爲農村社會的關懷者、同情者角色，是爲官吏的類型，屬於
道德倫理的意涵。其二是出現爲農村社會的欣賞者、愛好者角色，
可界定爲詩人的類型，屬於文學藝術的意涵。其三是出現爲回歸
者、參與者的角色，可界定爲人民的類型，屬於樸素生活的意涵。
這三種類型雖各殊異，但有時卻可能同時出現在同一首詞中，或
調和或矛盾地呈顯出蘇軾豐富而繁複的心靈世界，表徵著他的歡
樂和痛苦。

---

⓭見郭美美《東坡在詞風上的承繼與創新》第4章〈新詞風的創立〉頁163。
　文津出版社，1990年12月，初版，台北。

# 四、結　論

　　蘇軾農村詞的內容極豐富，其藝術表現亦呈現繁複的手法。這些詞中，有寫農村人民勞動生活的勤苦與歡樂，間接流露出吏民間同苦共樂的內涵，並反映政治與民生之間密切的關係；有的是摹寫農村田野的美好風光，以投射作者對大自然感情的觀照，更有藉農村而抒發其求田問舍、歸隱自然的懷抱。這些作品中的感情，時而流露著歡樂與憂患、時而陷入沈鬱低迴，也有時是放曠超脫的。其中有爲人民而歌、有爲自己而歎，更有爲自然而詠者；筆法則有記敘、有抒情，既寫實又浪漫；遠遠地超邁了北宋詞既有的格局，而擴大了詞的領域。

　　追溯農村詞的淵源，最早可以推到盛唐。詹亞園先生以爲從唐代崔令欽《教坊記》所記載的一些曲名如「舍麥子」、「剉碓子」、「楊下采桑」「采蓮子」等等來看，這些曲子應該是屬於描寫農村生活的❹。但自從晚唐五代以後文人詞走向了「花間」的抒情範式，農村生活的社會題材，便很少出現在詞體之中。而文人詞發展到北宋末年，蘇軾方始以寫實的筆法處理農村生活的題材（如〈浣溪沙〉五首），使詞體的寫作得以別開生面，這一類寫實的農村詞與白居易樂府詩之敘事風格是相似的。這也是詞之逐漸詩化的一個明顯現象；而另外一般抒情的農村詞，如〈漁父〉詞，似乎是學自張志和的〈漁父〉；〈調笑令〉「漁父」、「歸雁」則自己標明是「效韋應物體」，所以蘇軾農村詞除了精神上胎息自陶潛外，其風格大約是繼承自晚唐五代的詩詞而來的，而其後嬗衍所及，亦影響到南宋的辛棄疾。

---

❹詹亞園〈使君原是此中人——讀蘇軾的一組農村詞〉，淮北煤師學院報創刊號，1997年，頁77。

綜言之，就農村詞的表現而言，蘇軾的創新精神，不但能衝破「抒情」的既有藩籬，為詞體加入「言志」的多樣面目，且導詞體於尊❺，指出向上一路，使詞的藝術功能達到前所未有的高峰，這便是蘇軾農村詞在歷史上的價值和意義。

# 參 考 書 目

## (一)專書

1. 《傅幹注坡詞》，傅幹注劉尚榮校證，四川，巴蜀書社，1993年7月。

2. 《東坡樂府箋講疏》，朱祖謀註、龍沐勛疏，台北，廣文書局，1972年9月。

3. 《東坡樂府箋》，龍沐勛輯，台北，華正書局，1990年2月。

4. 《蘇東坡全集》（上下），蘇軾，台北，河洛書局，1975年9月。

5. 《東坡樂府研究》，唐玲玲，成都，巴蜀書社，1992年2月。

6. 《蘇軾詞賞析集》，王思宇，成都，巴蜀書局，1990年2月。

7. 《東坡在詞風上的承繼與創新》，郭美美，台北，文津出版社，1990年12月。

8. 《蘇軾詞研究》，劉石，台北，文津出版社，1992年7月。

9. 《宋南渡詞人群體研究王兆鵬》，台北，文津出版社，1992年2月。

10. 《詞話叢編》，唐圭璋，北京，中華書局，1986年11月。

## (二)論文

1. 〈從《東坡樂府》裏看蘇軾和農民的情誼〉，唐圭璋，《詞學論叢》，上海古籍出版社，1986年6月，頁935—939。

---

❺引自《海綃說詞》「通論」。《詞話叢編》第5冊，頁4837。

2. 〈東坡的田園詞〉，鄭向恆，《臺肥月刊》25卷9期，1948年9月，頁61-64。

3. 〈使君原是此中人——讀蘇軾的一組農村詞〉，詹亞園，《淮北煤師院學報》創刊號，1997年，頁74-78。

4. 〈深情緣愛結——蘇軾〈浣溪沙〉五首詞筆談〉，尙增光，《中學語文教學》，1983年11期，頁36-37。

5. 〈一曲清詞詠農家——讀蘇軾〈浣溪沙〉〉，張其俊，《中學語文教學》，1983年7期，頁20-21。

6. 〈蘇軾卜居宜興考〉，宗典，《中華文史論叢》，1997年1輯，頁377-387。

7. 〈蘇東坡貶謫黃州的生活與心境〉，黃寬重，《故宮文物月刊》，1990年4月，頁44-49。

8. 〈東坡在黃州〉，劉昭明，《國文天地》4卷4期，1988年9月，頁52-57。

9. 〈蘇軾的自然審美觀與山水文學創作〉，章尙正，《江淮論壇》，1992年2期，頁101-104。

# 唐人詩文集之結集體例

## 李　立　信

　　我國歷代文士作品，散失甚爲嚴重，原因不外兩端：一爲古代科技不發達，印刷術發明甚晚，全靠手抄，所以流傳的範圍和速度，都極爲有限，而且傳抄過程又往往有誤；二則因歷來文士對自己作品不夠愛惜，不僅對自己的作品未盡保管之責，而且極少爲自己編定文集，宋代以前的文士尤其如此；甚至有些作品在生前即已散失，作古之後，即使有人代爲編定文集，恐怕也不易蒐羅齊全。這是令人十分無奈的事。目前，我們固然可以看到爲數不算太少的唐人詩文集，但哪些是在唐代即已結集？哪些是後人爲之編定？到目前爲止，似乎還沒有十分可靠的資料。後人爲之編定的文集，自然是依後代的體例，而唐代即已結集者，流傳至今，是否仍保留住唐代的體例呢？唐代結集的體例有什麼特色？弄清楚唐人結集的體例，對我們從事唐詩的研究有何幫助呢？這一串的問題，都是本文企圖要一一探討的。在唐人的詩文集中，有收詩，也有收文，但是因爲本人關注的重點是詩歌，所以，本文所論及唐人結集的體例，專就詩歌部分而言，至於「文」的部分，暫時從略，或有待於大雅君子。

　　要討論這些問題，首先必須先確認，在現今流傳的唐人詩文集中，的確有在唐代即已結集，而且至今仍保有結集時體例的集子。細檢現今流傳的唐人詩文集，白居易的《白氏長慶集》（或

名《白居易集》）恐怕是極少數可以幫助我們去尋求解答的，最不可忽視的一部唐人詩文集了。

## 一、唐人自行編定之文集

白居易是唐代極少數為自己編定文集的的作家之一。其文集流傳至今，不僅體制上完全保留了當時自行編定的卷第、內容，而且全集的作品數量，也與編定當時相去不遠，這種得來不易的成果，絕不是只用「幸運」兩個字就能解釋的。

白居易生前曾數度親自編定其詩文集。第一次是被貶江州司馬時，前此之新舊作共八百首左右，分為十五卷，他有〈編集拙詩成十五卷，因題卷末戲贈元九李二十〉詩❶，詩云：

> 一篇長恨有風情，十首秦吟近心聲；每被元老偷格律，苦教短李伏歌行；世間富貴應無分，身後文章合有名；莫怪氣粗言語大，新排十五卷詩成。

可見這是他自己第一次編成的詩集，編成之後，顯然還知會了元稹（元九）和李紳（李十二）。元稹於長慶四年為白氏編定長慶集時，已將此十五卷納入，是以第一次編定本今已不可見。而且《白氏長慶集》第二次結集，是由元稹出力完成的，完成之後並為之序，序云❷：

> 《白氏長慶集》者，太原人白居易之所作……長慶四年，樂天自杭州刺史以右庶子詔還，予時刺會稽，因得盡徵其文，手自排纘，成五十卷，凡兩千一百九十一首，前輩多以前集、中集為名，予以為陛下明年秋當改元長慶，訖於

---

❶四部備要本，白氏長慶集卷16。
❷大陸中華書局出版，顧學頡校點《白居易集》頁1-2，1991年第1版，第4次印刷。

是，因號曰《白氏長慶集》，……長慶四年冬十二月十日，
微之序。

是知白集於長慶四年已有五十卷本。序中所謂「前輩多以前集中
集爲名」，前集即係指白氏在江州第一次自行編定的十五卷；而
所謂中集，當係指元稹續編完成的十六至五十卷。今商務印書館
四部備要《白氏長慶集》乃影印日本元和四年那波道圓之活字本。
此本開頭有元稹序，目次前有「白氏長慶集五帙都五十卷凡二千
一百九十一首」等字；而在五十一卷前又有「後集」二字，是知
白氏自行編定之十五卷爲前集，元氏續編成之五十卷爲中集；而
五十一卷以後爲白氏自行續編者爲後集。長慶四年，白居易五十
三歲，在杭州西湖修築湖堤，至今西湖岸邊尙有「白公堤」。是
年五月任期屆滿，除太子右庶子，返洛陽。冬，元稹爲編定《白
氏長慶集》❸。次年，敬宗寶曆元年，三月除蘇州刺史，五月到
蘇州任，二年秋，以眼病免，適劉禹錫罷和州刺史，於是與劉禹
錫結伴歸洛陽，時有唱答。是年秋，目昏頭白，自以爲衰老久矣，
由茲以後，宜其絕筆。於是繼前五十卷，復爲續編，編成，又爲
後序，序云：

前三年元微之爲予編次文集而敍之，凡五帙，每帙十卷，
訖長慶二年冬，號《白氏長慶集》。邇來復有格詩、律詩、
碑、志、序、記、表、贊，以類相附，合爲卷軸，又從五
十一以降，卷而第之，是時太和二年秋，予春秋五十有七，
目昏頭白，衰也久矣，拙音狂句，亦已多矣，由此而後，
宜其絕筆，若餘習未盡，時時一詠，亦不自知也。因附前
集報微之，故復序於卷首云爾。

---

❸見顧學頡編《白居易年譜簡編》，長慶四年條。

當時，白居易以爲衰之久矣，宜其絕筆，可能自覺大限已屆，除
了爲自己編定續集之外，又爲兩年前去世的弟弟白行簡，編次了
《白郎中集》二十卷❹。但他萬萬沒有想到，編定續集後，他又
活了將近二十年，在這二十年中，他曾多次編定自己的文集，並
將編定的文集收藏在寺廟中，目的自然是爲了傳後。今白氏集卷
七十收了〈東林寺《白居易文集記》〉和〈聖善寺《白氏文集記》〉
二文。〈東林寺《白居易文集記》〉云：

> 昔余爲江州司馬時，常與盧山長老於東林寺經藏中，披閱
> 遠大師與諸文士唱和集卷。時諸長老請余文集，亦置經藏。
> 唯然心許他日致之，迨茲餘二十年矣。今余前後所著文，
> 大小合兩千九百六十四首，勒成六十卷，編次既畢，納於
> 藏中。……大和九年夏，太子賓客，晉陽縣開國男，太原
> 白居易樂天記。❺

由此文可知，他在文宗太和九年夏(AD.835)曾自編定六十卷本，
次年，文宗開成元年閏五月，又編成六十五卷本，藏於聖善寺。
〈聖善寺《白氏文集記》〉云：

> ……樂天曰：吾老矣，將尋前好，且結後緣，故以斯文寘
> 於是院。其集七袠，六十五卷，凡三千兩百五十五首，題
> 爲《白氏文集》，納於律疏庫樓……開成元年，閏五月十
> 二日，樂天記。

可見白氏隨時都在爲自己重編文集。會昌五年，白居易已七十四
歲，夏五月，又再編後集，並自爲序，序云：

> 白氏前著《長慶集》五十卷，元微之爲序，後集二十卷自
> 爲序，今又續後集五卷，自爲記，前後七十五卷，詩筆大

---

❹同註❷，太和三年條。
❺中華書局《白居易集》卷70。1479頁。

　　小凡三千八百四十首。

　　這是白居易最後編定的文集，編定後第二年便去世了。

　　白氏對自己作品之愛惜，絕非唐代其他的作家所能比擬其萬
一，他不僅數度編定自己的集子，並請人抄寫數套，分別珍藏於
各地禪寺，白氏《長慶集·後序》❻云：

> 白氏前著《長慶集》五十卷，元微之爲序。集有五本，一
> 本在廬山東林寺經藏院，一本在蘇州南禪寺經藏內，一本
> 在東都聖善寺鉢塔院律庫樓，一本付姪龜郎，一本付外孫
> 談閣童。多藏於家，傳於後。

除了這五套抄本外，還有外國抄本、兩京抄本及元白唱和集與劉
白唱和集。〈後序〉又云：

> 集有五本……其日本新羅諸國及兩京人家傳寫者，不在此
> 記。又有《元白唱和因繼集》共十七卷，《劉白唱和集》
> 五卷，《洛下遊賞宴集》十卷，其文書在大集內餘出，別
> 行於時。

可見白集不僅傳抄數套分藏諸寺院，而且還依不同內容編次爲幾
種不同卷數本。

　　白居易的詩文集除了前面提到的初編五十卷、續編六十卷、
六十五卷、續編七十卷、後編七十五卷外，又另將他與元稹唱和
的作品編成《元白唱和因繼集》，將其與劉禹錫唱和的作品編爲
《劉白唱和集》，居洛陽時期所作詩，編爲《洛下遊賞宴集》，
並都有序❼。

　　可見白居易的作品能流傳至今，甚至能保存七十一卷（加外
集兩卷共七十三卷），絕不是偶然的，也不是只憑運氣而已。白

---

❻見《白居易集·外集》卷下，又見《馬元調本》及《卽波道圓本》。
❼以上各集的序，都收入大陸中華書局出版之《白居易集》中。

氏珍惜其作品，親爲再三編定，有心使之流傳，才是主要的原因。

## 二、白集編排體例

　　白氏自行編定其詩文集已如前述，而今傳世之白氏集，以藝文印書館影印之宋刻本、大陸中華書局據宋紹興刻本重排之鉛字本、及四部叢刊據日本元和四年那波道圓之活字本爲最古。其餘皆明清刊本，自較前三本爲晚。大陸中華書局則據宋紹興刻七十一卷本，請顧學頡參校明清以來諸本，加以校勘、標點，既頗校定諸本訛誤，又便讀者。目前所見，大抵以顧氏所校宋紹興七十一卷本及日本那波道圓活字本爲最佳；兩本目次雖有不同，但相對卷次之內容實則完全無異，茲將兩本目次表列如下：

| 白氏長慶集 日本元和四年活字本　　五帙都五十卷凡二千一百九十一首 | | 白居易集 宋紹興刻本 | | |
|---|---|---|---|---|
| 卷次 | 卷　　　　　　　　　目 | 卷次 | 卷目 | 備　　註 |
| 第一帙　詩七卷　總三百三十首 | | | | |
| 一 | 諷喻一　古調詩 | 一 | 諷喻一　古調詩五言　凡六十四首 | |
| 二 | 諷喻二　古調詩 | 二 | 諷喻二　古調詩五言　凡五十八首 | |
| 三 | 諷喻三　新樂府 | 三 | 諷喻三　凡二十首首 | |
| 四 | 諷喻四　新樂府 | 四 | 諷喻四　凡三十首 | |
| 五 | 閑適一　古調詩 | 五 | 閑適一　古調詩　凡五十三首 | |
| 六 | 閑適二　古調詩 | 六 | 閑適二　古調詩五言　凡四十八首 | |
| 七 | 閑適三　古調詩 | 七 | 閑適三　古調五言　凡五十八首 | |
| 第二帙　七卷　總四百七十二首 | | | | |
| 八 | 閑適四　古調詩 | 八 | 閑適四　古調詩五言　凡五十七首 | |
| 九 | 感傷一　古調詩 | 九 | 感傷一　古調詩五言　凡五十五首 | |

| | | | | | |
|---|---|---|---|---|---|
| 十 | 感傷二　古調詩 | 十 | 感傷二　古調詩五言　凡七十八首 | |
| 十一 | 感傷三　古調詩 | 十一 | 感傷三　古體五言　凡五十三首 | |
| 十二 | 感傷四　歌行曲引 | 十二 | 感傷四　歌行曲引雜言　凡廿九首 | |
| 十三 | 律詩一 | 十三 | 律詩　五言七言　凡九十九首 | |
| 十四 | 律詩二 | 十四 | 律詩　五言七言　凡一百首 | |
| 第三帙　七卷　總六百十五首 | | | | |
| 十五 | 律詩三 | 十五 | 律詩　五言七言　凡九十九首 | |
| 十六 | 律詩四 | 十六 | 律詩　五言七言　凡一百首 | |
| 十七 | 律詩五 | 十七 | 律詩　五言七言　凡一百首 | |
| 十八 | 律詩六 | 十八 | 律詩　五言七言　凡九十九首 | |
| 十九 | 律詩七 | 十九 | 律詩　五言七言　凡一百首 | |
| 二十 | 律詩八 | 二十 | 律詩　五言七言　凡九十七首 | |
| 二一 | 詩賦 | 二一 | 格詩歌行雜體　凡五十六首 | 同卷五一 |
| 第四帙　七卷　總七十九首 | | | | |
| 二二 | 銘贊箴謠偈 | 二二 | 格體雜詩　凡六十首 | 同卷五二 |
| 二三 | 哀祭文 | 二三 | 律詩　凡一百首 | 同卷五三 |
| 二四 | 碑碣 | 二四 | 律詩　凡一百首 | 同卷五四 |
| 二五 | 墓志銘 | 二五 | 律詩　凡一百首 | 同卷五五 |
| 二六 | 記序 | 二六 | 律詩　五言七言　凡一百首 | 同卷五六 |
| 二七 | 書 | 二七 | 律詩　五言七言　凡九十首 | 同卷五七 |
| 二八 | 書序 | 二八 | 律詩　五言七言　凡一百首 | 同卷五八 |
| 第五帙　七卷　總二百十三首 | | | | |
| 二九 | 書頌議論狀 | 二九 | 律詩　五言七言　凡五十首 | 同卷六二　惟卷六二僅四十七首 |
| 三十 | 試策問制誥 | 三十 | 格詩(附雜體)凡四十五首 | 同卷六三　惟卷六三為四七首 |

| | | | | | |
|---|---|---|---|---|---|
| 三一 | 中書制誥一　舊體 | 三一 | 律詩　凡一百首 | 同卷六四 |
| 三二 | 中書制誥二　舊體 | 三二 | 律詩　　凡八十二首 | 同卷六五 |
| 三三 | 中書制誥三　舊體 | 三三 | 律詩　　凡一百首 | 同卷六六 |
| 三四 | 中書制誥四新體祭文冊文附 | 三四 | 律詩（雜體附）凡七十五首 | 同卷六七 |
| 三五 | 中書制誥五　新體 | 三五 | 律詩　　凡一百首 | 同卷六八 |
| 第六帙　七卷　總兩百五十八首 | | | | |
| 三六 | 中書制誥六　新體 | 三六 | 半格詩　律詩附　凡九十五首 | 同卷六九 |
| 三七 | 翰林制誥一　擬制附 | 三七 | 律詩　五言七言　凡五十六首 | |
| 三八 | 翰林制誥二　擬制附 | 三八 | 詩賦　凡十五首 | 同卷二一 |
| 三九 | 翰林制誥三　敕書批答祭文贊文附 | 三九 | 銘贊箴謠偈　凡二一首 | 同卷二二 |
| 四十 | 翰林制誥四　敕書批答祭文贊文附 | 四十 | 哀祭文　凡十四首 | 同卷二三 |
| 四一 | 奏狀一 | 四一 | 碑碣　凡六首 | 同卷二四 |
| 四二 | 奏狀二 | 四二 | 墓志銘　凡七首 | 同卷二五 |
| 第七帙　七卷　總一百五十六首 | | | | |
| 四三 | 奏狀三 | 四三 | 記序　凡十二首 | 同卷二六 |
| 四四 | 奏狀四 | 四四 | 書　凡三首 | 同卷二七 |
| 四五 | 策林一 | 四五 | 書序 | 同卷二八 |
| 四六 | 策林二 | 四六 | 書頌議論狀　凡七首 | 同卷二九 |
| 四七 | 策林三 | 四七 | 試策問制誥　凡十六首 | 同卷三十 |
| 四八 | 策林四 | 四八 | 中書制誥一　舊體　凡二十七首 | 同卷三一 |
| 四九 | 甲乙判一 | 四九 | 中書制誥二　舊體　凡三十道 | 同卷三二 |
| 五十 | 甲乙判二 | 五十 | 中書制誥三　舊體　凡二十八道 | 同卷三三 |
| 第八帙　七卷　共五百五十四首 | | | | |
| 後集 | | | | |

| 五一 | 雜體　格詩　歌行 | 五一 | 中書制誥四　新體　祭文策文附凡五十道 | 同卷三四 |
|---|---|---|---|---|
| 五二 | 格詩　雜體 | 五二 | 中書制誥五　新體　凡五十道 | 同卷三五 |
| 五三 | 律詩一 | 五三 | 中書制誥六　新體　凡四十八道 | 同卷三六 |
| 五四 | 律詩二 | 五四 | 翰林制誥一　凡三十四擬制附 | 同卷三七 |
| 五五 | 律詩三 | 五五 | 翰林制誥二　凡四十三道 | 同卷三八 |
| 五六 | 律詩四 | 五六 | 翰林制誥三　敕書批答祭文贊文附　凡五十五道 | 同卷三九 |
| 第九帙　共三百二十八首 | | | | |
| 五七 | 律詩五 | 五七 | 翰林制誥四　敕書批答祭文贊文附　凡六十八道 | 同卷四十 |
| 五八 | 律詩六 | 五八 | 奏狀一　凡十首 | 同卷四一 |
| 五九 | 碑志序記表 | 五九 | 奏狀二　凡二十四首 | 同卷四二 |
| 六十 | 碑志序解祭文 | 六十 | 奏狀三　凡七首 | 同卷四三 |
| 六一 | 銘志序贊記 | 六一 | 奏狀四　凡十七首 | 同卷四四 |
| 六二 | 律詩 | 六二 | 策林一　凡廿道 | 同卷四五 |
| 六三 | 格詩　雜體 | 六三 | 策林二　凡十七道 | 同卷四六 |
| 第十帙　七卷　共五百七十八首 | | | | |
| 六四 | 律詩 | 六四 | 策林三　凡十九道 | 同卷四七 |
| 六五 | 律詩 | 六五 | 策林四　凡廿一道 | 同卷四八 |
| 六六 | 律詩 | 六六 | 判　五十一道 | 同卷四九 |
| 六七 | 律詩　附雜體 | 六七 | 判　五十道 | 同卷五十 |
| 六八 | 律詩 | 六八 | 碑志序記表贊論衡書　凡十三首 | 同卷五九 |
| 六九 | 半格詩　律詩附 | 六九 | 碑序解祭文記　凡十二首 | 同卷六十 |
| 七十 | 碑記銘吟偈 | 七十 | 銘誌贊序祭文記辭傳　凡十八首 | 同卷六一 |
| 七一 | 律詩五言七言　一百首 | 七一 | 碑記銘吟偈　凡十一首 | 同卷七十 |

| | | 外集 | | |
| --- | --- | --- | --- | --- |
| | | 卷上 | 詩詞　凡八十六首 | |
| | | 卷下 | 文　凡二十三首 | |
| 已上十冊　共七十卷　總三千五百九十四首 | | | | |

　　兩種版本事實上只是卷次先後的不同，全書體例及各卷內容並無不同，比對相同的卷目，內容是完全一致的。可見這兩種版本，基本上與白氏自行編輯之定本實無多大差異，或者說兩者可能都是白氏自行編定，只不過時間先後不同而已。日本那波道圓活字本的卷一、卷二及卷五到卷十一都是「古調詩」，卷三卷四則爲新樂府，卷十二爲歌行曲引，卷十三到卷二十是律詩，卷二十一詩賦，這二十一卷是元稹所編的五十卷本中的詩歌部分。卷五十一、五十二爲雜體格詩，五十三到五十八爲律詩；這是藏於東林寺六十卷本的詩歌部分；卷六十二、六十四到六十八爲律詩，卷六十三爲格詩、雜體；卷六十九爲半格詩、律詩附，這是七十卷本的詩歌部分；卷七十一又爲律詩，此爲七十五卷本的詩歌部分；後四卷可能已亡佚。以上各卷編定時間，似均能按卷而得。而大陸中華書局之《白居易集》係據宋紹興刻本，顯爲經宋人整理過的本子；但也只是調整了五十一到七十一卷的先後順序，各卷內容並未作任何增刪。也就是說，我們今天所能看到的七十一卷本，大抵就是白氏所輯之定本，最後四卷可能已亡佚，它充分代表了唐人編輯別集(尤其是詩集)的體例，換句話說，透過《白氏長慶集》，我們可以充分掌握到唐人對詩歌的一些觀念。

　　現傳白氏集中華書局本共七十一卷，三十七卷前全是詩歌，前有元稹之序，元序後爲目次，各卷之下，皆注明古調詩若干首，

或律詩若干首、格詩若干首。請參閱前表。

　　以中華書局《白居易集》為準，一到十二卷的古調詩，自然是指古體詩；而其中三、四卷為新樂府。至於卷十三到卷三十七，除了二十一、二十二、三十、三十六等卷之外，其餘各卷下皆標明為「律詩」。在這些律詩卷中，其中第二十九卷下注明「律詩」二字，恐係「格詩」之誤。蓋一則所有律詩卷，一卷之中大抵皆有八九十首，乃至百首。而格詩卷中，每卷大約皆在四五十首之譜，此卷僅四十七首，與格詩卷為近。二則卷內詩用仄韻者甚多，且偶有換韻者。三則詩題不類律詩，如〈詠興五首〉各以首句命為題目，〈代鶴〉〈秋日與張賓客、舒著作同遊龍門醉中狂歌凡二百三十八字〉〈吟四雖〉於題下自注「雜言」二字；〈短歌行〉及〈洛陽春贈劉李二賓客〉詩下，白居易自注「齊梁格」三字，這些題目和其他的「格詩」卷倒十分近似。四則細按各首平仄，無一合譜者。

　　由以上四點，幾乎可以確認此卷即為「格詩」無誤。而大陸中華書局據宋紹興七十一卷為底本，由顧學頡校定標點之《白居易集》，於卷第二十九律詩凡四十七首下，有註云：「按：應作『格詩凡五十首』」❽。雖無任何考證，但據本人前面提出的四點推論，似應為「格詩」無疑。又朱金城校訂之中華書局本亦作「格詩」。因此本文亦將卷二十九歸入「格詩」。是以白集中之格詩應為廿一、廿二、廿九，卅、卅六等五卷。卷十三到卷卅七扣除格詩五卷，剩下的二十卷為律詩。

## 三、從白氏集編排體例所透顯出的問題

　　白氏集的編排體例已見前述，其詩作大抵可分為三大類：

---

❽見《白居易集》，156頁。

㈠古調詩：卷一至卷十二。（集中卷三、四爲樂府）

㈡格詩、歌行、雜體：卷廿一、廿二、廿九，卅、卅六。

㈢律詩：卷十三、十四、十五、十六、十七、十八、十九、
廿、廿三、廿四、廿五、廿六、廿七、廿八、卅一、
卅二、卅三、卅四、卅五、卅七。

這三類詩歌中，古調詩實即「古體詩」，二者無別，情形單純不必細論。但「格詩、歌行、雜體」及「律詩」則頗有細論之必要。第二類「格詩、歌行、雜體」在唐人詩中雖不多見，但是研究詩歌格律的人，對這些詩應該不至於太陌生，姑暫不討論。至於第三類「律詩」，本是大家耳熟能詳的一種詩歌，但白氏集中的律詩，不僅種類繁多，而且與傳統的認知大不相同。這些「律詩」卷中，不但有我們所熟知的五言律詩與七言律詩，而且還有五七言絕句、五七言排律、五言六句，七言六句、六言詩、詞及少數雜言詩等。這些詩歌，白居易通名之爲「律詩」，這和我們今日所謂的律詩，有很大的距離。茲將白氏集律詩卷各卷所含之各種詩歌，列表如後：

| 卷數 | 詩作總數 | 五絕 | 七絕 | 五律 | 七律 | 五排 | 七排 | 五言小律 | 七言小律 | 雜言 | 六言四句 | 詞 | 備註 |
|---|---|---|---|---|---|---|---|---|---|---|---|---|---|
| 十三 | 99 | 9 | 52 | 15 | 6 | 8 | 0 | 3 | 4 | 1 | 0 | | |
| 十四 | 100 | 10 | 59 | 7 | 15 | 7 | 0 | 0 | 1 | 0 | 0 | | |
| 十五 | 99 | 3 | 52 | 4 | 30 | 5 | 0 | 1 | 1 | 1 | 0 | | |
| 十六 | 100 | 2 | 25 | 20 | 40 | 11 | 0 | 1 | 1 | 0 | 0 | | |
| 十七 | 100 | 4 | 32 | 12 | 36 | 11 | 1 | 0 | 3 | 0 | 0 | | |
| 十八 | 99 | 10 | 48 | 26 | 12 | 3 | 0 | 0 | 2 | 3 | 0 | | |
| 十九 | 100 | 6 | 32 | 26 | 22 | 7 | 2 | 1 | 3 | 1 | 0 | | |

| 二十 | 97 | 6 | 21 | 25 | 31 | 11 | 1 | 0 | 2 | 0 | 0 | | |
| 二三 | 100 | 4 | 23 | 25 | 31 | 7 | 5 | 0 | 1 | 4 | 0 | | |
| 二四 | 100 | 0 | 17 | 21 | 45 | 14 | 3 | 0 | 1 | 0 | 0 | | |
| 二五 | 100 | 4 | 32 | 29 | 25 | 8 | 0 | 0 | 1 | 0 | 2 | | |
| 二六 | 100 | 2 | 23 | 37 | 31 | 5 | 2 | 0 | 0 | 0 | 0 | | |
| 二七 | 90 | 3 | 29 | 26 | 29 | 2 | 0 | 0 | 1 | 0 | 0 | | |
| 二八 | 100 | 2 | 31 | 22 | 33 | 8 | 2 | 0 | 2 | 0 | 0 | | |
| 三一 | 100 | 8 | 29 | 18 | 30 | 9 | 1 | 0 | 2 | 2 | 0 | | |
| 三二 | 82 | 3 | 28 | 13 | 24 | 9 | 2 | 3 | 0 | 0 | 0 | | |
| 三三 | 100 | 0 | 29 | 18 | 32 | 18 | 0 | 0 | 2 | 0 | 0 | | |
| 三四 | 75 | 1 | 16 | 14 | 28 | 10 | 1 | 0 | 0 | 4 | 0 | | |
| 三五 | 100 | 0 | 48 | 13 | 33 | 2 | 1 | 0 | 3 | 0 | 0 | | |
| 三七 | 56 | 0 | 23 | 4 | 14 | 9 | 5 | 0 | 0 | 1 | 0 | | |
| 總計 | 1897 | 77 | 648 | 370 | 547 | 164 | 27 | 9 | 30 | 17 | 2 | | |

　　由上表可見，白集中的「律詩」竟然是如此的多彩多姿，可見唐人所謂的律詩，顯然和我們今日的律詩不同。現今傳世的唐人別集，固然有很多是宋以後編成的，但除了《白氏長慶集》之外，也還是有一部分唐代詩人的集子，早在唐代就已結集，其結集體例與白氏集甚爲近似，如：

　　(1)張說之文集

　　(2)權載之文集

　　(3)劉夢得文集

　　(4)朱文公校《昌黎文集》

　　(5)元氏長慶集

(6)樊川文集

(7)浣花集

以上幾種唐人別集，基本上仍保留了相當程度原始結集時之體例，他們都是將詩歌放在前面幾卷，而將一般的碑、記等文放在詩歌後面；而尤其值得注意的是，他們都把詩歌分為「古調詩」（或古詩、或雜詩），及「律詩」兩大類，此外另有少數作家還分「樂府」或「雜體詩」，其中自以古體及律詩兩大類為主。這種情形一直到北宋仍是如此，宋初王禹偁的《小畜集》就還是依這樣的體例編排。《小畜集》卷一、二為賦；卷三、四、五為古調詩；卷六、七、八、九、十、十一為律詩，卷十二、十三為歌行，只不過白集中的「賦」緊跟在詩歌之後；而宋人將「賦」移到詩的前面。蘇舜欽集、歐陽修集亦皆如此。可見北宋別集的體例仍與唐人無大差別。而且這些唐人集中的律詩卷，也都不只收五七言律詩而已。如：

□《張說之文集》

明嘉靖丁酉刊本。前有張九齡撰墓志銘并序。可知在唐代即已結集，大體仍保持唐人體例。卷一詩賦，卷二至卷七雜詩，卷八為律詩。律詩僅一卷，卷內含：

(1)絕句：如〈正朝摘梅〉、〈被使在蜀〉

(2)律詩：如〈過蜀道山〉、〈四月一日過江赴荊州〉

(3)排律：如〈再使蜀道〉、〈喜渡嶺〉

(4)三韻律：如〈出湖寄趙多曦〉二首之二

□《權載之文集》

上海商務印書館編印，無錫孫氏藏大興朱氏刊本，前有朱珪序云：「唐權文公載之詩文集五十餘卷，前有集賢院大學士楊嗣復序云：『公昔自纂錄制集五十卷，托友人湖南觀察使楊憑為

序。』」。可見在唐代已經結集。今傳正五十卷，想或爲結集之初本，無甚改變也。卷一爲詩賦，卷二爲律詩，三四五六七卷爲雜詩，而律詩卷中亦含：

(1)絕句：如〈 李十韶州寄途中絕句使者取報修書之際口號酬贈〉、〈酬趙尙書杏園花下醉後見寄〉

(2)律詩：如〈酬蔡十二博士見寄四韻〉、〈和兵部李尙書東亭詩〉

(3)排律：如〈奉酬從兄南仲見示十九韻〉、〈奉和委曲莊言懷貽東曲外族諸弟〉

(4)三韻律：如〈戲和三韻〉

□ 《劉夢得文集》

武進葉氏影宋本，既云影宋本，則其體例與唐人近似，殊無可疑。（四部叢刊本）卷壹卷二爲古詩，卷三四爲律詩，第五卷爲雜詩，其律詩卷亦含：

(1)絕句：如卷四〈闕下口號呈柳儀曹〉、〈後梁宣明二帝※堂下作〉

(2)律詩：如卷四〈荊門道懷古〉、卷三〈金陵懷古〉

(3)排律：如卷三〈奉和吏部楊尙書太常李卿二相公第免後即事述懷贈答十韻〉

□ 《朱文公校昌黎文集》

上海商務印書館縮印元刊本。前有晦庵先生朱文公韓文考異序，及寶慶三年王伯大序。正文前並有「門人李漢編」等字樣，知在唐代即已結集，今仍大體保存唐人結集之體例。卷一賦、古詩，卷二至卷七爲古詩，卷八爲聯句卷九及卷十爲律詩，律詩卷內含：

(1)絕句：如卷九〈題楚昭王廟〉、〈林口又贈二首〉

(2)律詩：如卷九〈柳州祈雨〉、〈晚泊江口〉

(3)排律：如卷九〈嘉雪獻裴尚書〉、〈和崔舍人詠月〉

(4)三韻律：如如卷九〈李員外寄紙筆〉

□ 《元氏長慶集》

江南圖書館藏明嘉靖刊本，前有宋宣和甲辰劉應禮序，可知
《元氏長慶集》至遲在北宋徽宗時已結集刊行，而北宋與唐人
體例大致相同，依元氏明刊本的體例來看，顯然是翻刻宋刊本。
今傳之元氏集，卷一至卷八爲古詩，卷九傷悼詩，卷十至卷二
十二皆爲律詩，這些律詩卷中包括：

(1)絕句：如卷二十，〈別李十一·五絕〉（按：五絕是指五首
　　七言絕句）〈靖安窮居〉

(2)律詩：如卷二十，〈和樂天贈楊秘書〉〈酬哥舒大少府寄同
　　年科第〉

(3)排律：如卷十三，〈江邊四十韻〉〈送侍御之嶺南二十韻〉

(4)三韻律：如卷廿二，〈代郡齋神答樂天〉；卷二十，〈酬樂
　　天書後三韻〉

□ 《樊川文集》

上海商務印書館縮印江南圖書館藏明翻宋刻本，有裴延翰序。
可知《樊川集》至遲在北宋已結集，且其體例與唐人大致無別。
卷一賦、詩，卷二律詩六十七首，卷三律詩八十八首，卷四長
韻四首律詩七十一首，其律詩卷亦含：

(1)絕句：如〈江南懷古〉、〈江南春絕句〉

(2)律詩：如〈揚州三首〉、卷三〈九日齊山登高〉

(3)排律：如〈春末題池州弄水亭〉、〈除官歸京睦州雨霽〉

(4)三韻律：如〈池州廢林泉寺〉、〈還俗老僧〉

(5)六言律：如〈代人寄遠〉六言二首

## □《浣花集》

江安傅氏藏明朱子儋刊本，前附其弟韋藹之序，是知當時已結集，明朱子儋刊本顯有所據。卷第一今體詩凡五十八首……卷十今體詩凡六首，其中亦含：

(1)絕句：如卷一〈登咸陽縣樓望雨〉、〈驚秋〉

(2)律詩：如卷一〈曲江作〉、〈登咸陽懸樓望雨〉

(3)排律：如卷一〈冬日長安感志寄獻虢州崔郎中二十韻〉、〈和薛先輩見寄初秋寓懷即至之作二十韻〉

以上幾種唐人別集，體例大抵相當，律詩卷內都包括了好幾種詩。似可視為唐人結集時之定體。其中雖有部分文集可能結集於北宋，但因北宋結集體例一仍唐人，幾與在唐結集者無別，透過唐代結集的體例，我們明顯的可以了解到，唐人的「律詩」，和我們今天所謂的「律詩」顯然有別。本人曾撰〈律詩試釋〉〈論雜律〉二文[9]，可供參考。

## 四、結　論

今傳《白氏長慶集》既可確認為與唐代結集時之體例無甚差異，則從白氏集編排的體例來看，不但讓我們對唐人結集的體例有所了解；而且我們也可以透過白氏集的體例，去檢查其他唐人的集子，如果這些唐人集子的體例和白氏集相同，則更能增強白氏集確為在唐代結集的可信度；同時也增加了這些集子仍保留了唐代集結時原本編排體例的真實度。由於這些可信度、真實度受到肯定，所以我們才能在這些基礎上，掌握住唐人在詩歌方面的

[9]〈律詩試釋〉發表於1994年4月中正大學中文系所舉辦之「六朝隋唐文學學術討論會」，〈論雜律〉發表於1996年10月由唐代學會主辦之「第三屆國際唐代文化學術研討會」。

某些觀念。這對我們全面了解唐詩是十分有利的。

　　經由前面的討論可知，至少：《張說之文集》、《權載之文集》、《劉夢得文集》、朱文公校《昌黎文集》、《元氏長慶集》、《白氏長慶集》、《樊川文集》、《浣花集》。這些詩文集在唐代或北宋就已結集，而且編輯的體例一定是詩歌在前，其他碑、文、贊、記等在後。詩歌當中又必定分成古體與律詩兩大類；有些詩人在古律二體之外，有時甚至還分成樂府、聯句、雜詩、格詩等，但古、律二體是必然有的。

　　古體即古詩或稱古風，律詩則至少包括五、七言絕句，五、七言律詩，五、七言排律，五、七言三韻律，有些詩文集的律詩卷中，甚至還包括六言絕句、六言律詩以及五七言雜句，詞及部分按一定規律寫作之雜言詩歌。

　　在唐代結集的詩文集，使我們明確的知道，唐人別集，必定先詩而後文的編輯體例；而且，詩必分古、律，律詩則包羅甚廣，遠非我們今日所了解的五、七言八句的狹義律詩可比。

# 試探台灣明清時期漢語舊詩所
# 反映本島原住民的風土及習俗

## 薛　順　雄

## 一、前　言

　　台灣的「本土」文學研究，近年來，由於民主開放的政策漸爲落實，因而言論的自由程度也隨之增進，研究台灣相關的一切事物，亦因之趨熱。這種能以「台灣」本土爲主體的文學研究現象，確實是件很可喜的事。然而，在眾多研究台灣有關的文學趨向中，對於台灣早期所遺留下來的繁多漢語舊詩文獻，卻較少引起研究者的注意，所以運用此類珍貴文獻素材，而加以探討過去台灣的各種事物，則相對地較爲少見。事實上，在白話文尚未風行於台灣時，漢語舊詩的寫作，依然是早期文人的主要表達文學工具。特別是明清時期，一些由大陸內地來台灣當官、或旅遊、探礦、避難等的文人，親自看到了台灣當時原住民的一切風土與習俗風貌，都跟大陸內地有極大的差異，甚至於還有人竟以爲是：「我來疑即是瀛洲（神仙島）」❶。在這一種充滿著異域奇情的特殊感受中，有不少當時來台的人員，寫下了他們親身目睹的台灣各種原住民風土與習俗的風貌實情，爲想瞭解及深入研究台灣的早期原住民各種事物的學者，提供了許多第一手的可靠資料，

---

❶見清代光緒年間來台從政官員，黃逢昶所撰《台灣雜記》中所附〈台灣竹枝詞〉百首之一。

可惜，被加以取用者卻不多見。爲了加強增深大家對此批資料的
印象與重現，筆者特別選錄其中較能顯露此方面現象的一些代表
詩作，加以排比綜述解析，俾使讀者能激發對於這些文獻的興趣，
進而能加以運用與研究，以增強人們對於台灣早期原住民的深度
認識，這是撰寫本論文的根本動機。在方法上，則採用「以詩証
詩」，以及「以文証詩」的方式，藉以增加參讀的功能及參証的
效果。當然，祇以單篇的論文，是無法涵蓋全部相關文獻的論題。
本論文只能依個人看法，選錄較早期具有特殊意義的詩作廿首，
以爲此命題的舉隅，期以達到拋磚性的探討目的。

## 二、漢語舊詩舉隅與詮釋

(一)**番婦**　　　　　　　　　　　明鄭朝·沈光文

社稷朝朝出，同群擔負行。野花頭插滿，黑草齒塗成。

賽勝纏紅錦，新粧掛白珩。鹿脂搽抹慣，欲與麝蘭爭。

（自註：「番，抹鹿油以爲香。」）

(二)**土番竹枝詞（廿四首錄八）**　　清康熙朝·郁永河

番兒大耳是奇觀，少小都將兩耳鑽。

截竹塞輪輪漸大，如錢如椀又如盤。

(三)　　　　　　　　　　　　　仝　人

文身舊俗是雕青，背上盤旋鳥翼形。

一變又爲文豹鞹，蛇神牛鬼共猙獰。

(四)　　　　　　　　　　　　　仝　人

鏤貝雕螺各盡功，陸離斑駁碧兼紅。

番兒項下重重繞，客至疑過繡領宮。

(五)　　　　　　　　　　　　　仝　人

男兒待字早離娘，有子成童任遠颺。

不重生男重生女，家園原不與兒郎。

(六)　　　　　　　　　全　人

女兒纔到破瓜時，阿母忙爲構屋居。

吹得鼻簫能合調，任教自擇可人兒。

(七)　　　　　　　　　全　人

只須嬌女得歡情，那見堂開孔雀屏。

既得歡心纔挽手，更加鑿齒締姻盟。

(八)　　　　　　　　　全　人

竹弓楛矢赴鹿場，射得鹿來付社商。

家家婦子門前盼，飽惟餘瀝是頭腸。

(九)　　　　　　　　　全　人

莽葛元來是小舠，刳將獨木似浮瓢。

月明海漲歌如沸，知是番兒夜弄潮。


(十)**裸人叢笑篇（十五首錄二）**　　　清康熙朝·孫元衡

貓女膩新相鬥妍（女多以貓名，幼曰膩新），

醉歌跳舞驚鴻翩。酋長朝來易版籍，

東家麻達西家仙(未婚名麻達，供力役；既婚名仙，納餉稅)。

(十一)　　　　　　　　　全　人

虎山可深入，傀儡難暫逢（有生蕃曰傀儡，踞大山中，見人則

戮）。不競人肉競人首，殲首委肉於貑貜。驚禽飛，駭獸

走，腰下血模糊，諸蕃起相壽。


(十二)**臺灣雜詠百韻（錄四）**　　　清雍正朝·夏之芳

牢拴竹箆怕身肥，帶孔頻頻減舊圍。愛汝細腰諸鳳卜，楚

王宮裏夢雙飛（番男至十四、五歲，即以竹箍其腰，束令極細，以便捷走，既牽手，乃除去）。

㈢　　　　　　　　　　全　人

臂插文書任所之，飛行麻達好男兒，雙懸薩鼓聲聲應，贏得蠻娘競說奇（番未娶者麻達，專遞公文。腕上多累銅釧。復製二鐵卷如小荷葉狀，名曰薩鼓宜。疾走時反繫腕背，與銅釧擊撞聲遠，番女聞而悅之）。

㈣　　　　　　　　　　全　人

金梭輕擲夜深聞，獨木盧中杼柚分。織就天衣無縠縫，㲋毛五色達戈紋（番婦織布，以獨木廣五、六尺者盧其中為機。織毛為五色，曰達戈紋）。

㈤　　　　　　　　　　全　人

秋盡官催認餉忙，一絲一粟盡輸將。最憐番俗須重譯，谿壑終疑飽社商（社皆有餉，每秋末則縣尹召令認餉，示以時，應完納也。番音苦不可曉，必賴通事代辦。故社商雖革，而通事情偽，實難盡除）。

## ㈥社寮雜詩（廿首錄三）　　　清乾隆朝·吳廷華

春郊漠漠水湯湯，莫問當時射鹿場。牽得駿龐朝出草，先開火路內山旁。

（自注：「外山皆墾成田園，射鹿皆于內山。焚林逐鹿先開火路，防燎原也。番謂射鹿為出草。」）

㈦　　　　　　　　　　全　人

搜羅采色次浮誇，點綴都憑草木華。天為痴頑偏愛護，一年無日不開花。

（自注：「土番喜花，遇花則採，垂垂滿身如瓔珞。然台地暖，四

時花不絕。」）

(六)　　　　　　　　　　　仝　人

金飾脂塗舊髑髏，爭相雄長在操矛。而今漸曉秋曹法，不
掛人頭掛獸頭。

（自注：「土番殺人，取其頭骨剔淨，飾以金脂，懸之門閭以示武。
近亦畏法，取獸頭懸之。」）

(九)**番社竹枝詞（八首錄一）**　　　清嘉慶朝·孫爾準

檳榔送罷手隨牽，紗帕車螯作聘錢。問到年庚都不省，數
來明月幾回圓。

（自注：「合婚有禮榔，以白金爲檳榔形。貧家則用乾檳榔，富者
以紗帕爲聘，如溜灣等社有用車螯者。問名皆不知年歲，但記月圓
幾度耳。」）

(二十)**番社四詠（之二番俗）**　　　清咸豐朝·黃維煊

仿佛天懷裔，風流上古誇。吉凶占鳥語，豐歉驗桐花（先
葉後花，歲必大熟）。月滿知弦望，禾登換歲華(番俗無曆書，
以月圓紀月，禾熟紀歲，秋收後，謂之換年）。眾心無掛礙，
四體不須遮（生番男裸全身，女以布圍腰下，謂之遮陰）。

有關反映原住民（古稱「番」）生活與習俗風貌的漢人詩作
不少，今祇選錄其較具特殊意義的廿首作品，以探討早期原住民
的生活實情，乃是因爲受了論文篇幅的所限，不得不採取的一種
變通辦法而已，並非此廿首就能涵蓋原住民的一切生活風貌。像
周鐘瑄（康熙朝）的《諸羅番社竹枝詞》，朱仕玠（乾隆朝）的
《瀛涯漁唱》，白麓六十七居魯(乾隆朝)的《番社采風圖考》，

黃叔璥（康熙朝）的《番社竹枝詞》，黃式度（康熙朝）的《朱阿里仙族竹枝詞》，陳震曜（嘉慶朝）的《平埔族竹枝詞》，劉家謀（道光朝）的《海音詩》，王凱泰的《台灣雜詠》，馬清樞的《台陽雜興》，張浚生（光緒朝）的《曹族竹枝詞》，張彝銘（光緒朝）的《賽夏族竹枝詞》，何大年（光緒朝）的《阿美族竹枝詞》，唐守贊(光緒朝)的《泰雅族竹枝詞》，曾仲箎的《雅美族竹枝詞》，林東艾（光緒朝）的《布農族竹枝詞》，王維敍（光緒朝）的《卑南竹枝詞》，袁維熊（光緒朝）的《排灣族竹枝詞》，姜春裳（光緒朝）的《卑南族竹枝詞》，陳維禮（光緒朝）的《魯凱族竹枝詞》等，皆足以參讀，卻無法加以列入。選錄的詩作，亦以較能表露當時原住民的特殊風俗與風情實況，而年代較早者為條件。

第(一)首《番婦》，應是最早反映原住民實情的作品，其中「黑草齒塗成」與「鹿脂搽抹慣」二句，已正面寫出早期原住民（可惜，無法查知確實是何族？）的生活習俗，是染黑齒與搽鹿脂，大異於漢族的愛白齒跟塗蘭香油。至於，為何要把齒染黑？在《裸人叢笑篇》中則有所詮釋，所謂：「雕題黑齒，非生而黑也。取草實染成，能除穢惡」。而搽鹿脂，則說是：「厲骨辟穢芳其脂」，可說是一種具有宗教性的避邪功能。當然，這祇是漢人對此現象的一種解說，是否可信則不得而知。不過，至少此詩實已顯示了，漢人對於異文化的特別注意。

第(二)首，是反映當時原住民一種很特奇的「大耳」習俗，以及其製作的過程。《番社采風圖考》解說：「番俗，自幼鑽耳，貫以竹節。至長，漸易其竹而大之，使耳孔大如巨環」。這一種的現象，亦見之於吳廷華的《社寮雜詩》中，詩云：「珥璫漸貫耳輪寬，肩際垂垂兩肉環。待得周環容徑尺，便誇氣概向人寰」。

至於說，把耳朵弄大的主要原因是什麼？郁氏的自註說：「番兒大耳如盤，立則垂肩，行則撞胸。同類競以耳大為豪，故不辭痛楚為之。」吳氏的解釋則是這樣的：「穿珥貫耳，漸使之大。有中可容斗者，人以為豪」，可說是原住民一種英雄氣概的表現。可見，這種「大耳」的風氣，就理論上講，應該只適用於男兒的身上，才有向人「誇氣概」的道理。而女子則應屬於「長頸」的習俗才對，疑似第(四)首所言：「番兒項下垂垂繞」的現象。儘管大耳與長頸的習俗，已不再復見於現在的原住民，但在世界他處的一些少數民族中，則尚存有此風。所以，這些漢語舊詩所言的文獻實情，正可提供我們作為探討原住民的民族與文化來源的一項依據，故彌足珍貴。

　　第(三)首，是反映原住民的「紋身」(文身)風俗，郁氏並自注云：「半線（彰化）以北，胸背皆作豹文，如半臂之在體」，據此可知，不同地區的紋飾是有相異的。半線以南作鳥紋，以北則作豹文。由於郁氏並不是這方面的專家，他的說法可信度有多少，則難以確認。然而，「紋身」被認為是原住民的習俗特色，實無可懷疑，因為漢人是不紋身的。對於紋身的說明，《番社采風圖考》中有較詳入的解析，所謂：「古傳文身以避蛟龍之害，勾吳已然。台番以針刺膚，漬以墨汁，使膚完全合，遍身青紋，有如花草錦繡及台閣之狀。第刺時，殊痛楚，亦有傷生者。番俗，裸以為飾，社中以此推為雄長。番女，以此願求婚媾，故相尚焉」。這也就是黃叔璥〈番社竹枝詞〉詩中所云：「生來惟鬥此身雄」的涵意，當是顯示一種英雄不怕痛苦的勇敢行為，更是將來被推為雄長（酋長）的重要依據。怪不得，能博得美人的青睞，而造成社會的習尚。黃氏這樣的詮釋，是較有說服力的。至於說「文身以避蛟龍之害」的古傳看法，恐怕是難於適用在台灣的原住民

身上，因為他們大多數是居住在於山中以打獵為生，實無蛟龍可避。反而「英雄崇拜」的思想與行為，才較符合部落生存的原則，所以黃氏的說法是可接受的。另外，紋身亦有部落尊卑識別的功能，誠如《台灣內山番地風俗圖》〈文身〉條所說：「番俗，文身為飾，男則墨黥眉際，若卦爻然。女將嫁，針刺兩頤，名刺嘴箍。南路深山諸社，於肩背胸手臂遍刺之。正土目刺人形，副土目、女土目僅刺墨花，以為尊卑之別。又番童，穿耳嵌螺錢，以為美觀」。

第(四)首，是反映早期原住民頸項裝飾的特殊現象。從郁氏詩中所謂：「番兒項下重重繞，客至疑過繡領宮」的句子，很容易產生當時原住民已有「長頸」裝飾的習性看法。事實上，從其他相關的文獻來看，恐非如此。像黃叔璥的〈晚次半線作〉詩云：「瓔珞垂項領」，以及黃吳祚（乾隆朝人）〈題水沙連圖〉詩云：「蠻孃妍好珠垂項」（皆見《台海使槎錄》卷六〈番俗六考〉〈北路諸羅番七〉），都可得知，應是指項飾特多的現象而已。張湄（乾隆朝人）亦曾寫有：「佳藤耀首新妝裡，答答偏宜賓也珠（瑪瑙珠）」❷的詩句，更說明了原住民的女子，是喜歡掛珠項鏈以裝飾己身的一種美感現象。

第(五)首，是反映原住民的「母系」社會。郁氏對此詩的自註說：「番俗以婿紹瓜瓞，有子不得承父業，故不知有姓氏」，所以才寫出有「男兒待字」（準備出嫁）與「家園原不與兒郎」（男兒不能繼承家產）的話。黃叔璥〈番社竹枝詞〉中亦寫有此情況，詩云：「贅婿為兒婦為家，還憐鑿齒擦蕉花。何知高架迎歸去，偕老相期禮自嘉」。對此現象，在《裸人叢笑篇》裡，更

❷見《台海見聞錄》卷二〈番俗〉「遊車」條引。

寫有：「不顧爹娘回面哭，生男贅夫老而獨（俗以婿為嗣，置所生不問）。但知生女耀門楣，高者為山下者谷。」的悲情感受。當然，這完全是站在漢人的社會習俗立場去看原住民，才會寫出如此的話語。就原住民的本身而言，可能沒有這種的想法。事實上，在台灣的原住民計有九族，並不是全部屬於母系社會，郁氏所指到底為何族？則不得而知。

　　第(六)首，是反映原住民的求婚成親的方式，是由成年的男女互以鼻簫與口琴相調情，若是雙方諧和時，便相偕成婚。在《裸人叢笑篇》中，有更清楚的說明，詩云：「管承鼻息颺簫音，筠亞齒隙調琴心。女兒別居椰子林，雄鳴雌和終凡禽（女長，構屋獨居，以鼻簫口琴男女互相調和，久而意偕，乃告諸父母）」。夏之芳的《台灣竹枝詞》亦有詩云：「不須挑逗覺閒心❸，竹片沿絲巧作琴。遠韻低微傳齒頰，依稀私語夜來深。」，可見這種以音樂調情是在夜間進行，頗為浪漫。對於口琴的製作、奏法、調情方式，《番社采風圖考》中，解說如下：「削竹為片，如紙薄，長四五寸。以鐵絲環其端，銜於口吸之，名曰口琴。又有制類琴狀，大如拇指，長可四寸，窪其中二寸許，釘以銅片，另繫一柄，以手按，循脣探動之。銅片間有聲娓娓，相爾女。麻達（未娶男子）於朗月清夜吹行社中，番女悅，則和而應之，潛通情款」。另外，孫爾準的《番社竹枝詞》也寫有詩云：「貓踏（或寫作麻達）斑身刺綉紋，嘴琴私語月中聞。自緣野處行多露，受著藤皮白苧裙。」並加註解：「貓踏，未娶者之稱。肩背手足皆刺花綉紋，熏黑煙，以為美觀。嘴琴，狀如小弓，以竹為之，弦以絲，扣于齒，爪其弦以成聲。或竅其中二寸許，釘銅片，彈

❸《番社采風圖考》引作：「不須挑逗苦勞心」。

以指，如呢呢私語。男女相遇，男彈嘴琴挑之，意投即野合。各以私物相贈，歸告父母，乃迎娶」，正可補充上述的解說。至於鼻簫，夏之芳的《台灣竹枝詞》中，則有一詩云：「手製雲簫別有腔，吹來鼻息愛成雙。月明引得風前鳳，未許當門夜吠厖」，說明是用鼻來吹簫的，大異於漢族的以口來吹。鼻簫的製作、型式、吹法、功能，在《番社采風圖考》裡亦有說明，所謂：「截竹為管，竅四孔，長可尺二寸，通小孔於竹節之首。按於鼻，橫吹之，高下清濁中節度，蓋可謚為洞簫也。麻達夜間吹行社中。番女聞而悅之，引與同處」。可知，把這種樂器稱之為洞簫，是漢人給它的命名，從事物的實情而言，應該叫為鼻吹四孔橫笛才對。跟口琴的功能相同，都是男子夜間調情求婚的工具。黃叔璥《番社竹枝詞》亦有詩云：「配他絃索亦相宜，小孔橫將按鼻吹。引得鳳來交唱後，何殊秦女欲仙時」、「制琴四寸截琅玕，薄片青銅竅可彈。一種幽音承齒際，如聞私語到更闌」，亦可供參証。

　　第(七)首，是反映原住民的婚姻自由與締盟習俗，一切以尊重成婚自我女性的決定為原則，所謂：「只須嬌女得歡情」，父母絕不加以干預。求婚男子得女方歡心後，才能被「挽手」入洞房，並「鑿齒」以永締婚盟。關於這種的婚姻自由與締盟行為，在《番社采風圖考》中有更清楚的說明，實情如下：「番女年及笄，任自擇配。每日梳洗，麻達有見之屬意者，饋鮮花，贈芍歸荑，備極繾綣，柳葉桃根，婉致風情，遂與野合，告父母，成牽手焉」、「番俗，男女成婚曰牽手。彰化以北，內山等社，牽手半月後，設酒延諸番親串到社。新婦以針周刺口旁，為花草等狀，寬五六分，漬以黑皂，若丈夫鬚髯然，蓋欲以別室女也。又男女各折去上齒二，以相遺，取痛癢相關之意」。這種鑿齒互贈與新婦刺青臉上的現象，亦見夏之芳的《台灣竹枝詞》詩云：「男拔

髭鬚女繡頤，乍逢鑑貌盡多疑。雕題鑿齒徒矜佁，未解雙蛾夜畫眉」。據此可知，郁氏詩中的「挽手」，通稱之爲「牽手」。台灣河洛話中的「牽手」（妻子），應是來自於原住民的習俗所借用的語詞。吳廷華的《社寮雜詩》中，亦有一詩提及，詩云：「琴瑟更張意已乖，蕭郎歧路爲誰排？回首斷齒追歡日，尙剩親磨鹿角釵」，吳氏自注云：「夫婦不相能，則離異不復顧，土番多手製鹿角釵爲聘。番女成婚，則去二齒以別處女」，可爲參証。另外，在《台海見聞錄》卷二〈番俗〉〈牽手〉條，亦云：「番已娶者名暹，調姦有禁。未娶者名麻達，則不忌。番女未嫁者曰麻里氏冰，及笄，居小寮，任自擇配。麻達夜以口琴、鼻簫挑之，意悅野合，告父母成牽手焉。亦有用螺錢爲定。張巡方（湄）有詩：『定情雖假白螺錢，麻達歌諧禮數捐。幾處社寮清月夜，鼻簫吹徹手隨牽』」，更可補証。至於，夫妻離異，則稱之爲「放手」，在此書〈放手〉條，更有所說明：「夫妻反目離異曰放手。男離婦，必婦嫁而後再娶。婦離男，男未娶不得別嫁。違，則罰酒粟牛隻若干。張巡台（湄）有詩：『反目還將放手稱，牽手絜酒痛交懲。何如白首期偕老，高筏迎歸耀彩繒』」。

　　第(八)首，是反映漢人掌握統治權後，設置「社商」來剝削原住民獵鹿收繳以抵稅的情形。郁氏在此詩後，曾有自註云：「番人射得麋鹿，以付社商，收掌充賦（土地稅）。惟餘頭腸無用，得與妻孥共飽」，原住民辛苦打到的鹿，卻要全部繳納給「社商」以抵稅，自己只能帶回被漢人視之爲無用的頭與腸，跟妻兒共飽，眞是被嚴重的剝削。吳廷華的《社寮雜詩》中，亦有一詩提及這種事情，詩云：「倒單生咬各紛拿，鮮炙餘烹腊作粑。功令只今禁承餉，省教計髏付頭家」，吳氏自註云：「縱犬逐鹿活擒者，謂之生咬。獨擒者，謂之倒單。承番餉者，謂之社商，

又曰頭家。督番射鹿計腿，易以尺布。禁革後，鹿脯皆番人自市矣」。在這裡值得我們注意的是「頭家」一語的出現，原來是原住民對「社商」的另一種稱呼。以後，漢人轉用作爲「富人」的通稱，而流行於漢人社會，這可從劉家謀的《海音詩》所云：「頭家近日亦愁貧」的句子，並自註：「俗謂富人爲頭家」得知。所以備人稱「主人」爲「頭家」，事實上是指「富人」而言。另一件事，就是自「禁承餉」後，使得原住民能自己擁有鹿脯以出售，剝削的情況似已不再嚴重，可是，這已經是乾隆朝的事了。

第(九)首，是反映原住民自製的獨木舟，以及明月夜泛舟弄潮的生活樂事。這裡的「莽葛」，是原住民的話，而漢人的音譯，因無統一的音譯寫法，故出現有「蟒甲」一語，誠如吳廷華《社寮雜詩》云：「墥竇門邊淡水隈，溪流如箭浪如雷。魁藤一線風搖曳，飛渡何須蟒甲來」，吳氏自註云：「北淡水港，水流迅急，番人架藤而渡，去來如飛。蟒甲，小舟也」。孫爾準《台陽雜詩》亦寫有：「蟒甲船刳木」的詩句，並且註：「刳木爲船，名曰蟒甲」。亦有寫爲「艋舺」二字，《番社采風圖考》中云：「彰化水沙連社，背山環水，水廣數里，深不可測。社出苦茗，性極寒，漢人以貨到社交易。番以獨木鑿其中爲舟渡之，名曰艋舺。然非本社番，不能使也」。可知，獨木舟爲原住民所自製的水上運行工具，其製法則是把整塊大木頭加以鑿刳而成，故型式與製法都大異於漢人，用起來很輕便。夏之芳《台灣竹枝詞》亦有一詩云：「莽葛輕便破碧沙，弄潮如戲語喧嘩。依稀佛子乘杯渡，彷彿仙翁泛海槎」，可識，原住民駕獨木舟的熟練與運作的便捷。

第(十)首，是反映原住民婦女的喜歌好舞，以及婚姻的自由。此詩值得我們注意的，就是「貓女」一語。依據作者的自註云：「女多以貓名」，可知，以「貓」稱「女」是來自於原住民的語

言，可能是一種譯音。夏之芳的《台灣竹枝詞》亦出現有：「獻芹再拜語呢喃，款步芳堦舞繡衫。具道殷勤貓女意，粉餈親製手摻摻」的詩。黃叔璥的《番社竹枝詞》也寫有一詩：「未經牽手尚腰圍，習慣身輕走若飛。涼夜月明齊展足，羨他貓女願同歸」。另外，蔣心餘的〈台灣賞番圖〉詩更寫有如此的詩句：「膩新（番婦）美好貓（未嫁番女）悅仙（已娶之番）」。從蔣氏的夾註中得知，「貓」應是指未婚的婦女。白麓六十七居魯的《番社采風圖考》中，亦寫有：「意氣揚揚告貓女」的詩句。據此可以推知，台灣河洛話中稱年青女子為「黑貓」，很有可能是來自於原住民的語言借用，因為在漢人的語言系統中從無以「貓」稱呼女子。也許最早是因為一般原住民的膚色較黑，所以才稱之為「黑貓」，以後則轉變成為一般年青女子的通稱。可能為求語彙相對的方便稱呼，因而才順稱年青的男子為「黑狗」。當然，這只是個人依據語言習性所作的推理論斷而已，是否可信，則有待方家的指正。

第(十一)首，是反映當時傀儡山的原住民，尚存有殲人首的習俗。孫氏詩中的自註有：「有生番傀儡，踞大山中，見人則戮」數語，很容易引起誤解，以為「儡傀」就是生番（未接受漢化的原住民）的名稱，事實上並非如此。郁永河的《土番竹枝詞》有一詩寫到：「深山負險聚遊魂，一種名為傀儡番。博得頭顱當戶別，髑髏多處是豪門」，可知此種「傀儡番」的雄悍，以及此族獵人頭習俗的風行。周鍾瑄的《諸羅番社竹枝詞》亦有一詩提及：「煙火村壚入內山，相逢傀儡慎防閑。興謀莫獻原田膴，三浦雲封一任閒」，從此詩的第二句所言，可見連一般的原住民逢到傀儡山的人，也都要小心注意以免受害。馬清樞的《台陽雜興》詩中曾寫有：「傀儡山高殺氣揚」的詩句，可見「傀儡」實為山名，

無疑。台灣河洛語中，稱未歸化的原住民為「生番」，又叫為
「傀儡」，可能是由專指傀儡山雄悍的原住民，轉而作為一般原
住民的通稱，具有貶義，如今實不應再存用此語詞。

　　第(十二)首，是反映原住民如保持腰身的不肥胖，以方便行
動的快捷，而不礙爬山、馳跑、打獵等日常工作的正常運行。至
於用什麼方法？才達到使身體不肥胖的效果。其方法則是：「男
至十四、五歲，即以竹箍其腰，束令極細」，這在《番社采風圖
考》中，有較詳細的說明，所謂：「番俗，以馳走飛逐為活計，
憂腰肥為累，從髫齔便令箍腹。以細竹編如籬，闊有咫，長與腰
齊，圍繞束之，故有力善走，重繭累胝，能數千里，可敵攸飛秦
成焉」，這種用竹編製的束腰圍帶，從男子少年十四、五歲時便
開始載用，直到結婚日才斷去。在郁氏的《土番竹枝詞》中亦有
所反映此現象，詩云：「輕身矯捷似猿猱，編竹為箍束細腰。等
得吹簫尋鳳侶，從今割斷伴妖嬈」。最後二句，很明顯的寫出，
是在結婚的夜晚才割斷而不再箍。還有，在《裸人叢笑篇》也有
描述，並加以自註說：「倒懸覆臟，如縶羵羊。織竹為笮，約肚
束腸。行犇登躍，食少力強。蜂壺猿臂，逐鹿踰岡。將刀斷之，
挽手上堂（稚番利走，身乃倒懸，以竹為　束腰使細，至婚時斷
去。又男女結婚不以禮，惟挽手告諸父母云爾）。為語楚官休餓
死，盍習此術媚其王」。可見，織竹束腰以減肥的方法是很科學
而有效的，真是令人嘆賞當時原住民智慧之高。

　　第(十三)首，是反映當時年青原住民，為漢人官方遞送公文
的情況。除了夏氏此詩的夾註有所說明遞送的方法外，在《番社
采風圖考》中，還有較詳入的解說：「番俗，從幼學走，以輕捷
較勝負。練習既久，及長，一日能馳三百餘里，雖快馬不能及。
秋霖泥濘，水潦既降，星夜遞公牘，能速達。臂帶鐵釧，手執銅

瓦。走，則以瓦扣釧，聲如鳴鐘，一步一擊，不疾不徐，遠近聞數里焉」，並錄有張湄的相關一詩云：「競誇麻達好腰圍，健足凌空捷似飛。薩鼓鏗鏘聲近遠，輕塵一道走差歸」，又有加註說：「麻達走遞公文，插雉尾于首，手背繫薩鼓宜（原住民語音譯），以鐵爲之，狀如捲荷，長三寸許。展足鬥走，腳掌去地尺餘，撲及其臂，沙起風飛，手鐲與薩鼓直相擊，丁當遠聞，瞬息數十里」。據此得知，這種遞送公文的原住民，是用腳在山區急步行走的，跟漢人的平地騎馬送信大不相同。爲了避免他人的擋路而遲行，所以頭上插有雉尾的羽毛爲記號，以表明身份。手上並繫帶有小荷葉狀的鐵卷（薩鼓宜），腕上又帶有銅釧。馳走時，沿途相擊丁當傳聞以示警，俾使遞送公文的行程不受阻礙，而能依時送達。如此有似今日警鈴的辦法，說來倒也頗爲高明，據此可識原住民的智慧是甚高的，值得令人敬重。吳廷華的《社寮雜詩》亦有一詩言及：「刻期插羽走貓鄰，兩夜風晨往返頻。一道官文書到處，沿途響徹卓機輪」，其自註云：「未受室，謂之貓鄰，又謂之貓達。專司鋪遞卓機輪鈴鐸之屬，又曰薩鼓直，佩之，行則有聲」。從這種已設有專人遞送公文的現象來看，清初對原住民的治理應已有專責單位及專人司管，所以才必須有此專職的遞送公文人員。

　　第(十四)首，是反映原住民特異的織布方式，及其成品的特色，乃是能織成五色的布料「達戈紋」（原住民語音譯）。至於織布機的型式以及織法，則在《番社采風圖考》有所說明：「番女機杼，以木大如栲栳，鑿空其中，橫穿以竹，使可轉，纏經於上。利木爲軸，繫於腰，穿梭闔而織之。以苧絲爲線，染以茜草，合鳥獸毛織帛，斑斕相間，名曰達戈紋。又有巾布等物，皆堅緻」，范咸（乾隆朝人）曾有二句詩寫到：「蓬麻茜草能成錦，

何必田園定種桑」❹，可知，原住民編織的五色布「達戈紋」技
藝的高超。所用的工具與編織方法，都跟漢人大為不同，而能自
成一個體系，很值得重視，亦令人讚賞。董天工（乾隆朝人）寫
有一詩云：「斲木為機似月圓，橫穿翠篠夾絲纏。摻摻巧織戈紋
錦，斑駁爭誇柿蒂鮮」❺，稱贊原住民這種的織布為「巧織」，
是有其道理在。又《台灣內山番地風俗圖》中，對此也有所解說：
「番婦，以圓木為機，捻絲苧或染犬毛成線為織，名達戈紋。裁
為衣服，俱短至臍。腰下圍以布，番婦則繫桶裙裹雙脛。熟番衣
制，悉同內地。惟以達戈紋數幅披於肩上」❻，又，《六十七兩
采風圖合卷》中亦有說明：「淡防廳岸裡，大甲東，大甲西等社
番織布，一名達戈紋，其彰邑各社番婦亦能，惟大社番婦所織者
甚然最佳者」，可見這種達戈紋的織布，為各社皆能的一種手工
才藝，除漢人之外。

　　第(十五)首，是反映當時「通事」（番語翻譯官）藉機得利自
飽的不良現象，因而加深原住民「納餉」（繳稅）受害的情形。
關於清朝初期原住民納餉的實情，在《番社采風圖考》中有所記
述：「番社，賦餉本輕。乾隆二年，特恩，再減從前二分之一。
每屆徵期，通事傳齊各番，令完，一呼立應，輸將恐後。或貧，
攜他物交通事，折準代納，不敢逋欠。」從這裡，可以看出原住
民對於納餉的認真與誠實。至於乾隆朝以前，原住民到底納餉多
少？則夏之芳曾有一詩提及，所謂：「八社丁徭力漸紓。閨中餉
稅早捐除（向例：鳳山八社番婦，徵米每口一石。雍正四年，蠲
豁）。只今宵晝辛勤處，謹護官家十萬儲」。從清朝的政權而言，

---

❹見《番社采風圖考》。
❺見其《台海見聞錄》卷二〈番俗〉「織布」條。
❻收入台灣銀行經濟研究室出版《番社采風圖考》中。

這種每年徵米每口一石，已算是很輕的稅了，然而就原住民的立場言，土地本來就是他們早已定居使用的東西，何須繳稅？可見弱勢族群的苦痛，因為他們不能不繳，否則必受政治的迫害，而他們又無力對抗，只好忍受這種的剝削。然而，此詩最引人注意的事，乃是原住民不懂漢語，必須透過「通事」這類的人員，才能瞭解他們應該納餉多少？可是有些不良的「通事」，卻利用此種職務上的方便，從中欺詐原住民而自飽私囊，因而加深原住民的受害。《台海使槎錄》卷八〈番俗雜記〉〈馭番〉條中，曾云：「社各有通事，聽其指使，社番不通漢語，納餉辦差，皆通事為之承理。而奸棍以番為可欺，視其所有不異己物，藉事開銷，腋削無厭。呼男婦孩稱供役，直如奴隸，甚至略賣」，據此可知其不良的實情。吳鳳被殺一事，是否跟這類的事有關，則不得而知。不過，此詩所反映的這種現象，卻可提供我們對於「通事」作另類的認識。

　　第(十六)首，是反映原住民「出草」捕鹿的季節與方法，使我們更瞭解原住民打獵的環保觀念是很合時宜的。因為他們為了驅趕山中的野鹿趨於一處，以方便集中打獵，便採用燒山焚林原始辦法。但是，又怕焚林會造成燎原而破壞整座山林的環境，於是便先開「火路」，以避免如此不良現象的發生，所謂：「先開火路內山旁」，因而不會產生有燒山的情形，又可達到驅鹿一處的效果，真是高明。這種以火驅鹿，使之遁逃，謂之「番荒」，馬清樞的《台陽雜興》詩中，有所描述，所謂：「鹿群逃火野番荒」，並自註：「番社以鹿為糧，草場失火，群鹿遁逃，謂之番荒」。一般人總以為「出草」就是「殺人」的代詞，誠如徐莘田（光緒朝人）在其《基隆竹枝詞》中所說：「聞說生番出草多」，並自加註：「生番殺人，呼為出草」。事實上，這是對「出草」

原義的一種誤解。吳氏在此詩的自註中說得很清楚：「番謂射鹿，為出草」，可見，「出草」的原義應是「射鹿」，並非「殺人」。在孫爾準的《番社竹枝詞》中，曾有一詩提及，所謂：「身手由來善射生，竹枝弓弩不須檠。熿窠落地誰知得，出草先占畢雀聲」，其自註云：「竹枝為弓，藤紓為弦，漬以鹿血，堅韌過絲草。矢粘雞羽為鈴，用以射鹿，名為出草」。從這裡亦可得知，「出草」實為射鹿的意義。另外，在馬清樞的《台陽雜興》詩中，也寫有：「年少社童能出草」的句子，並自註：「捕鹿，謂之出草」。黃維煊（咸豐朝人）的《番社四詠》之一〈番景〉詩中，亦寫有：「喧傳新出草，獵火隔山燒」的話，其自註：「生番捕鹿曰出草」，在在皆足以參證此義。在黃叔璥的《台海使槎錄》卷八〈番俗雜記〉〈捕鹿〉條中，對於如何捕鹿有更清楚的說明，所謂：「鹿場多荒草，高丈餘，一望不知其極。逐鹿，因風所向，三面縱火焚燒，前留一面。各番負弓矢，持鏢槊，俟其奔逸，圍繞擒。漢人有私往場中捕鹿者，被獲，用竹桿將兩手平縛，鳴官究治，謂之誤餉。相識者，面或不言，暗伏鏢箭以射之。若雉兔，則不禁也」。《台灣內山番地風俗圖》〈捕鹿〉條，對此亦有解說，可供補充，其云：「內山鹿生最繁，番人以打牲為業，交易貨物。捕時，因風縱火，俟其奔逸。各番負弓矢鏢鎗，牽獵犬逐之。所用弓矢，以細藤，苧繩為弦，竹箭甚短，鐵鏃長二寸許。鏢鎗長五尺，亦犀利。番人善用鏢鎗，每發多中」。就一般而言，捕鹿大都在春季。更有在秋末冬初的時段，這在《台番圖說》〈捕鹿〉條裡，有所說及：「淡防廳大甲，後壠、中港、竹塹、霄裏等社熟番，至秋末冬初，各社聚眾捕鹿，名為出草」，因為各地原住民生活情形不同，故有相異。至於，把「出草」視之為「殺人」，恐怕是不熟知原住民生活語彙與實情的漢人，所造成的一種誤解。

　　第(十七)首，是反映台灣四時皆花的美景實情，以及原住民喜愛以野生鮮花妝飾身體的純眞美感生活。台灣的氣候溫暖，四季無雪，花蕊未歇的美麗自然景象，常令內地來台的士人最爲驚羨，在姚瑩（嘉慶朝人）的《台灣行》一詩中，便有深刻的描述，所謂：「四時花蕊開未歇，夏梅春桂冬桃蓮。長年暄暖無霜雪，老死不著棉裘毡……飄風一至疑神仙……豈知世界有此境」，簡直把台灣視之爲歷史的中國過去傳說中的「神仙島」，可見其嚮往的程度該有多深！錢琦（乾隆朝人）的《台灣竹枝詞》，對此景象亦有所云：「四時如夏雨成秋，秋卉春花一徑收。老去不知霜雪冷，三冬月地露華流」，詩中都是強調台灣這種副熱帶氣候的特色，大異於大陸內地。另外，朱仕玠的《瀛涯漁唱》也有一詩說到：「草木隆冬競茁芽，紅黃開遍四時花。何須更沐溫湯水，正月神京已進瓜」，黃維煊的《番社四詠》〈番景〉詩云：「自古鴻荒地，初開景最饒。四時花似錦，千種果盈桃」。黃逢昶（光緒朝人）的《台灣竹枝詞》亦云：「海內何如此地溫，恒春樹茂自成村。輕衫不怯秋風冷，終歲曾無雪到門」，吳德功（同治朝人）的《台灣竹枝詞》更云：「蓮開冬月菊迎年，風物云何此變遷？可是東瀛天氣暖，唐花不及此娟娟」。李振唐（光緒朝人）的《台灣竹枝詞》，也寫有：「冬殘草尙綠成圍」，「四時景物總芳菲」的句子，可說皆表露出台灣四時花不謝的美景，實堪稱爲美麗的花島。至於，原住民的女子喜以野生鮮花裝扮自己的純眞而自然的美感，早在周鐘瑄的〈番戲〉一詩中，對此便曾寫有：「山花翠羽鬢邊橫」的佳句。朱仕玠的《瀛涯漁唱》亦有：「野花盤髻勝金鈿」的句子，都是描述這種的生活現象。

　　第(十八)首，是反映原住民曾有獵人頭的習俗，以及清朝官方訂法嚴禁後，已革除此種陋風，而改掛獸頭以示勇武。原住民

獵掛人頭現象，在夏之芳的《台灣竹枝詞》中，曾有說及，所謂：
「生成野性氣如梟，出沒無端血染刀。剝得頭顱當戶掛，歸來轟
飲共稱豪」，可見，獵取人頭是一種豪雄的勇武表現。在黃叔璥
的《台海使槎錄》中，亦說：「傀儡生番，動輒殺人割首以去，
髑髏用金飾以爲寶」❽，據此可知，殺割人頭並加以裝飾而視之
爲寶的行徑，應是傀儡山的原住民，並非台灣所有的原住民。董
天工的《台海見聞錄》卷二〈番俗〉〈懸顱〉條中，也說：「傀
儡生番，野性難馴，每於林木蓁茂處殺人，割截頭顱，剝去皮肉，
飾之以金，懸列戶內，誇示其衆，以數多者爲雄長」，張湄並有
一詩云：「傀儡山深惡木稠，穿林如虎攫人頭。群兇社裡誰雄長？
茅宇新添金髑髏」❾。可見，傀儡山原住民的獵取人頭，給人留
下的印象多麼深刻難忘。怪不得，在台灣的河洛人，泛稱「生番」
爲「傀儡」，實有其原由在。好在，這種不適合於人類生存的習
俗，原住民早已革除了，並改以懸掛獸頭來顯示豪勇，可說是一
種良好的進步現象，值得贊許。

第(十九)首，是反映原住民食檳榔的習俗，以及記年的方式。
在漢人的傳統文化裡，本來是沒有「食檳榔」的習俗。但是，從
朱仕玠的《瀛涯漁唱》詩及自註中，我們卻發現在當時(乾隆朝)，
已有漢族的婦女喜嚼檳榔的現象，詩云：「淡白輕紅逐隊分，安
知蠶織事辛勤。倦拋繡線無餘事，快嚼檳榔勝酒醺」，自註：
「台地婦女，不解蠶織，惟刺繡爲事。檳榔，則日不離口」。在
這裡，朱氏不稱這些食檳榔的婦女爲「番女」，而稱之爲「台地
婦女」，可知他是指漢人的婦女而言。因爲在朱氏的詩作中，凡

---

❽見卷七〈番俗六考〉〈南路鳳山傀儡番二〉，又卷八〈番俗雜記〉「取
　番」條亦云：「生番殺人，台中常事。……其殺人，割截首級，烹剝去
　皮肉，飾髑髏以金，誇耀其衆，衆遂推爲雄長」。
❾見《台海見聞錄》卷二〈番俗〉「懸顱」條引。

是指原住民的婦女，皆稱之為「番女」，誠如「番女輕盈戲緲錦」
的句子。至於說，「台地婦女」是專指漢人婦女，或是包含平埔
族的婦女，則無法考知，因為平埔族與漢族的相互混化，實已到
了難以分辨的地步。不過，從朱氏所說「檳榔，則日不離口」的
話，可知食檳榔已成習慣。另外，朱氏更有一詩專述食檳榔，詩
云：「荖葉包灰細嚼初，何殊棘刺強含茹。新秋恰進檳榔棗，兩
頰浮紅亦自知」，並自註：「台地檳榔乾即大腹，皮裹以荖葉石
灰，食之刺口。惟初出青色大如棗者名檳榔棗，不用荖葉，惟夾
浮留藤及灰，食之甚佳」❿。在此，已對檳榔的食法及食後的身
體反映，皆有清楚的說明，可識，朱氏對檳榔已有相當程度的瞭
解，所以他說的話可信度應當是很高的。吳德功的《台灣竹枝詞》
亦云：「檳榔佳種產台灣，荖葉蠣灰和食殼。十五女郎欣咀嚼，
紅潮上頰醉酡顏。」，可見食風的普及。在郁永河的《土番竹枝
詞》，亦有一詩寫及：「獨榦凌霄不作枝，垂垂青子任紛披。摘
來還共荖根嚼，贏得脣間盡染脂」，特別強調食檳榔的紅汁現象。
《番社采風圖考》對檳榔也曾有描述：「檳榔，高數丈，花細，
實如青果，在葉下幹上，攢簇星布」。又《台海見聞錄》卷二
〈台果〉〈檳榔〉條中，對此物亦有深入的詳述：「檳榔，樹直
無枝，高一、二丈，皮類青桐，節似筠，葉如稷竹，花淡黃，白
色，朵朵連珠，香芬襲人。實若棗形，自孟秋至孟夏，生生不絕，
與椰肉荖藤同蚌灰夾啖，能醉人如酒。張巡方（湄）有詩：『丹
頰無端生酒暈，生唇那復吐脂香。饑餐飽嚼日百顆，傾盡蠻州金
錯囊』。范巡方（咸）詩云：『南海嗜賓門(檳榔，一名賓門)，
初嚼面覺溫。苦饑如中酒，得飽謝朝餐。種必連椰子（檳榔，不

❿見《瀛涯漁唱》中。

與椰樹間栽，則花不實）、功寧比稻孫。瘴鄉能已疾，留得口脂痕」。孫司馬（元衡）詩云：『竹節稷根自一叢，連林椰子判雌雄。醉醒饑飽渾無賴，未必於人有四功」』。在此，孫氏的詩中，已對檳榔提出批評，認為它對人類未必有用，所謂：「未必於人有四功（衣、食、住、行）」。可惜，並沒有引起人們的注意與重視。劉家謀的《海音詩》，亦寫有：「煙草檳榔徧幾家，金錢不惜擲泥沙」的句子，並加註：「婦女吸生煙，喫檳榔，日夜不斷」，可為佐證檳榔的食風。又寫有：「聘結檳榔喜未遲」的詩句，可知，檳榔已成台灣鄉民婚聘的禮品之一，所以才用「聘結檳榔」來表示婚嫁。更寫有：「鼠牙雀角各爭強，空費條條誥誡詳。解釋兩家無限恨，不如銀盆棒檳榔」，並自註：「里閭搆訟，大者親置酒解之。小者饋以檳榔，不費百錢而消兩家睚眥之怨」，據此，則檳榔又可用之於漢人社會消怨釋忿的致歉禮物。池志澂（光緒朝人)的《全台遊記》亦記有：「(台南城)」男婦老幼，喜嚼檳榔。客來不奉茶，惟送檳榔。閭里訐訟，送檳榔數口即止。……唾如膿血，亦惡習也」的話。這種「婚聘」與「釋怨」，而用檳榔為禮物的習俗，尚存於時下的鄉村，漢人這種社會行為很有可能是由原住民的習俗轉變而來的，值得深入再探討，以瞭解原住民與漢人的文化相互影響，可惜，非筆者能力所及。另外，在馬清樞的《台陽雜興》詩中，曾寫有：「客來問字誰攜酒，滿捧檳榔勸我嚐」的詩句，可見，檳榔亦可用來作為請客的禮物。還有用檳榔葉來作為扇子，稱之為「檳榔扇」，有別於蒲扇與葵扇。王凱泰的《台灣雜詠》中，有一詩云：「海上猶存樸素風，檳榔不與綺羅同。無端香火因緣結，翻笑前人製未工」，自註：「檳榔扇，頗為古樸，大都鄉村中用之」。王氏更有一詩寫及「檳榔筍」（俗稱「半天筍」），詩云：「好竹連山覺筍香，馬

蹄(筍名)入市許先嘗。誰知瘴霧蠻煙裏,別有花豬有二尺長」,
並註:「檳榔筍,較竹筍尤嫩」,可知,檳榔樹的用途在鄉間頗
大。至於,原住民對於歲時記法,是不用曆書的,有異於漢人。
除孫氏之詩外,依相關文獻而言,則尚有:

　　黃叔璥《番社竹枝詞》:「曆書不識歲時增,月歲回圓稻
　　一登。鄰社招邀同報賽,竹杯席地俗相仍。」

　　《番社采風圖考》:「番無年歲,不辨四時,以刺桐花開
　　為一度。」

　　《台灣內山番地風俗圖》:「每年,以二月間力田之候為
　　年,謂之換年。」

　　《瀛涯漁唱》:「龍鍾番叟鬢成絲,逝去流光總未知。不
　　解絳人書甲子,黍收惟記一年期。」

　　(自註:「土番,不知年月生辰,以黍收為一歲。或以刺桐花開,
　　為一歲。」)

　　《台灣雜詠》:「炊煙不起少人家,峭壁重巖雲氣遮。懷
　　葛山中無歲月,一年又見刺桐花。」

　　(自註:「番社,以刺桐花開為一年。」)

　　何澂《台陽雜詠》:「憑著刺桐花紀歲。」

　　(自註:「番無年歲,以刺桐花開為一年。」)

　　《台海使槎錄》:「每年,以二月二日為年,一社會飲」
❶、「每年,以二月間力田之候,名換年」❷、「歲時,
以黍米熟為一年,月圓為一月。」❸

　　《裸人叢笑篇》:「花開省識唐虞春。」

---

❶見卷五〈番俗六考〉〈北路諸羅番二〉「飲食」條。
❷見卷五〈番俗六考〉〈北路諸羅番六〉「衣飾」條。
❸見卷五〈番俗六考〉〈南路鳳山傀儡番二〉。

孫元衡《秋日雜詩》（三首之三）：「改歲待花開。」

《台海見聞錄》：「番眾不知年月，以穀熟爲一歲，月圓爲一月」⓮、「番以刺桐花開爲年。」⓯

張湄詩：「月幾回圓禾幾熟，歲時頻換不知年。」⓰

從以上這些資料，可得知，各地不同的原住民的族群，對於「歲年」的訂法，各有相異，孫氏詩中所謂：「問到年庚都不省，數來明月幾回圓」，只是其中的一種原住民的算法，不可視爲通例。不過，原住民不用如同漢人的「曆書」，則是通例。至於說，以刺桐花開時爲一年，則此花是何時開？依據《台海見聞錄》卷二〈台卉〉「刺桐」條云：「刺桐花，木本，葉似桐而幹多刺。二、三月間，花開殷紅」。所以，凡是以刺桐花開爲記年的原住民，應是在陰曆二、三月間過年。

第(廿)首，是反映原住民以占鳥語來定吉凶的習俗。在《台海使槎錄》中，便寫有：「有事他出，聽鳥音。吉則趨，凶則返」的話⓱。《台海見聞錄》卷二〈番俗〉〈捕鹿〉條，亦云：「番捕鹿，日出草，於八、九間，聽鳥聲以定吉凶，吉則往，凶則退。捕時，集衆番各持器械，帶獵犬逐之，以鹿善觝也。張巡方(湄)有詩：『出草東郊徑路深，枝頭鳥語最關心。幾聲喞唧宛如訴，不似黃鸝俱好音』」，皆可參讀。不但「捕鹿」要占鳥語，甚至於播種、築舍等事，都要卜鳥音，這在《番社采風圖考》中，有所記述，所謂：「郡邑附近番社，亦三、四月插秧。先日獵生，酹酒祝空中，占鳥音吉，然後男女偕往插種，親黨饟黍往餉焉」、「番不諳堪輿，然築舍亦自有法。初卜鳥音以擇日，營基高於地

---

⓮見卷二〈番俗〉「戲毬」條。
⓯見卷二〈番俗〉「遊車」條。
⓰見卷二〈番俗〉「戲毬」條。
⓱見卷七〈番俗六考〉〈南路山番一〉引。

五尺，周圍砌以石，中填土」，正如馬清樞《台陽雜興》所云：
「吉凶朕兆卜鳴禽」的現象。黃吳祚的〈咏上淡水八社二首〉
（之二）詩云：「初冬出草入山深，先向林間聽鳥音。鞏雀飛來
音較亮，諸番競奮逐前禽」❸，據此則知，所占鳥聲的鳥，應是
鞏雀鳥，並非任何一種的鳥皆可，這在孫爾準的《番社竹枝詞》
中，曾有一詩提及：「身手由來善射生，竹枝弓弩不須檠。燒窠
落地誰知得？出草先占鞏雀聲」，並自註：「用以射鹿，名出草。
將出，先聽鳥聲，占吉凶。鳥白尾，番語曰番在，即鞏雀也」，
在此已有很清楚的說明。另外，在孫氏的《台陽雜詩》中，亦寫
有：「吉凶占雀語」的句子，並註：「番每出獵，聽雀語，以占
吉凶」，都可佐証。至於，以鳥音來占吉凶，應如何占法？則在
《台海使槎錄》卷七〈番俗六考〉〈南路鳳山番〉〈飲食〉條中，
有所解說，所謂：「將捕鹿，先聽鳥音，占吉凶。鳥色白，尾長，
即鞏雀也（番曰蠻任）。音宏亮，吉。微細，凶」。

# 三、結　語

　　原住民早於河洛人、客家人、西班牙、荷蘭人、日本人等族
群，移居於台灣本島。不同的原住民的族群，尋覓適合於他們生
存的環境定居，並依他們的自我方式過生活，知足而自在，誠如
黃式度(康熙朝人)的《朱阿里仙族竹枝詞》中所說：「不濡惡習
不趨炎，知足生涯好在恬。一畝芋魁真活計，鶉衣垢面總沾沾。」
❾郁永河的《土番竹枝詞》，亦贊許他們：「夫攜弓矢婦鋤耰，
無褐無衣不解愁」、「飛蓬畢世無膏沐，一樣綢繆是室家」，張
彝銘（光緒朝人）更說他們是：「男女真身有自由，一朝牽手死

---

❸見卷七〈番俗六考〉〈南路鳳山番一〉引。
❾收入陳番編著《台灣竹枝詞選集》，55頁。

·138· 傳統文學的現代詮釋

方休。奔尋日食輕風雨，噩噩昏昏至白頭。」❷然而，卻因以後強勢的族群進入，便使其漸爲失去了他們原有的生活空間與生活方式。甚至於，原來相傳的一些風土與習俗，亦隨之而漸流失，或是變形。有時候，連原住民的後代子孫，也不太瞭解屬於他們自己文化的根源，因爲他們沒有屬於自己的文字，所以無法對其先民的情形，有較爲詳盡的記述，實爲可惜。早期漢語舊詩的文獻，卻可彌補此項的記錄缺失，藉此亦可喚起我們對於原住民文化的多方重視與研究，希望能以族群平等的立場，來深入看待這些文獻，拋棄早期以漢人爲主體的文化意識，重新以尊重與瞭解的態度，來擴大探討原住民的文化，協助並還給屬於他們自己的良好傳統文化，則這些文獻的存用，便顯得更有意義與價值了！

# 參 考 書 目

1. 《沈光文斯庵先生專集》，寧波同鄉月刊社（台灣），民國66年3月初版。

2. 《臺灣雜詠合刻》，臺灣銀行經濟研究室，民國47年10月初版。

3. 《臺灣竹枝詞選集》，陳香編著，臺灣商務印書館，民國72年4月初版。

4. 《近代咏臺詩選》，潘國琪、吳萬剛、張巨才選注，湖南大學出版社，1992年9月1版。

5. 《台灣風土雜咏》，孫殿起，雷夢水輯，葉祖孚編，北京時事出版社，1984年12月1版。

6. 《台灣蕃人風俗誌》，鈴木質原著，林川夫蕃訂，武陵出版有限公司，1991年2月初版。

---

❷見其〈賽夏族竹枝詞五首〉之3，收入全上57頁。

7. 《台灣番族之原始文化》，林惠祥著，上海文藝出版社，1991年5月影印本。

8. 《台海見聞錄》，董天工著，台灣銀行經濟研究室，民國50年10月初版。

9. 《台海使槎錄》，黃叔璥著，台灣銀行經濟研究室，民國46年11月初版。

10. 《番社采風圖考》，滿洲六十七居魯著，台灣銀行經濟研究室，民國50年1月初版。

11. 《清代台灣高山族社會生活》，劉如仲、苗學孟著，福建人民出版社，1992年12月1版。

12. 《高山族風俗志》，許良國、曾思奇編著，中央民族學院出版社，1988年2月1版。

13. 《高山族民俗》，田富達、陳國強著，民族出版社，1995年6月1版。

14. 《高山族風情錄》，陳國強，四川民族出版社，1994年4月1版。

15. 《高山族文化》，陳國強、林善煌著，學林出版社，1988年4月1版。

16. 《台灣高山族研究》，陳國強著，上海三聯書店，1988年10月1版。

17. 《台灣土著社會婚喪制度》，陳國鈞著，幼獅書店，民國50年9月初版。

18. 《雅美族的古謠與文化》，夏本奇伯愛雅（周宗經）著，常民文化公司，1996年9月1版。

19. 《台灣原住民族的祭禮》，明立國著，台原出版社，民國78年元月初版。

20. 《南洋獵頭民族考察記》，（英）A．C.海頓(Dr.A.C.Haddon)

著，呂一舟譯，呂金錄校，商務印書館，1937年2月1版。

21.《台灣蕃政志》，溫吉編譯，台灣省文獻委員會，民國46年12初版。

22.《台灣先住民腳印》，洪英聖著，時報文化公司，1993年9月初版。

23.《台灣原住民風俗誌》，鈴木質著，吳瑞琴編校，台原出版社，1992年1月1版。

24.《台灣土著文化研究》，陳奇祿著，經聯出版公司，民國81年10月初版。

25.《台灣土著民族的社會與文化》，李亦園著，聯經出版公司，民國71年4月初版。

26.《六十七兩采風圖合卷》(收入《番社采風圖考》書附錄中)。

27.《台番圖說》（仝上）。

28.《台灣內山番地風俗圖》（仝上）。

29.《台灣府志》，《重修台灣府志》。

30.《全台遊記》，池志澂著，台灣銀行經濟研究室，民國49年8月初版。

# 臺灣本地兒童歌謠的若干問題

## 林　政　華

## 一、前　言

　　現代詮釋學重視文本的閱讀與了解，學者所謂：「詮釋要基於有感而發的閱讀才有意義。詮釋是基於閱讀中強烈的感受而將其感受再化成語言。」❶大凡文學的開始，也必藉助於文字的書寫；因此，本論文側重文本的研討。而由文本探究某一學術，則非先由其如何命名入手不可。

　　臺灣本地（史明先生一九九七、五、七在台灣大衆廣播電台節目中強調，從前在海外的中國人士稱中國爲『本土』；故台人以稱爲『本地』才好，不致相混。）兒童歌謠，是「臺灣兒童文學」的一部份。「臺灣兒童文學」，顧名思義，是指產生於臺灣土地上，以臺灣兒童爲主體思考而創作的文學❷。它的啓用，似始於西元一九九一年三月，林鍾隆主持的《月光光兒童文學季刊》改名爲《臺灣兒童文學》；不過，它早期除刊載臺灣作品之外，也有日人作品，後來更及中國文字。

　　到了一九九四年六月，洪文瓊出版《臺灣兒童文學史》；書分「總體發展綜析」及「專類發展分析」兩類，計有十五篇文字。

❶簡政珍〈閱讀與詮釋〉，《文訊月刊》28期頁177。張世豫〈詮釋學〉謂：本世紀初德哲格但瑪《眞理與方法》，力主「文本」之說。
❷詳可參拙文〈臺灣文學界說與範圍分類的歷史考察〉，收入拙編《臺灣小說名著新探》附錄一。

其性質是：「從出版發展觀點解析半世紀(1945～93)台灣兒童文學發展面貌。論述範圍除了一般兒童圖書外，廣及兒童期刊、兒童漫畫書及兒童文學研究。」❸可知此書是臺灣兒童文學出版發展史，不是一般的文學史。

鑒於上述臺灣本地兒童文學專書，尚未見有人撰述，筆者乃於本年三月初完成《臺灣兒童少年文學》一書，其中即有兒童歌謠之章節；然前乏所憑，尤懇同道先進之指教。

## 二、「傳統童謠」與「創作性兒歌」的界定

臺灣兒童歌謠，包括：民間傳統口述後寫定，和近現代人所創作，這兩方面的歌、謠作品，自來名稱不一，有待釐定。

《尚書》堯典說：「歌永言」。永言，偽孔安國傳謂：「詠其義以長其言」；據知永字兼「詠」與「永」（長）兩義。在音樂上，歌重在「永」（「長其言」）字上；有樂器伴奏的，則可長其言，宋人姜夔《白石道人詩說》所謂的「放情曰歌」，所以《毛傳》解《詩經·魏風·園有桃》「心之憂矣，我歌且謠」中的歌字時說：「曲合樂曰歌」。近現代人創作的兒歌，有不少入樂的，即使不配樂，一般作者也多有「能入樂爲佳」的觀念；因此，近現代人的兒童歌謠作品以稱爲「創作性兒歌」爲妥。爲凸顯其個人之「創意性」，不稱「現代兒歌」；如此，較合稱名學上「突出對象特色」的要求（參下文注 7 ）。

至於「謠」字則恰好相反，指沒有樂器伴奏的韻文作品，《爾雅》釋樂：「徒歌謂之謠。」雖然古代有與「歌」混用的現象❹，但爲了分別起見，仍將民間傳統口述不入樂的作品，稱爲

❸見書前〈簡介〉。
❹參林文寶《兒童詩歌論集》頁152-154，釋童謠。

「傳統童謠」較合適。周作人〈兒歌之研究〉說：「兒歌者，兒童歌謳之詞，古言童謠。」❺今稱兒歌，古名童謠，兩者判然；民國十七年，黃詔年所編著的第一本創作性兒歌集，名叫《孩子們的歌聲》❻。而馮輝岳的《台灣童謠大家唸》依時間區分，也將古典童謠稱為「傳統童謠」，來與現代人創作的童謠（馮氏稱作「創作童謠」）相對❼。

## 三、臺灣本地兒童歌謠發展概述
### ——由知見書目上管窺

「文字是文學的語言，讀者閱讀必須經由文字面對作品。」（同註❶頁176)台灣本地兒童文學中歌謠的探討，不得不重視文本的掌握；要概述其發展歷程，也以呈現其創作書文目錄方式，較易事半功倍。

台灣本地兒童歌謠的創作始於日據時代，趙天儀先生將詩與歌視同為一，他曾說：「日據時期，台灣曾經有過童謠運動，留下了一些日文童謠作品，並且也收集了一些民間的中文（華按：指漢字）童謠作品。」❽

雖然此後在理論研究上極罕見❾，然而不論傳統童謠或創作性兒歌，則一首首撰寫，作品集一本本刊印。茲依時代先後列出知見書文目錄，讀者將可窺其發展之大斑。

### (一)傳統童謠

---

❺《兒童文學小論》頁51。
❻民國58年秋，台北東方文化書局有影印本。
❼見頁14台灣童謠概說。按：歌、謠之區分請詳參拙編《瓶頸與突破——兒童少年文學觀念論集》〈兒童少年文學及其體裁之命名芻論〉一文。
❽《兒童詩初探》頁56兒童詩的嚮導。
❾至民國80年春假，始有林文寶撰作〈試論台灣童謠〉一文，收入《兒童詩歌論集》中。

　　簡上仁曾就各方面收錄近千首的童謠（同註❹頁315），但台灣現有童謠確數的統計，仍有待大家的努力。

△1918年，日人平澤丁東編《臺灣の歌謠と名著物語》，其中民歌和童謠凡二百多首（未分類）。不過，由於日人對臺灣語言的隔閡，難免有收錄不當者。

△1921年，日人片岡嚴編《臺灣風俗誌》，其第四集第五章，第五集第二、四章中，收有童謠及謎語歌等，約一百首。

△1926年，豐原張淑子女士出版《教化三昧集》，有勸善的童謠多首。

△1932年元旦出刊的《南音》半月刊，闢有「臺灣話文嘗試」欄，陸續刊載臺灣閩南語童謠。

△1934年至1944年間，日人窗道雄撰寫《囝仔的筆記》，其中有不少臺灣本地風味的童謠❿。

△1936年，李獻璋出版《台灣民間文學集》，在總數約一千首歌謠中，有不少童謠和謎語歌。

△1941年，日人金關丈夫創辦《民俗台灣》雜誌，刊有若干童謠及其研究文字。

△1943年，日人稻田尹等編《台灣歌謠集》出版，其中也有童謠。

△1959年，王登山《南瀛文獻》第五卷中，刊有童謠。

△景昭〈北投童謠〉、謝金選〈北投童謠集〉、陳漢光〈新年童謠〉、陳李德和〈嘉義童謠彙輯〉、陳中〈台北童謠拾零〉、曹介塵〈稻江童謠〉、廖漢臣〈彰化童謠〉、曹甲乙〈童謠集零〉等等，陸續在《台灣文物》、《台灣文獻》等等雜誌上刊載。

---

❿簡上仁《臺灣民謠》頁一謂：稱臺灣童謠必須具有「台灣風」、「民俗性」和「唸唱性」。

△1975年，吳瀛濤出版《台灣諺語》，收有台灣閩、客童謠約百
　首。

△1977年，朱介凡出版《中國兒歌》，有若干台灣童謠。

△1978、1979年，李哲洋出版《台灣童謠》二冊，內有客家童謠。

△1980年，廖漢臣《台灣兒歌》出版，計收二三九首，其中略有
　重複。

△1982年，陳金田《台灣童謠》出版，收閩、客、台灣流行華語
　童謠三二六首。馮輝岳《童謠探討與賞析》，談及數十首。

△1985年，童錦茂出版《中國民俗兒歌〈台灣篇〉》，凡有四十
　六首。雨青編著《客家人尋根》，收有數首客家童謠。

△1989年，舒蘭編《中國地方歌謠集成》，其第十一、十二冊為
　台灣兒歌（即童謠）四一八首。林武憲出版《台灣童謠》，收
　有十七首❶。

△1990年，馮輝岳《你喜愛的兒歌》中，收有台灣閩、客童謠廿
　三首，但其中有數首創作性客謠。簡上仁《台灣的囝仔歌》三
　集共有四十八首。

△1991年，馮輝岳《客家童謠大家唸》，專收客謠百首。李赫編
　註《台灣囝仔歌》九十九首，又編《台灣謎猜》一六一首。

△1994年，康原選介、施福珍作曲的《台灣囝仔歌的故事》二冊
　出版，凡六十二首台灣閩、客童謠，其中有若干首施氏創作性
　兒歌。又：楊淑晴等編《趣味台語兒歌》廿三首，中有若干首
　近人仿作。簡榮聰《台灣農村民謠與詩詠》，有各類台灣閩、
　客童謠數十首。又：胡萬川指導田野採集的《彰化縣民間文學
　集》歌謠篇㈠輯有四十二首，㈡輯二十七首，㈢輯三十九首，

---

❶以上資料多參考林文寶《兒童詩歌論集》中，〈釋童謠〉及〈試論台灣
　童謠〉兩部份；對各書文出版月份及處所均略而不具。

㈣輯十六首，合計一二四首。

△1995年，胡萬川主編《大甲鎮閩南語歌謠》第二集，收有六首。又在《彰化縣民間文學集》諺語、謎語篇中，收有謎語歌、急口令若干首。

△1996年，康原編、施福珍作曲之《台灣囝仔歌的故事》，六十六首中絕大部份為童謠，少數為施氏作品。馮輝岳《台灣童謠大家唸》含台灣四大族群童謠七十四首（閩三十四、 客三十、華七 、先住民三）。馮氏又編客家童謠集二冊《逃學狗》、《火焰蟲》。黃勁連編註《台灣囡（囝）仔歌一百首》。

另馮輝岳《台灣童謠大家唸》尚提及陳運棟的《客家人》九十二首、徐運德編《客家童謠集》九十首、胡萬川主編《石岡鄉客語歌謠》三十一首（同註❼頁17–18）

### ㈡創造性兒歌

本地風格的創作性兒歌，由於作家覺醒較遲，人數也不多，以致數量少，但仍彌足珍貴。（上類「傳統童謠」書、文中已含者，不贅。）

△1991年，王金選出版《紅龜粿》（信誼基金出版社）。此舉影響兒童少年文學界再度重視本地童謠，而創作本地兒歌。

△1992年，川哲玫出版《台語創作即興兒歌（現代兒歌）》，凡有五十七首台灣閩南語作品。

△1995年，戴正德《鄉詩鄉圖》出版，有〈火金姑〉等廿二首。（餘為成人歌謠）又：康啓明《講唱台灣囝仔歌》數十首，其中以〈搖呀搖〉等十二首較為可取。

此外，台灣省兒童文學協會出版《滿天星兒童文學》季刊、林鍾隆主編《台灣兒童文學》、《小牛頓作文雜誌》等，以及民眾日報、台灣時報、國語日報、自立晚報、自由時報、中國時報

和台灣日報等，偶有刊載。其中康原、王金選、林武憲和林立等人的作品，較常出現。

由於現實條件的限制，迄今尚無法精確統計、蒐集台灣本地所有的兒童歌謠（除去重複），實有待編輯一套《台灣本地兒童歌謠集成》之書，屆時將可解決此一問題。由上所述，可知台灣本地兒童歌謠的發展，是由日文作品而傳統童謠，而創作性兒歌。日文作品有待吾人譯介；傳統童謠的田野採集與研究有待加強；而創作性兒歌則天寬地闊，一片處女地，最需作家的耕耘開拓。自然在理論研究、教學推廣上則三者均亟需吾人努力從事。

## 四、臺灣本地兒童歌謠的分類

台灣本地兒童歌謠的作品來源，既如上節所述，非常豐富；那麼，在蒐集之後，研究之前，有必要加以分類，以便於深入了解與欣賞。

過去對一般兒童歌謠的分類，誠如馮輝岳所說：「分類標準，有許多種，如形式、作法、韻腳、實質、地域、時代、職業、歌者、效用……。一般童謠研究者，慣常以童謠的實質來分類，也就是依據童謠的內容區分。」❷茲依時代先後，介紹比較重要的有下述數家分類：

褚東郊〈中國兒歌的研究〉分：催眠止哭的、遊戲應用的、練習發音、知識的、含教訓意義的、滑稽的、其他等七類。

朱介凡《中國兒歌》分四大類：一、抒情跟敘事的：下分十八小類。包括褚氏的一、四、五類作品。按：此類太籠統。二、童話世界的：下分六小類。按：所謂「童話世界」之語，乍看不

❷《童謠探討與賞析》頁10。

易明白其義。三、逗趣。四、遊戲。

　　蔡尙志〈兒童歌謠與兒童詩研究〉分爲七類：母子歌、遊戲歌、逗趣歌、語辭歌、知識歌、生活歌、勸勉歌。按：語辭歌似可倂入知識歌中。母子歌是兒童生活的一部份，何妨倂入生活歌中？因此七類實可倂爲五類。

　　林武憲〈兒歌的認識和創作〉則分爲九類：催眠歌、遊戲歌、知識歌、生活歌、滑稽歌、繞口令、故事歌、謎語、抒情。按：故事歌篇幅較長，能寫的人不多，故數量極少；可依其內容性質歸入其餘類別中。

　　陳正治《中國兒歌研究》第三章兒歌的類別，謂「綜合衆說」，分爲八大類，下視情況再細分：催眠歌(宜作「搖籃歌」，❸)、遊戲歌（獨戲、兩人遊戲、多人遊戲）、知識歌（數字、色彩、動物、植物、自然、時令、器物、衛生、語文）、逗趣歌、勸勉歌、抒情歌、生活歌、故事歌（同上段按語）。按：其下皆有實例，是有理論也有例證的一本書，可作爲吾人對台灣本地兒童歌謠分類的參考。

　　針對台灣本地兒童歌謠而加以分類的，首推民國四十一年黃得時先生的〈台灣歌謠之形態〉一文，它依體製分爲：七字仔（民歌）和雜念仔（兒歌）兩類。他對「雜念仔」的解說如下：「各首的句數、字數不定，形態亦千變萬化，無法分類。……大致與外省的長短句之歌謠大同小異。唯這些歌謠，大部分用於描寫家庭生活或兒童遊戲。」可見從歌謠內容分類，黃先生以爲至

---

❸拙編《兒童少年文學》頁161說：「搖籃歌可以採用徒歌，也可以配曲吟唱，即使徒歌也每每合乎曲調的要求；因此，稱爲『歌曲』，頗爲適宜。又它的目的在催眠，稱爲『催眠歌曲』也無妨；不過，『搖籃』一語，較爲生動而具體，文學味濃，又比前者富有距離的美感，含蓄不說盡，所以本書採用此名。」

少有生活歌和遊戲歌兩類。

　　另有李哲洋《台灣童謠》，分為：唸詞的童謠、唱的童謠、兒童的打油詩、舊調新詞（歪歌）、媽媽的催眠曲、兒童遊戲歌等六類。按：「唸詞的童謠」即不入韻作品，實應獨立為另一大類，與「唱的童謠」對比。而「兒童的打油詩」既稱「詩」，不可歸入歌謠中。又：「舊調新詞」和「催眠曲」當歸入「唱的童謠」中。因此，李氏分類可修正為：一、唸詞的童謠，二、唱的童謠（舊調新詞、催眠曲、遊戲歌）二大類。

　　不久，廖漢臣的重要著作《台灣兒歌》出版，細分為十二類，分別為：繞口令和急口令、連鎖歌、數目歌、對口歌（按：即問答歌）、逗趣歌、遊戲歌、顛倒歌、岔接歌(指插科打諢的歌謠)、搖籃歌、敘事歌、抒情歌、以各種事物起興的兒歌。按：廖氏從形式和內容兩方面混合分類，並不甚妥當。如統一由內容性質區分，則可將繞口令等、連鎖歌、數目歌、對口歌、顛倒歌和岔接歌等六者，統稱為「知識歌」或「語文歌」，以免分得太瑣碎。而「以各種事物起興的兒歌」是指其作法上的分類，當依其內容性質，分入其他各類中。因此，廖氏分法實可濃縮為六大類。

　　而許常惠《台灣福佬系民歌》一書僅分：囡仔歌（兒歌）、兒童八九歌（遊戲歌）和搖囡歌（搖籃歌）三類。莊永明〈向大地撒下「歌」的種籽——漫談台灣童謠〉對「囡仔歌」這一類加以細分，說：「包括『決（抉）擇』、『連鎖曲』、『幻想曲』、『敘事』、『抒情』的童謠。」林文寶似同意許、莊氏之分法（同註❹頁344-347）。

　　筆者在今年三月完成的《台灣兒童少年文學》，參酌以上各種分法，且針對作品實例，而作下述的分類：

　　壹、傳統童謠

一、搖囡仔歌（搖籃童謠）

二、囡仔八九歌（遊戲童謠）

    1.獨戲   2.對戲（二人遊戲）   3.群戲

三、囡仔歌

    1.保育歌   2.身體歌   3.人物歌   4.生活歌   5.逗趣歌

    6.動、植物歌   7.時令歌   8.知識歌   9.繞（急）口令

    10.謎猜歌   11.其他[14]

貳、創作性兒童歌謠

一、童謠（近現代人仿傳統童謠特質而作）

二、兒歌

此大類中的第二類因數量少，所以未再細分小類；馮輝岳也說：「創作童謠……台灣地區從事這方面創作的作家極少，且上乘的作品亦不多見。」（同註[7]）

# 五、第一首臺灣本地兒童歌謠誰屬

雖然在未有文字書寫之前，就已有口頭上傳唱的歌謠，兒童文學的情況也是如此；但是就現代詮釋學重視文本閱讀的觀點而論，台灣本地兒童歌謠的研討，必須從台灣信史以後談起。林文寶也曾說：「童謠緣於……遊戲，只要有兒童，就會有童謠。祇是文學的開始必須藉助文字的書寫，而俗文學也必須藉助文字始能有徵信，（。）考台灣的文學，若以書寫文學來看，則……可推至十七世紀漢民族和荷蘭來到安平，帶來漢字與羅馬字，……因此，所謂最早的童謠，亦當不離信史開始的時代。」（同註[4]頁300）

---

[14]此一類除就台灣本地歌謠思考外，也採用筆者前所編《兒童歌謠類選與探究》所分。

　　研究台灣本地兒童歌謠，無可避免的事是探求第一首是何時何人所作。前賢也有若干人從事此一嘗試，但是由於他們對「兒童歌謠」特質的了解不同，甚至可說未必正確，故其結論並不可取。筆者以為一首真正的兒童歌謠，必須具備「兒童性」、「文學性」、「兒童趣味性」和「潛在教育性」❺。試以此來檢討過去學者的說法：

　　㈠陳漢光曾以筆名「野人」作〈明鄭民謠〉一文，文中以為〈刺瓜〉一首是台灣最早的童謠。該首原文如下：

　　「刺瓜，刺、刺、刺，　　　　　　　　　　　　　◎

　　　東都（按：指台灣）著（須）來去；　　　　　　◎

　　　來去允有某（一定可娶到妻子），　　　　　　　◎

　　　物免（不必在）唐山（中國）即艱苦（如此困苦）。」◎

全首句句押韻，可說是一首好的「歌謠」，但不是「兒童歌謠」。因為一則兒童對娶妻、生活苦樂的關懷度低，它並不具「兒童性」。一則它的政治味太強，「兒童趣味性」和「潛在教育性」均付闕如。陳氏以為它作於明鄭時代，說：此歌謠是鄭成功父子入台灣後，清廷實施遷界政策時創作的；因為那時閩、廣沿海居民被迫遷離三十里，居民顛沛流離，鄭氏乃招來台開墾。廖漢臣曾從多方面予以駁辯❻，說法可以成立。

　　㈡林文寶以為「若從文獻上考獻（察），自當以黃叔璥的《台

❺參考王秀芝《中國兒童文學》說，見頁 21-35。
❻所著《台灣兒歌》頁三六說：「當時，沿海居民，因為遷界陷於這樣苦慘，在歌謠中，一字不提。……要來東部似非迫於遷界之苦，而是相信渡台比較容易討個老婆了。……要來東都似非迫於遷界之苦，而是相信渡台比較容易討個老婆了。……這時候的東都的人口，是男多於女，因男人多無眷屬，這種情形，直到清初，尚無改變。……還有『唐山』一詞，最早見於海東札記。……乾隆中葉，台人稱呼大陸為『唐山』。……而且此謠並不是作於台灣，而是作於大陸，再由大陸傳來台灣。……是不得稱為道地的台灣歌謠。」

海使槎錄》為最早。該書卷四〈赤嵌筆談〉、〈朱逆附略〉有云：
「朱一貴……變後，……先是，童謠有云：『頭戴明帽，身穿清
衣；五月永和，六月康熙。』。」（同註❹頁298）

　　這一首寫朱氏起義失敗的政治性「讖謠」（黃氏語），一般本
子均為五字句：「頭戴明朝帽，／身穿清朝衣；／五月歌永和，
／六月還康熙。」廖漢臣已認為它並不是政治性讖謠，說：「這
首童謠只是坦率敘述朱一貴反清進攻郡城，隨得隨失的情形而已。」
廖氏進而批評它根本不可算是童謠，所以早夭，說道：「這首童
謠不是從兒童的生活中產生出來──字句沒有兒童的口吻，內容
沒有兒童的心性表現，流（留）傳不久，就消聲匿跡了。」（同
註❻頁37）這是說它並無「兒童性」。不僅如此，它也沒有兒童
趣味性及潛在教育性等；只是略有一些文學技巧而已。

　　㈢林文寶又引黃氏《台海使槎錄》卷五、卷六〈番俗六考〉
中所附兩首〈番歌〉，以為有人疑為「原住民童謠」：〈打貓社
番童夜遊歌〉（僅錄其台灣流行華語譯詞）如下：

　　「我想汝愛汝！　　　　　◎
　　　我實心待汝！　　　　　◎
　　　汝如何愛我？　　　　　◎
　　　我今回家，可將何物贈我？」◎

兒童夜遊回家，不知為何要歌謠中的「汝」贈他禮物？由上下文
義來看，倒像一首情歌，不似童謠。即使是孩童要求父母給其禮
物，在「潛在教育性」上也有所違反。林文寶亦以為此不算正式
的童謠；因為它沒有文本，是由後人的記寫。其兒童趣味性也不
足。

　　又有一首〈後隴社思子歌〉：
　　「怪鳥飛去，

飛倦了宿在樹上。

見景心悶，　　　　　◎

想起我兒子！

回家去看，

請諸親飲酒釋悶。」　　◎

此首既為「思子歌」，自然是成人民歌，內容更不具有「兒童性」、「趣味性」和「教育性」等。

　　由上所述，可知台灣第一首本地兒童歌謠誰屬？至今依然無解。也許待未來有人編成《台灣本地兒童歌謠集成》時，將可獲得解答。

## 六、台灣本地童謠的文學特質

　　廖漢臣的《台灣兒歌》對台灣本地童謠所表現的特質，有褒也有貶：褒的部份，說：「他（兒童）隨意唱來，其旨趣、結構的發展，常多出人意表。……所涉及的事物，宇宙人生，鉅細無遺。辭章千變萬化，它只是充分顯示了孩子們生命生長的活力，從嬰兒直到少年——心靈的嬉遊。台灣兒歌也有具備這些特質。」（同註❶頁25）

　　至於貶的部份，係就內容與中國兒歌的比較上立言。他說：

「在內容上：大陸兒歌網羅甚廣，宇宙人生幾乎鉅細不遺。

台灣兒歌，所有涉及事物，卻沒有那麼普遍（徧），如有關社會生活、家庭生活，甚至私人生活，多付厥（闕）如。

例如，（：）描寫人世缺陷，綏遠的兒歌，有：

「高高山頂有一家，十間房子九間塌。　　　◎

一個老頭子雙手麻，一個老太太雙眼瞎。　　◎

一隻狗，三條腿，一隻貓，沒尾巴。」　　◎

此首可名〈高山貧家〉。它太過悽慘,困境一而再再而三的打擊著不勝寒的高山貧戶,兒童幼小心靈受得了嗎?若要以此來引起兒童的同情心,未免太殘忍了!其兒童性、趣味性均頗低落。

　　再談廖氏所謂台灣童謠的範圍不如中國之說;實則上文第三節分類所述台灣「時令歌」、「生活歌」等等,不是也「宇宙人生幾乎鉅細靡遺」嗎?何況中國的土地、人口和台灣相差太懸殊;應以「比率」為準,不宜以一對一方式處理,始稱公允。退一步說,廖氏只蒐得四百首;如依簡上仁所得近千首而論,廖氏不知如何說?即以廖氏所評「社會生活」方面,台灣本地童謠也有上乘作品,廖氏書頁一〇八引一首〈尪仔穿紅褲〉說:

「也(一面)出日,也落雨,　　　◎
　刣豬翻豬肚。　　　　　　　　◎
　尪仔穿紅褲,　　　　　　　　◎
　乞食走無路。」　　　　　　　◎

廖氏自承它的涵義下所透顯的優異表現,說:「日據時代,日本憲兵都戴紅帽,穿紅褲子,省人不直言憲兵,而以『尪仔』譏之。小民流離失所,難以謀生,淪落行乞,而日本憲兵又要取締捉人,使得無路可逃。此謠乃訴述受日本人壓迫的生活上之惶恐和悽苦。而日憲兵的橫暴,喜怒無常,如屠夫之翻豬肚,翻來覆去,令人莫可捉摸。」(同註⑯)它用曲寫法,含蓄地暗示主題,技巧高明;而寫全台人的遭遇難道不如〈高山貧家〉只寫一戶人家嗎?再說即使只描寫一戶貧家,台灣本地童謠的〈刺仔花開〉,在「文學性」、「潛在教育性」等上頭也毫不遜色,甚至有所超越呢:

「刺仔花,開去白泡泡,　　　◎
　年又近,節已到,　　　　　◎
　紅紗線,無半圈(股)。　　◎

　　茶仔油，無半甌（杯），　　　◎

　　草花頭，無不（半）蕊，　　　◎

　　想著心肝較冷水。」　　　　◎（頁192-193）

此歌謠，廖氏書凡出現兩次（另一在頁175）。寫女兒嫁到窮人家受罪的苦況，令人不忍卒睹。

　　廖氏又說描寫團圞的「家庭生活」，台灣不如中國。他說：「鄒平兒歌，有：

　　小屋內，軋棉花，　　　　　　◎

　　一軋軋了個小甜瓜。　　　　　◎

　　爹一口，娘一口，　　　　　　◎

　　一咬咬著小孩子的手。　　　　◎

　　孩子孩子你別哭，我給你買個小貨郎鼓，　◎

　　白天拿著玩，黑夜嚇老父。」（頁26）　◎

此歌謠兒童性、趣味性和文學性，都無問題；只是本句以小貨郎鼓晚上嚇老父，則不可爲訓，「潛在教育性」薄弱。而廖氏書頁二四九所錄台灣〈天烏烏〉，則甚爲合乎兒童歌謠的要求：

　　「天烏烏，　　　　　　　　　◎

　　要落雨。　　　　　　　　　　◎

　　公仔踏水車，

　　婆仔夯畚瓩（舉起畚斗），　　◎

　　畚著一尾三板茹（魚名）。　　◎

　　公子要煮鹹，

　　婆仔要煮莚（淡），　　　　　◎

　　翁婆相拍摃破鼎。　　　　　　◎

　　鼎片未曾檢，　　　　　　　　◎

　　翁婆著（得要）相惜！」　　　◎

此謠比鄒平兒歌更具有趣味性、文學（戲劇）性、兒童性和教育性（尤以末句）。

此外，廖氏又比較中、台童謠中「孩子的私人生活」，也引用鄒平兒歌：

> 「小小兒，眞出奇，　　　◎
> 　要到渾水去摸魚。　　　◎
> 　我說渾水去不得，　　　◎
> 　小兒搖頭他不理。　　　◎
> 　不用說，不用攔，　　　◎
> 　一跳跳到水裏邊。　　　◎
> 　沒有魚，　　　　　　　◎
> 　白落一身污水泥。」　　◎

這固然是一首不錯的童謠；但是廖書頁八七所引〈阿才、阿才〉和頁一○○～一的〈一個歹子弟〉二首，內容情調與〈小小兒〉相近，「潛在教育性」則遠遠超過它，試看〈阿才、阿才〉：

> 「阿才、阿才，　　　　　　◎
> 　天頂跋（跌）落來。　　　◎
> 　有嘴齒，無下頦，　　　　◎
> 　叫先生，叫獪（不）來，　◎
> 　叫司公（道士）拖去埋。」◎

而〈一個歹子弟〉作：

> 「一個歹子弟，　　　　　　　　　　◎
> 　讀書展文藝，　　　　　　　　　　◎
> 　四書與五經，咿哦念最贅（多）。　◎
> 　上京去考試，賭博騙伊父。　　　　◎
> 　考官取同名，寄信賣地。　　　　　◎

伊父哈哈笑，便宜稱彩（隨便）賣。　　　◎

輸了回家來，氣死伊老父，　　　　　　　◎

伊某（妻）也哭也罵，火燒籬笆，　　　　◎

回界（到處）人齊知（皆知），

臭名遍（徧）天下。」　　　　　　　　　◎

　　由以上的討論可知台灣童謠的特質，和中國的不相上下，甚而超越許多；而廖氏為何厚中而輕台？筆者疑不能明。

　　不過，廖氏說台灣本地童謠在形式上有下列七點特質，而較少加以貶薄，則為大家所接受：

「1. 句式也很自由，……其間多插入長句，顯得更有變化。

　2. 結構變化比較單純。

　3. 興多比少。

　4. 聲韻亦很活潑，多有押韻，（；）不然則以辭句排比，調整節奏。或以各地腔調說唱，增加兒童興趣。

　5. 亦多情趣深厚。（華按：此則與「形式」無關。）

　6. 言語平白。

　7. 順口成章，則稍遜色。」（頁26-28）

## 七、臺灣本地兒童歌謠教育的展望

### ㈠配樂為上，徒誦次之

　　一般兒童歌謠雖然多半未配樂，不可唱；但或多或少也有入樂的，筆者所編《兒童歌謠類選與探究》中，即有三十首；其他坊間、幼稚園、電台、電視台更多此類作品，市面上錄音帶、錄影帶和CD等，也有不少，可見配合唱遊、音樂教學或活動，使充滿聲情之美的音樂性兒童文學──兒童歌謠，仍時而充塞於兒童的生活空間裏。徐芳〈兒歌的唱法〉說：

「小孩子們無知無識，整天在哼哼唱唱裏面過活。他們一面
唱，一面擺動自己　的手腳，那甜脆的聲音，那活潑的樣
子，眞是最可愛的了。」

美聲教育家李安和也說：

「筆者沉浸音樂世界數十年，深深體會到吟詩固然怡人心性，
作樂更能引入（人）共鳴。今天，我們要推廣童謠，固然
必須研究吟唱的方式；要鼓吹童謠的教學，更是必須將童
謠入樂，才能發揮它最大的教育功能。」❶

因此，將兒童歌謠配樂用在教學上，是今後推展台灣本地兒
童歌謠教育最理想，對下一代也最有教育功效的工作，簡上仁說：
「爲童謠唸詞配上朗朗上口的曲子，將是延續童謠生命最有效的
方法。」（同註❿頁199）此外，楊兆禎由客家童謠教育而論，也
有類似的呼籲，他說：「把客家童謠用五聲音階，再用簡單的節
奏，作出有地方特性的兒童歌曲，這樣，對下一代的主人翁，豈
非功德無量？」❶

衡量目前情況，兒歌童謠未必皆能入樂，則講求吟誦教學方
法，也是退而求其次的作風。因爲將講究押韻、文句中已含有律
動性的兒童歌謠作品，加以吟誦，一樣可以造福兒童。簡上仁對
此有貼切的表述，他說：

「事實上，謠詞本身已有高低不同的聲調，加上吟唸時的強
弱長短，它的抑揚頓挫已自然賦與了『口語的音樂化』而
具有歌曲神韻。」（同註❿頁170）

他進一步說：「童謠歌詞的特色（，）在流露童稚天眞無邪的想

---

❶〈論童謠在歌唱音樂教學上的運用要則〉，《兒童圖書與教育》2卷1期
　頁２。
❶《客家民謠》頁41。

像力和心聲，加上對詞句韻腳連串的特別重視。」（同上）

　　尤其是台灣本地閩南、客家話的聲調有七八個之多，更富音樂性，「朗誦起來，已經頗有歌唱之味道」（同註❸）。李安和說台灣閩南語的情形，道：

　　「台語（華按：指台灣閩南語，❹）有八聲。一種具有八個聲調的語文，已經有了極高的音樂性。如果我們再細心一點觀察，就會發現，豐富的聲調變化是中國方言（按：當作：「華語以外各族群語言」）的共同特性，這也正是歌謠為人傳誦的原因之一。因為歌謠是具有民俗性與地方性的，它的原始讀音必定是『母語』或方言。」（同註⓱）

總而言之，今後推廣台灣本地兒童歌謠教育工作，首在將作品配樂，其次則在歌謠吟唱的研究講求。如果雙管齊下，相互配合，當更為可取。

### ㈡功能特殊，推廣及時

　　兒童歌謠推展的工作如能落實，則每位小孩子自幼在「搖囡仔歌」聲中長大，在「八九歌」裏歡笑，在「囡仔歌」中尋夢、增廣見聞，對他們的作用是何其大！尤其是聽力先於視力且重於視力的幼兒，歌謠教育功能更有舉足輕重的地位。

　　兒童歌謠教育的功能，前人敘述已不少，例如：黃得時先生說「雜念仔」（按：即台灣兒童歌謠）產生的原因——也正是它的功能，道：

　　△配合兒童的遊戲，增加兒童運動的興趣。

　　△適應兒童的智能，使之容易學習語言。

　　△給與兒童音樂的感覺，使之容易入睡。

----

❹詳參拙文〈「台灣閩南話」定名的建議〉。

　　△調節肉體勞動，藉以減輕工作上的疲勞，進而增加工作效
　　率❷。

　　而郭立誠特別著重在童謠潛移默化的教育功能上說：「孩子
們多由母親、祖母們帶大，……他們自幼由母親們嘴裏唱的那些
童謠〔，〕受到口耳相傳的教育，建立起他們一生不變的觀念和
意識。」❹

　　莊永明則就台灣本地兒童歌謠的三大類別一一說明其功能，
頗爲詳細。他說：

　　「『搖嬰仔歌』不僅是在哄撫著襁褓嬰兒入睡，而且也是給
　　幼兒一種『音樂教育』，（；）更是『親職教育』的最佳
　　表徵，以溫馨柔和的歌聲，催幼兒入睡，親情的滋愛，就
　　在這哼唱之間培養，何況它還影響及兒童未來的人格發展
　　呢！

　　『囝仔歌』，是咿啞學語的幼童最佳練習語言的教材；…
　　…大都有韻腳，聲韻活潑，音調輕快，內容有趣，唸起來
　　順口，可說無美不備。孩童都樂意傳唱。……況且不少
　　『囝仔歌』的內容是『率就天然物象，即興賦情』，無形
　　中對兒童知識的灌輸，較諸刻板式的教材，功效更佳，在
　　『學前教育』所占（佔）分量，是不容忽疏的。……

　　『囝仔迡迡歌』，不僅可以排除兒童的孤僻、靜默，鼓勵
　　其展露出活潑、聰穎的天性，也是『群育』的最佳方式，
　　對培養團隊精神有甚大助益。」（〈向大地撒下「歌」的
　　種籽——「台灣童謠」〉）

　　兒童歌謠要活在兒童的心中，由兒童他們自己來吟來唱，才

❷〈台灣歌謠之形態〉頁13。
❹〈陳金田編台灣童謠讀後〉，陳書附文頁2。

有它真正的生命；因此，它的教育必須落實到下一代國家幼苗的身上。而台灣本地情懷如何扎根在兒童的生活中，也是今後台灣國民教育、幼兒語言文學教育的首要工作。林文寶曾關心及此，他說：

「童年是人生的黃金時代，在這無憂無慮的歲月裏，伴隨著成長的就是童謠，它是遊戲的伙伴，(。)它內容單純、詼諧，韻聲輕快，和諧的唸唱，由大人傳遞給小孩，小孩再相互唸唱，而鄉土情懷的繁（扎）根，就從此開始。」

（同註❹頁349）

## 八、結　語

本論文由歌謠名義之界定開始，探討台灣本地兒童歌謠之發展、分類等等問題，試圖就文本去從事探討與詮釋，希望引起大家對「台灣兒童文學」這片處女地，產生關心、墾殖的興味。最後落實到兒童歌謠教育的層面，特別著墨於教學推廣方面。視線離開本論文，即為行動的開始！

## 參 考 書 目

1.《閱讀與詮釋》　簡政珍　文訊月刊28期　1987.2.

2.《詮釋學》　張世豫　中央副刊　民國86.5.25.

3.《臺灣小說名著新探》　林政華　文史哲出版社　86.1.

4.《臺灣兒童文學》　洪文瓊　台北市，傳文文化公司　83.6.

5.《兒童詩歌論集》　林文寶　富春文化公司　1992.10.

6.《兒童文學小論》　周作人　上海兒童書局　21.3.

7.《台灣童謠大家唸》　馮輝岳　武陵出版公司　1996.5.

8.《兒童詩初探》　趙天儀　富春文化公司　1992.10.

9. 《瓶頸與突破——兒童少年文學觀念論集》　林政華　同上　1994.2.

10. 《臺灣民謠》　簡上仁　台灣省新聞處　72.6.

11. 《童謠探討與賞析》　馮輝岳　國家出版社　71.10.

12. 《兒歌的認識和創作》　林武憲　收入中華民國兒童文學會《認識兒童文學》中　74.12.

13. 《中國兒歌研究》　陳正治　啓元文化公司　73.8.

14. 《兒童少年文學》　林政華　富春文化公司　1991.1.

15. 《台灣歌謠之形態》　黃得時　台灣省《文獻專刊》3卷1期　41.5

16. 《台灣童謠》　李哲洋　雄獅美術92、95期　67.10./68.1.

17. 《臺灣兒歌》　廖漢臣　台灣省新聞處　69.6.

18. 《台灣福佬系民歌》　許常惠　百科文化公司　71.9.

19. 《向大地撒下「歌」的種籽——「台灣童謠」》　莊永明　台灣新生報　79.1.4.

20. 《臺灣兒童少年文學》　林政華　台南世一文化公司　1997.6

21. 《兒童歌謠類選與探究》　林文寶、林政華　知音出版社　78.7.

22. 《中國兒童文學》　王秀芝　台灣書店　80.5.

23. 《明鄭民謠》　陳漢光　《台灣風物》5卷7期　44.7.

24. 《兒歌的唱法》　徐芳　北大《歌謠周刊》2卷1期　25.1.

25. 《論童謠在歌唱音樂教學上的運用要則》　李安和　《兒童圖書與教育》2卷1期　71.1.

26. 《客家民謠》　楊兆禎　台北，天同出版社　73.6.

27. 《「台灣閩南語」定名的建議》　林政華　《國文天地》11卷9期　85.2.

28.《陳金田編台灣童謠讀後》　郭立誠　大立出版社陳氏書附
　　71.3.

# 西方閱讀理論對詮釋文學作品的影響

## 廖 美 玲

## 一、前 言

　　嘗試詮釋文學作品就如同企圖從鑽石的切割面上捕捉陽光的色彩一般，往往由於角度的不同，而有令人讚嘆的驚喜。基於所秉持的理論架構不同，文學作品的分析與詮釋也往往琳瑯滿目，令人目不瑕接。西洋文學理論和批評觀念（此尤指北美洲之文學理論）長久以來即被應用於文學作品的詮釋與賞析上。無論是早期形式主義(Formalism)，或是稍晚的結構主義(Structuralism)、後結構主義(Poststructuralism)、符號學(Semiotics)、現象學(Phenomenological Criticism)、讀者回應(Reader-response Criticism)，甚至於以哲學、心理學、人類學、社會學等來解釋文學，都以其特有的方式帶領我們一窺文學的堂奧，並爲文學研究注入新的生命。和文學理論常常並行不悖，且互相闡發的閱讀理論（reading theory），除了解釋閱讀行爲的產生及其過程以外，也具有詮釋文學作品的作用。尤其是近年來，閱讀理論從傳統的溝通觀(communication)轉爲強調讀者追求自我實現(self-actualization)的傳構觀(transaction)，偏向讀者作多元思考的探討，能提供文學詮釋更多開放的空間。閱讀理論不只是語言教學的基礎理論，或只是教師們應用於課堂上的教學法的根據，更廣泛的影響文學研究界外的，一般讀者對文學詮釋的取向。本

篇文章將閱讀理論的變革作一簡單的敘述，並嘗試介紹其與文學
理論間的互動關係及對文學作品詮釋的影響。希望能藉此在傳統
文學詮釋學的理論建構中，加入一個不同的思考方向。

## 二、閱讀理論的變革

　　閱讀學者Harry Singer(1985)曾建議，閱讀理論的正式成型
僅是近幾十年來的事；在Holmes(1953)提出閱讀理論以前，過去
所有關於閱讀方面的研究都算不上是「理論」，而只能算是對閱
讀過程、閱讀行為、或閱讀時的心理歷程所做的臆測與假設而已。
這些假設的產生源於對作品意義的追溯，由於對作品意義蘊含處
的假設不同，閱讀學者對閱讀行為、閱讀過程、閱讀目的的解釋
也有所差異。大體上而言，閱讀理論的發展曾歷經四個階段：傳
遞觀時期(transmission)、翻譯觀時期(translation)、互動觀
時期(interaction)、以及傳構觀時期(transaction) (Straw &
Bogdan, 1990; Straw & Sadowy, 1990; Straw, 1990)。在另一
方面，和閱讀理論並行發展的文學批評理論，就其歷史背景而言，
和閱讀理論十分接近，並且在對文學作品的研讀上，和閱讀理論
有一些共同的假設。文學批評理論的發展也有和閱讀理論相似的
這幾個階段：早期受實證主義(positivism)影響的「歷史傳記式」及
「道德哲學式」的文學詮釋，在觀念上和傳遞觀的閱讀理念一致；
新批評（New Criticism）和俄國形式主義(Russian Forma-
lism)的文學批評和翻譯觀的閱讀理念類似；從結構主義(Struc-
turalism)到法國後結構主義（Poststructuralism）的文學批評
和互動觀的閱讀理論相輔相成；德國的接收理論 (Reception
Theory）與英美的讀者回應理論 (Reader-response Criticism)
和傳構觀的閱讀理論理架構相近 (Straw, 1990; Hunt, 1990)。

儘管閱讀理論和文學批評理論關係相當密切，文學理論被學者專家們普遍運用於文學賞析與評論中，閱讀理論卻往往僅直接影響學校閱讀課程的教學方式，而鮮少被視為文學詮釋方向的基本根據。如果我們相信文學批評與詮釋並不僅僅是文學專家在學術的象牙塔中所玩的心智遊戲，而是所有閱讀文學作品者的權利，那麼，由於閱讀理論在教育上的應用，閱讀理論對文學詮釋的影響其實比文學理論的影響更廣、更深。以下即就閱讀理論的發展作一概略介紹，並闡述其與文學批評理論間的互動關係。

### (一)傳遞觀的閱讀理論

在十九世紀前期，源於宗教研讀 (religious study) 的深刻影響，文字作品的意義被認為是由作者所賦予的。這個時期的閱讀理念視闡明聖經 (HolyBible) 的真義為閱讀行為的終極目的，企圖了解文意就是去解讀上帝的旨意，如果對文意不能充份了解，那一定是讀者本身有問題，不可能是作者的錯，因為作者是全能的神。這種觀念延伸到其它作品的閱讀上，即使是閱讀和宗教無關的作品，讀者也只敢被動的接受作者的訊息，不能有自己的詮釋；讀者就如同是一張白紙，讓作者在上面畫下其欲傳達的訊息。這種閱讀理念，強調文字作品的意義即是作者的意圖，而文字僅為作者傳遞其意圖的工具。因此，閱讀的過程即是一種訊息的傳播，文字本身是不具意義的；它的意義是由作者所給予的。作者具有特殊能力與使命，可透過文字傳播訊息(通常是上帝的旨意)。因為作者在閱讀的過程中佔有如此重要的地位，讀者若想真正瞭解文字所傳達的意思，便必須充份的瞭解一切和作者有關的知識，其中包括作者的生平事蹟、生長時代、道德觀或信仰等。對作者的生平瞭解的愈多，愈能揣摩到作者的意圖。於是讀者必須遍覽作者的書信、日記、生平紀錄，甚至於作者的朋友、親人、同儕

對作者本人的評語等等。這種漠視文字存在的閱讀法，簡單而言，就是把文學作品視為是作者思想與意圖的反映，閱讀作品就是瞭解作者本人。

　　和這一個時期的閱讀理論同時發展的文學理論正處實證主義（positivism）盛行時期，同樣認為閱讀文學作品即是將作者的知識透過文字原封不動的傳遞給讀者的一種方式，文字本身形如透明，只是作者將其思想忠實傳達給讀者的工具而已。欲掌握文章真意就必須從作者的角度來詮釋作品。對作者的想法、心理狀態、社會背景等等的了解，都是正確詮釋文學作品的重要根據。這種只著重於外源資料的蒐集與瞭解的文學作品詮釋法，被稱之為「歷史傳記式」的閱讀法。「歷史傳記式」的文學閱讀和「道德哲學式」的文學閱讀，往往同時並存，兩者同時成為當時文學詮釋方法的主軸。「道德哲學式」的文學評析法，基本上認為「文以載道」──文字作品的用途就是在於教導道德倫理，並促使讀者作哲理上的思考，即使是判斷作品的好壞，也以作者的品德高低為標準。一個品德高尚的作家無論其寫作技巧如何，其作品一定值得一讀。「歷史傳記式」和「道德哲學式」文學詮釋關心的是作者的意圖，把作品當作是某個時代，某一個作家，提倡宣導某一種思想的工具。於是，有些文學批評學者畢生從事於某位作家的研究，而因之被尊崇為詮釋某位作家或作品的專家。

　　這種文學批評觀和閱讀理論同出一轍。閱讀理論在閱讀教學上的應用則視文字和老師為絕對權威。閱讀文學作品的目的是要接受作者所欲傳遞的道德教訓。老師協助學生被動的記憶文章以及作者生平事蹟。一個成功的讀者被界定為能完整背誦文學作品全文，並對作者背景能如數家珍的人。這種文學閱讀觀與教學法歷久不衰，一直持續到二十世紀。

### (二)翻譯觀的閱讀理論

　　到了十九世紀中期，工業革命改變了人們的生活型態，鄉村人口大量湧入都市，受教育的人口普遍提昇。在高等學府中學科的分類更為精微：閱讀從英文系中獨立出來，另歸屬於教育學院或心理學系中；文學研究與文學批評理論也在英文系中另外形成一個部門或另屬於修辭學系（rhetoric department）中。各公立學校開始教授閱讀方法課程，各類書籍刊物的發行大量增加，以及大型圖書館的增設，使更多人有機會接觸到文學作品。在上述種種因素的衝激下，閱讀理論開始有了一些轉變。教導學童閱讀是為了讓他們能明白其所負的社會責任以及傳承文化遺產。道德教誨雖然仍是文學作品肩負的重責，但此時的作品已不像以往的那麼直截了當的以教條方式陳達訊息，而是將意義微妙的安排在字裡行間，由讀者藉著文字知識與閱讀技巧去解讀翻譯文意。此時，摒棄作者絕對權威的「文本」閱讀觀已呼之欲出。

　　到了十九世紀末、二十世紀初，閱讀學者們已高唱以閱讀技巧翻譯文章、解讀文意的論調。學者們認為，讀者就像是解謎（puzzle）的人一樣，必須依賴各種閱讀的技巧、對文字的瞭解和文法結構的知識才能譯釋作品的涵意。這些閱讀技巧包括遣詞用字分析、文法結構、文章組織探討等等。過去著重於研究作者的生平、歷史背景、社交活動、哲理思想等的作法，不再被視為是閱讀文學作品的正確方法；正確的方法應該是把注意力集中在「文字」本身，而非「作者」身上。也大約在這個時期，認知心理學家們（cognitive psychologists）對閱讀的過程開始感到興趣而從事各種這方面的研究，評量閱讀能力的量化測驗也在這時出現，並被廣泛應用於閱讀教學上。閱讀是運用解讀文字與文體技巧的複雜活動；文章是文字與段落巧妙疊砌起來的；解讀文意

就是攻讀文字(attack the words)。

　　類似閱讀翻譯觀的文學理論約於第一次世界大戰後出現。它是對過去被認為是社會上的菁英或特權分子所持有的傳統閱讀方法的批判，也是對歷史和道德哲學式閱讀方法的反彈。傳記式或文以載道的文學閱讀觀逐漸式微，而由翻譯觀的文學理論取而代之。這時的文學理論有英美和歐陸的文學批評理論兩大主流。歐陸系統稱為俄國形式主義(Russian Formalism)；英美學派則稱為新批評主義(New Criticism)，兩者同屬形式主義的範疇內，因為它們都企圖定義文學的結構，強調文學的形式(form)與自主性，並認為外緣資料（諸如，作者生平、時代社會背景等）與作品本身的涵義無關；文體(text)本身才是重點，讀者對作品的了解只需透過文字。這兩派除了相同點外，亦有分歧之處。有別於新批評主義，俄國形式主義強調文體的特質，著重於瞭解文字排列組合所形成的聲韻、結構等效果。文體本身各章節、各部份、各層面都環環相扣，互相協調，使讀者能細細體會文體之美後陷入沉思並發出深自內心的讚嘆，才是好的作品。新批評主義則不強調形與聲的效果，而較重視語意(semantics)。作品內所呈現的矛盾、意象、象徵、張力、反諷等等效果，是「新批評」詮釋文學的著力點。

　　綜合來說，這時的文學理論認為閱讀文學作品是一種客觀的認知的活動。讀者應細心體會文體的協調性、一致性、與各部分的整合性。作者意圖和故事中的人物的想法是截然不同的兩回事，兩者不能混為一談。企圖去解釋作者的內心及意圖是一種錯誤的文學評析方法。讀者根本就不需要靠著文字以外的資料去解釋文學作品，因為文學作品的意義其實就存在文字裡！作者在這種以「苦讀細品」文字為重心的文學閱讀觀中，完全失去了以往所擁

有的絕對權威，讀者充其量也不過是將文字裡的含意翻譯出來的譯者，唯有文字本身才具有意義，才有瞭解的必要。文字不再被認爲是作者傳遞訊息的工具，而是意義產生之處，因之才是學者們潛心鑽研的重點。若要眞正清楚的詮釋文學作品，就應該精研文字用法、文法結構、及字面所傳遞的訊息或知識。

翻譯觀的文學閱讀理念促使了閱讀教學強調字形、字音分解、詞彙代換、文法結構分析等技能導向（skill-based）的文本閱讀教學法（text-based reading models）。

### ㈢互動觀的閱讀理論

如上所述，在翻譯觀時期，閱讀已被視爲是種認知活動。在語言學家Noam Chomsky的Syntactic Structures（1957）發表以後，語言學和認知心理學更爲緊密相連，促使了認知語言學的興起與其在閱讀理論上的使用，也形成了閱讀學者對閱讀解釋爲互動過程的傾向。在 Chomsky 的此一經典著作發表之前，由於行爲主義心理學（behaviorism）的盛行，讀者的理解歷程由於不是外顯的行爲，是不被探究的。 Chomsky 對行爲主義學家 B. F. Skinner的專書Verbal Behavior(1957)中的語言學習理念提出挑戰。他指出語言認知是一種建構性的行爲，並非單純的刺激反應後的模仿而已。他進一步以表層結構（surface structure）及深層結構(deep structure)來闡明語言認知的多面性及創造性，並指出語言系統和文類（genre）都有其基本法則及其歧異性。他同時也鼓勵學者探究語言發展的心理與精神層面，而非僅就字體字面作分析。

閱讀學者中有許多位受認知心理學影響，其中最具代表性的學者爲Kenneth Goodman(1970)。他以其著名的miscue analysis研究，讓我們瞭解到閱讀是一種活躍的、主動的、建構性的活動。

在閱讀過程中讀者必須先在心中形成假設，預測其假設是否正確，再由字形、字音、字義的取樣印證其假設是否正確。閱讀在外表看來似乎只是一種接受訊息的被動行為，事實上在讀者內心已產生了一連串心靈與認知的活動。閱讀不僅是片段的字形、字音辨識，而是整體的（holistic）認知，需要語言知識（linguistic knowledge）和背景知識（world knowledge）的共同參與。在閱讀的過程中作者和讀者透過共有的語言知識和對主題背景的瞭解來互動，文字、作者、及讀者同時都扮演重要的角色。這一論點與過去傳遞觀及翻譯觀中忽略讀者的閱讀理念大相逕庭。閱讀的過程被視為是經由互動來解決理解（comprehension）上的問題（problem solving），而非解開文字組成的謎語（puzzle solving）。讀者和作者的背景知識愈接近，對文意的理解就愈真切。

　　這種互動觀的閱讀理論，也經常和認知心理學中的基模理論（schema theory）相提並論。　基模學說認為所有的理解（comprehension）都是認知結構統合的結果。個人由其經驗、知識、觀念等統合成一個認知架構，貯存於記憶之中。當個人在企圖了解外來的刺激時，使用這個架構去核對、了解、認識環境。基模理論的基本主張經常以閱讀理解的過程來印證。認知心理學與互動觀的閱讀理論共有的特色主要是對共同知識的強調。作者寄託意義於作品中，而由讀者反映呈現出來。讀者與作者的有效溝通須本於兩方對於知識結構、經驗、符號等的共同認知來完成。語言文字僅是代表意義或知識背景的符號，並非知識或經驗本身。換句話說，語言文字的主要功能就是「溝通」。這種互動觀的學說突顯了讀者於閱讀過程中的地位。讓教師們了解到光是注重字形、字音與閱讀技巧是不夠的，更重要的是讀者的背景知識的啟發與

建立。同時為使閱讀對學生有意義，教師應利用學生原有的語言基礎以建立新的語言技能。

　　文學理論對於作者的角色的重新肯定，與對讀者地位的重視，約始於1950至1960年間。在1957年 Northrop Frye 發表了著名的 *Anatomy of Criticism* 一書，引發了文學理論以系統化的方式閱讀並解析文學作品的風潮，也為結構主義(Structuralism)的文學批評理論時代揭開了序幕。*Anatomy of Criticism* 中解釋所有的文化皆有一定的原型結構(archetypal structures)。這原型結構反映了人類的希望、夢想、恐懼、企盼等等與生具來的原始心像。這些最深層的情感化身潛存於神話、傳說、宗教以及其他藝術或文學作品中。文學作品裏不斷重覆出現的意象、角色，主題、比喻等皆為原型，文學作品的詮釋可以帶領我們進入人類的集體意識形態中。結構主義的文學批評理論學者以系統化的方式分析作品結構，視讀者和作者共同使用一套符號體系來溝通人類心靈的基本運作模式。在原型結構下，不同的文學作品有其基本共同之處，作品的意義並不單獨存在於文體自身的範疇內。作品的意義部份潛藏在其他脈絡裡，藉著作品、作者和讀者的互動才能肯定其基本模式的意義。結構主義有別於形式主義的文學理論之處在於其對作者角色的重新肯定與對讀者地位的提昇。它主張作者是「編碼者」(encoder)，藉由文學來表達訊息；讀者為「解碼者」(decoder)，將文學中的訊息重新開釋出來。

　　結構主義引導我們以系統化的方式去分析瞭解文學作品。它的基本概念和基模理論也有相同之處。就如同在基模理論中的互動原則一樣，文學作品的意義既不是本來既有的，也不是個人的經驗，而是某種系統性共享的結果：作者與讀者共享文體，作者將意義注入文體，文體代表共同體認的意義，讀者透過共同的符

號來了解文意，作者和讀者的經驗越接近，兩者就越能有效的溝通。結構主義也可以說是結構語言學在文學閱讀上的運用，其運用原則被稱之為符號學（Semiotics）。結構主義在語言學上的運用不能不歸功於Chomsky。Chomsky以表層結構（surface structure）與深層結構（deep-meaning structure）探究語言的意義即是系統性分析語言結構的開端。

　　互動觀的閱讀理論和文學批評理論同樣受到許多不同學理的影響，並有許多神似之處。互動觀的閱讀理論和結構主義的文學理論都重新肯定了作者賦予作品意義的能力。更重要的是，他們提昇了讀者的地位，讀者對作品意義的貢獻，終於開始受到應有的重視。

### ㈣傳構觀的閱讀理論

　　閱讀理論傳遞觀、翻譯觀、到互動觀，雖然經過了許多學理上的修正，然而，其基本精神仍根植於溝通論（communication）中。傳遞觀推崇作者的重要性，認為了解作者便能了解文學作品；翻譯觀認為文學作品的意義不應透過外緣的資料去了解，而應由文字本身去尋求；互動觀強調作者的知識和文字結構間產生的效用。這三種觀點皆建立於視閱讀是一種「溝通」行為的假設。不管其重點為讀者、作者、文字、亦或其中兩者的互動，閱讀文學作品的終極目標是為了達成溝通，能夠讓讀者得到對文學作品解釋上的共識。然而，閱讀真的僅止於溝通嗎？對文學作品的闡釋可以歸納為一個正確而一致的共識嗎？近年來閱讀學家又另有一套主張，這套主張可稱之為傳構觀（transaction）的閱讀理論。

　　在1940年代Louis Rosenblatt提出了傳構觀的閱讀論，強調讀者和文學作品之間所產生的動力。她的主張和溝通論不同處主要在於將閱讀視為一種再創造的行為，而非單純的接受或整理文

字及作者所傳達的訊息。讀者在和文字對話後，更進而在自己的內心中創造出自己的想像世界。文學作品的意義不是作者意圖的呈現，也不是文字的表現，而是讀者在閱讀作品過程中，依其過去的知識與經驗所建構出來的內心世界。因此之故，沒有兩個讀者對同一篇文學作品的詮釋是完全一致的。正因為每一個人的個性、特質、經驗、知識、文化背景、所生長的環境、及成長的過程都不一樣，每一個人在文學閱讀時所體會出的意義也都不同！同樣的道理，即使是同一個讀者，在不同的時間、不同的經歷之後再去讀同一篇作品，所體會到的作品的含意，也會不一樣！溝通論對閱讀文學作品的詮釋是客觀的，文學作品的意義是靜態的；傳構觀則認為閱讀文學作品是主觀的，文學作品的意義是動態的。當讀者在閱讀文學作品時，他／她會依文字、情境、經驗、信念、知識等創造出一個意境(poem)。

　　雖然傳構觀對過去溝通論的閱讀理念是一種挑戰，但它仍不失其基模理論極至發揮的特色。它既根植於互動與溝通的理念中，也強調閱讀是衍生(generation)認知的過程。事實上，對傳構觀的閱讀學者而言，衍生是閱讀理解過程的核心。它和單純的文意瞭解或認知結構建立不同；它還包括了由文字、句型、段落等，來建構意義的表徵與模式。

　　Kenneth Goodman (1985)在傳構觀的閱讀理論中更加入了心理語言學的成份，提出了所謂的「雙重文字說」(dual texts)。他認為閱讀文學作品，其實就是意義的建構。讀者所賦予文字的意義就跟文字本身一樣重要。讀者所建構的作品和作者所書寫的作品其實是平行的。他認為讀者在閱讀過程中，藉由同化(assimilation)和調整(accommodation)而轉變了自己的認知結構和價值觀。讀者建構了一套和作者的原作相平行的作品，而每一個讀

者所建構的作品都因人而異。Goodman的「雙重文字說」和Rosen-
blatt所提出的「意境」(Poem)，十分接近。Rosenblatt的意境
也是指讀者在經過閱讀後，在心中所產生的感受。不論是Goodman
或是Rosenblatt，他們都肯定讀者和作者同樣描繪自己的內心世
界。文字的意義其實隱含在讀者心中，等待著被藉由閱讀過程而
釋放出來。建構主義下的傳構觀使我們看到了兩個作品。一個作
品是作者的「原作」，而另一個作品則是讀者建構的「心靈創
作」。讀者其實也是個創作者！讀者藉著本身已有的經驗和作者
的提示，來建構作者所要讀者體會的意義；更進一步的，還加上
自己所附加的個人體會。閱讀文學作品和創作文學作品一樣，有
五個類似的發展階段：構思、起草、編排、修訂、檢查。這種視
閱讀為追求自我實現(self-actualization)，而不僅是了解作者
或作品的觀點，已帶領我們遠脫離了傳統的文學詮釋方式。

　　傳構觀的閱讀理論為下一步的建構觀(Constructionism)閱
讀理論舖路。在建構觀中閱讀被視為是一種創作，作品的意義是
由讀者所賦予，讀者即是「另一類作者」。因為在讀者把作品和
當時的社會背景閱讀過程編織組合起來以後，作品的再度呈現已
有了新的靈魂。讀者將作品「再生」所需的知識和技巧，恐怕比
作者在創作時所需的還多──閱讀可以說是一種複雜的具批判性
的創造程序。

　　相當於傳構觀閱讀理論的文學理論由後結構主義(Poststruc
turalism)、接收理論(Reception Theory)、與讀者回應(Reader
-response Criticism)三者組合而成。這三派接強調讀者的意義
建構乃本諸情境，而非文字。作品的意義存在於閱讀活動中，受
到社會環境、讀者背景、閱讀時間、閱讀地點等的影響。它們也
都探討讀者閱讀的目的，認為讀者非為求與作者溝通而閱讀，而

是為了滿足本身的需要與實現自我。作者整合文體的限制與閱讀建構的作用，在讀者心中形成「心靈文體」(mental text)。這個讀者心中的「心靈文體」受閱讀經驗、情境、知識背景等影響。「心靈文體」仍須與「實質文體」(real text)比較調整，以求與其接近。一個懂得閱讀的讀者，是能夠成功的選擇適當的閱讀經驗，與連結背景知識，以建構心靈文體的人。

　　傳構觀的文學理論約於1960至1970年代由 Jauss 有關接收理論（ Reception Theory ），以及 Stanley Fish 有關讀者回應（ Reader-response)的著作發表後開始受到重視。接收理論和讀者回應同屬強調讀者地位的學說。接收理論對文學理論中的現象學派(Phenomenological Criticism)有相當的影響。著名的現象學家Wolfgang Iser在它著名的The Act of Reading (1978)一書中，描述作品和讀者之間的關係。他認為文學作品有藝術與美學兩種特質。美學的特質並非客觀的文字呈現，也非主觀的讀者經驗，而是一種文字符號和讀者對其了解時所產生的體會。文學作品是在文字和讀者產生交集時才存在的。作者藉由文字給予讀者一組不完整的基模，這不完整的部份需靠讀者的個人經驗來補齊。文字是提供讀者美感經驗的工具。文字或文學作品的效果並不是要讀者透過它來看清楚真實的世界，而是作者邀請讀者來共同創作的文學世界。這種創作空間的共享，使得文學作品的詮釋更加多元。雖然文字賦予讀者多元詮釋的可能性，不過有效的閱讀仍需要受囿於文字所能提供的思想範圍內。和Rosenblatt比較起來，Iser似乎更強調文字的作用，而Rosenblatt則比較偏重讀者的心智活動。

　　讀者回應理論家Stanley Fish對傳構觀的推動亦極有影響。為了解釋讀者如何建構意義，他也引導學者將其注意力從文字或

作者轉到讀者的認知活動上。他尤其強調讀者賦予文學作品意義時所使用的策略（interpretive strategy）。他認為讀者透過某些策略來建構文字所傳達的意念，而這些策略的習得則是來自「詮釋團體」（interpretive community）。詮釋團體為一群使用相同詮釋策略的個體，經由協商而獲得對語言、語意的共識。Fish在傳構論中加入社會制度的重要性，讀者在以其個人經驗及認知結構創造文學詮釋時，其實還是得歸屬在一種社會共識中，因為個人仍是「詮釋團體」的一份子。一個理想的、好的讀者，是一個懂得綜合其背景知識、閱讀目的、作品三者，脫離唯我中心的詮釋，而建構合理的意義的人。

　　總而言之，早期的閱讀學說受解經學的影響，強調作者的背景、作者意圖，以外緣資料找尋意義。行為主義興起後，取而代之的是分析文體結構與語意的文本閱讀觀。但在認知心理學與語言學的影響下，閱讀學者摒棄了以文字為中心的閱讀和詮釋法，將閱讀視為作者和讀者之間的一種契約行為。作者是賦予文字意義者，讀者則為解讀文字意義者。作者的責任是將其欲傳遞之訊息編譯成密碼，再由讀者來將其解讀開來。近年來，由於閱讀理論的逐漸形成，許多學者更進一步強調讀者在閱讀過程中的重要性。新興的理論強調閱讀的起始點其實在閱讀行為開始前即已產生，而其終點更是在閱讀行為結束後仍持續不斷。因為閱讀時必須使用先前的經驗、知識，而閱讀完畢後，讀者的知識、經驗，甚或想法、行為都會受到影響。讀者對作者的意圖往往因為本身經驗和認知的不同，而有不同的詮釋；讀者對作品的內容、或作者的訊息，往往會自我建立一套「更有用」甚或「更有意義」的詮釋。

　　文學理論無論在歷史背景或理念架構的交替上，都和閱讀理

論並行發展。它經由受實證主義影響的文本形式主義，演化到系統化詮釋作品的結構主義，再由結構主義轉為受認知心理學與語言學影響的後結構主義、接收理論、以及讀者回應等文學批評觀。閱讀學說常是學校教室中閱讀教學法的根據；文學理論則長久以來即是學者從事學術研究與文學評論的依歸。前者在教育界發揮其廣大的影響力；後者則是高等學府中的研究討論課題。可惜的是，儘管這兩個領域有如此相輔相成的共同特色，閱讀學者與文學理論學者卻少有機會對話；閱讀學者不諳文學理論，文學批評專家對閱讀理論也常感陌生。一直到近年來在美國，文學理論與閱讀學說終於在閱讀教室中找到交集。讀者回應理論（Reader-response Criticism）被許多閱讀學者介紹到教室中，並促使語言教師們摒棄教科書，而改採文學作品為閱讀材料。閱讀教室中也允許學生對文學的詮釋，能有其特異性(idiosyncrasy)，對文學作品的解讀，不再是單一正確答案的追求。

## 三、未來的方向

　　西方閱讀理論經由兩百多年來的發展，目前已是個氣象蓬勃且跨各個不同領域的專門學科，語言教學上藉重它來發展設計有效的閱讀教學法，在文學教學上它亦佔有一席之地。從閱讀理論的演進可以清楚的看出，作者、文字、讀者間比重的消長。其重心由作者轉移到文字，再由文字轉落在讀者身上。其實閱讀本來就是由讀者主動發生的活動，讀者的地位受到重視似乎是天經地義的事，然而，學者卻在經過多年的探索之後，才終於肯定了讀者在閱讀及詮釋作品時的主導角色。經過這番肯定後，讀者如何透過閱讀重新建構作品的意義，將是未來研究文學閱讀的重點。

　　西方文學理論在過去兩百多年來，也和許多學科領域皆發生

緊密的關連。諸如心理學、語言學、社會學等都與其有相互闡發的作用。從理論變革中可以看出閱讀理論和文學理論更是無法明確界定其分野。既然文學爲表現人生、體驗人生,則凡與人生有關的知識與學問,自必與文學有關。文學詮釋理論的發展,正驗證了在文學的領域中達到科際整合(inter-discipline)的具體實現。

　　西方的文學理論與文學批評觀念近二十年來,已被國內的學者運用於比較文學研究中,也有許多學者以「讀者回應」法爲我國的傳統文學詮釋提供一個新的角度,它對於文學詮釋的貢獻,已是有目共睹。然而,閱讀理論在國內卻仍少有學者將之運用於文學或閱讀教學,希望藉著拙作的拋磚引玉,國內的文學理論學者和閱讀學者能有機會作更多的交流,並嘗試將閱讀理論廣泛運用於文學與語言教室中,使文學詮釋學能更富生命力,也豐富更多生命。

# 參 考 書 目

Chomsky, N. (1957). *Syntactic structures*. The Hague: Mouton.

Fish, S. (1970). Literature in the reader: Affective stylistics. *New Literary History*, 2, 123-162.

Fish, S. (1980). *Is there a text in this class? The authority of interpretative communities*. Cambridge, MA: Harvard University Press.

Frye, N. (1957). *Anatomy of criticism: Four essays*. Princeton: Princeton University Press.

Goodman, K.S. (1970). Behind the eye: What happens in

reading. In K.S. Goodman and O. S. Niles (Eds.), *Reading process and program*. Urbana, IL: National Council of Teachers of English.

Holmes, I. A. (1953). *The substrata-factor theory of reading*, Berkeley: California Book.

Iser, W. (1978). *The act of reading: A theory of aesthetic response*. Baltimore: Johns Hopkins University Press.

Iser, W. (1972). *The reading process: A phenomenological approach*. New literary history, 3, 279-300.

Rosenblatt, L. M (1978). *The reader, the text, the poem: The traditional theory of the literary work*. Carbondale, IL: Southern Illinois University Press.

Rosenblatt, L. M. (1938). *Literature as exploration*. New York: Appleton-Century.

Singer, H. (1985). The substrata-factor theory of reading. In H. Singer & R. B. Ruddell(Eds.)*Theoretical models and process of reading* (3rd ed.),Newark, DE: International Reading Association.

Skinner, B. F. (1957). *Verbal behavior*. New York: Appleton Century-Crafts.

# 論《詩經》與〈毛詩序〉

## 魏　仲　佑

## 一、序　論

　　《詩經》這部中國最早的詩集，可以說具有極為複雜的性格。單就一部詩集而言，是純文學；但由於作品內容反映了古代中國人的生活，又有古文化典籍的性格；也因為其中部分作品足以認定為古代歷史的紀錄，又可看成歷史文獻，尤其是儒家以《詩》三百篇做為風化百姓、教育門徒的經典，而被尊稱《詩經》，與《書》、《易》、《禮》、《春秋》並稱為五經，而成維繫人倫綱紀、安定社會之必要經典，至此《詩經》已達到最崇高、而無可駕凌的地位。

　　今天就此書文學層面而言，儘管它字詞古老，有許多令後代爭論不休的地方，但它依舊被賦予中國詩歌史上最崇高的地位，與《詩經》有關的表現技巧：賦、比、興；表現態度：「主文而譎諫」或「溫柔敦厚」，也成為中國後代作詩的方法與準則。之外，三百篇的用辭，也多成為後代詩語，乃至成為一般性語詞。其影響可謂至深且鉅。

　　《詩》三百篇之所以影響如此深遠，作品時代最早是一個因素，作品有足以感人之處也是一個因素，而最主要的應該是這部詩集成為儒家的經典。因為儒家思想在漢代獲得中國主流思想的地位之後，國人教育方式、教育目標全依儒家的理念而訂定，三

百篇便成為不可不研讀的教材，於是三百篇的美感經驗、語辭以及伴隨此詩集的禮教觀念、思維模式都隨之一代又一代的植入中國知識份子的心中，而牢不可拔。因此我們今天要瞭解《詩經》這部中國重要的文學作品，也是儒家重要的經典，勢不得不對儒家先師、先賢，自孔子、孟子、荀子，以及漢代儒者如何看待《詩經》的問題，先有一番瞭明，然後進一步去探究這部詩集在在承傳過程中被附加了多少儒家的色彩。也只有這樣，純文學的《詩》三百篇才能還其原本的面貌。至於能否做到完全的程度筆者沒有把握，但卻是可以從事的研究方向，本文只想就〈毛詩序〉對《詩》三百篇的影響加以分析，來看儒家的文化理念對這部詩集所發生的作用。

〈毛詩序〉出於何人之手？歷來有許多爭議，被認為可能寫此詩序的人，包括：孔子、子夏、毛亨、毛萇、國史、謝曼卿、衛宏、鄉野儒師等等，莫衷一是。不過從歷史的紀錄，《史記》只提申公、轅固生、韓生三家所傳之《詩》，全未說到毛公及其《詩經毛傳》，直到《漢書》才有毛公治詩及此派傳承的紀錄❶，卻沒有提到何人作傳，何人作序，《漢書》所稱毛公，無疑是指小毛公毛萇。但〈毛詩傳〉是否出於毛萇之手則不易確定；而〈毛詩傳〉的作者也同樣無法確定，而就毛公治詩《史記》全無紀錄來看，其出現時間最早應不會在《史記》問世之前。《後漢書》〈衛宏傳〉稱衛宏作〈傳序〉，衛宏為東漢初人，學毛詩於謝曼卿。但後代研究者對衛宏所作〈詩序〉，是否即為〈毛詩序〉也有不同的看法。

---

❶漢書儒林傳第58，云：「毛公，趙人也。治詩，為河間獻王博士，授同國貫長卿。長卿授解延年。延年為阿武令，授徐敖。敖授九江陳俠，為王莽講學大夫。由是講毛詩者，本之徐敖。」

　　《詩經毛傳》之盛行是在鄭玄作箋注之後,原因是鄭玄在東漢末年是一代大儒,聲望崇隆,由於他的重視,使這部書立刻取代三家詩而獨尊於世。其實鄭玄箋注可說完全依照〈毛詩序〉的詩旨,詩旨有不合理處,也極盡委曲求全的加以合理化。《詩》三百篇從此在漢儒教義化的詮釋下,建立屹立不搖的地位。

　　直到宋代歐陽修作《詩本義》,對〈毛詩序〉許多違背常情的詩說提出質疑,他主張「求詩之意者,以人情求之,則不遠矣。」❷同時對鄭玄為遷就〈毛詩序〉所作種種迂遠曲折的釋詩,表示了強烈的不滿,但他顯然也脫不出前人解釋的框架。到了南宋朱熹作《詩經集傳》,他提出了一些極具開創性的看法,譬如,他認因風是民俗歌謠,凡民俗歌謠都不一定會有歷史的美刺及禮教上的意義,但他卻把許多歌詠愛情的作品定義為淫詩,顯然,脫不去儒家的意識形態。此後質疑者,尚有如清代的姚際恆、崔述、方玉潤、皮錫端等等,他們都有很重要的創見,但也都留下不少疑點。

　　筆者自分沒有能力去突破前代大家留下的疑點,所以本文只想就自己看到的問題,提出自己的主張。

## 二、〈詩序〉寫作之有關問題

　　為何要寫〈詩序〉?〈詩序〉為何時所寫?何人所寫?這是本節所要討論的問題。

　　為何要寫〈詩序〉?對〈詩序〉的作者而言,無疑要說明各詩篇褒貶歷史是非或指出儒家諷教的意義,用意極為清楚。三百

---

❷歐陽修的《詩本義》在其〈本末篇〉云:「所謂詩之意者,本也。」又其在〈東山〉篇注云:「詩文雖簡易,然能屈盡人事,而古今人情一也,求詩義者,以人情求之,則不遠矣。」

篇中有一部分，由詩篇的意思，可以清楚看出詩的宗旨，像〈頌〉為宗廟祭祀的詩篇，其內容都為贊頌先祖偉業，並含有告誡後人的意義，非常明顯。〈大雅〉多為周王朝緬懷先人創業之艱難，並以告誡後人，如何守成敬業的道理。而〈小雅〉有部分明顯看出，統治階層的生活反映，如有關享宴、田獵之詩，另有些詩篇直接譴責統治者的不良施政。此類詩篇，〈詩序〉云云，大致所說不錯，或有稍可商榷之處，到底是「雖不中亦不遠」。但十五國風的詩序便大有問題。國風各篇的小序，除像〈秦風・黃鳥〉、〈曹風・堠人〉等，少數詩篇外，大部分卻是出於附會。

〈詩序〉寫作的基本目的，無疑是宣揚儒家的教義，這一點與時代較早三家今文《詩經》的詩傳是相同的，三家詩的詩傳如今雖殘缺不全，但就其殘餘者加以比對，三家詩的詩傳與毛詩〈詩序〉有相同，有不同，但其宣揚教義則一。大致而言，〈詩序〉多取《左傳》之事附會之。關於附會《左傳》之事，崔述在其《讀風偶識》有些很值得注意的意見。云：

> 《史記》作時，《毛詩》未出，《漢書》始稱《毛詩》，然無作序之文，惟〈儒林傳〉云謝曼卿善《毛詩》，乃為其訓。

> 〈詩序〉好取《左傳》以附會之。蓋三家之詩，其出也早。《左傳》尚未甚行，但本其師為說，《毛詩》之出也晚，《左傳》已行於世，故得以取而牽合之，然考傳所記及詩所言，往往有毫不相涉者。……蓋緣漢時風氣，最好附會。

以上崔述的看法，應該是極有說服力的意見，首先，〈詩序〉出現的時代，無疑在《毛詩》行世後，而《毛詩》之作傳又可見並

無〈詩序〉之存在❸。所以〈詩序〉的作者，自然以東漢初的衛宏，或他的授業師謝曼卿最有可能。但為何要作〈詩序〉，又〈詩序〉為何取《左傳》之事加以附會？上面文字僅稱「漢時風氣，最好附會」。實際上，我們認為有必要進一步去探討與瞭解。

如果我們從孔子，而孟子，而荀子，而漢代的儒家經師對三百篇的看法，逐步去瞭解，便可以明顯看出儒家者流自孔子到漢儒治詩的發展軌跡。孔子以詩立教，基本上，只停留在以詩致用的立場，如他說：

> 不學詩，無以言。（〈季氏〉）
>
> 詩可以興，可以觀，可以群，可以怨，邇之事父，遠之事君，多識於鳥獸草木之名。（〈陽貨〉）
>
> 頌詩三百，授之以政，不達，使於四方，不能專對，雖多亦奚以為？（〈子路〉）

《論語》中有關三百篇的談話，共十九處，上引三處而外，餘十六處都有引《詩》以印證道理，而其中完全沒有某詩美、刺某人某事之說。也就是說，孔子注意到的只是三百篇如何豐富語言辭采，如何增進人的素養，進而增進人際應對及處理事務的能力。

孟子大致承襲了孔子對三百篇的態度，《孟子》一書引《詩》或涉及《詩》的說話有三十九次，仍不乏如孔子之「斷章取義」，以印證道理，如：〈滕文公〉引〈七月〉句證明「有恆產者有恆心」；〈公孫丑〉引〈鴟鴞〉句證「仁則榮，不仁則辱」之義，〈盡心〉引〈大雅・靈台〉句印證「與民同樂」之義等等，但孟子引詩句多有事理切合詩旨之處，如〈公孫丑〉引〈大雅・文王〉

---

❸據趙制剛著《詩經名著評介》〈毛詩評介〉中比對〈毛傳〉與〈毛詩序〉，發覺說法有相應者，也有不相應者，如照傳說，〈毛詩序〉出於子夏或此派的先賢，以當時極守師法的風氣下，必不會違背師說。

句證「以法服人」之類。整體而言，孔、孟引《詩》都離不開以三百篇教門徒從事政治事務(干祿)。但孔子偏向《詩》的功用，而孟子則偏於以《詩》來討論統治的道理。孟子既傾向以《詩》發揮其論說，使他更有需要瞭解詩人的本意，所以他提出讀《詩》應「知人論世」（萬章）的主張，之外，也提出「以意逆志，不以辭害其意」（〈萬章〉）的解詩態度。

　　而《荀子》引三百篇更有八十二處之多，荀子的詩教也離不開求官干祿，但他偏重在政治人格的培養，如〈勸學〉引〈小雅·采菽〉說明「君子謹慎其身」之道，又引〈小雅·楚茨〉以說明禮儀之重要，類此之引《詩》非常之多。

　　秦國焚書坑儒之前，儒家的先師、先賢對三百篇的看法，充其量是做為教育門生未來仕進的教材之一，語言修辭，學問知識，人倫關係，為政者的氣度、修身、禮儀，以至於政治理想都是詩教的內容。秦國一統天下之後，儒家遭受壓制自不用說。然而朝代更替之後，劉氏掌天下後，儒家不僅政治壓制消除，甚且取得九流十家中獨尊的地位，政治制度上又設立五經博士，這樣可以儒學取得高位的環境中，正如漢儒夏侯勝所云：

　　　士病不明經，經術苟明，其取青紫如俛拾地芥耳，學術不
　　　明，不如歸耕。（後漢書本傳）

如此環境下，形成儒家不同派系的競爭便成為自然之事，《詩經》三家相互爭衡，便在這種風氣下形成。當一個時代的學風，學術的理想摻入過多利祿的競爭，學術便會趨於墮落，單以《詩經》的研究層面而論，自孔、孟、荀雖離不開重視`《詩經》的實用，亦即是以《詩經》教門徒仕進的法門，但基本上，他們知識上、道德上的真心誠意是無可質疑的，而到了漢儒在講學上充滿爭新炫奇的作法，所以清代學者陳奐即云：

> 三家多採雜說，與《儀禮》、《論語》、《孟子》、《春秋》內外傳論《詩》往往或不合，三家雖出自於七十子之徒，然孔子既沒，微言已絕，大道多歧，異端共作，……故齊、魯、韓可廢，《毛詩》不可廢……。（詩毛氏傳敘錄）

三家多雜說，並沒錯。所採取的包括：《史記》、《呂氏春秋》、《列女傳》、《新序》、《說苑》等等的紀錄，其中也多有合於《左傳》者❹，然而〈毛傳序〉，即〈詩序〉爲東漢《左傳》行世後，取其故事加以附會，應是鐵案如上的事實。正因爲作序者有意以史事附會，因此〈詩序〉與詩意往往矛盾或毫不相干，這一點下文詳加說明。總之，〈詩序〉之作者之所以寫序，其用意在以新出世的《左傳》之紀錄壓過今文三家詩，這是無可質疑的事實。

## 三、〈毛詩序〉與鄭箋

我們如要考證三百篇每篇的作者及本事，是不可能的事，尤其是國風的詩篇，古人早就知道是民俗歌謠。《禮記·五制》說：「命太師陳詩以觀民風。」《漢書·藝文志》說：「古有陳詩之官，王者所以觀風俗，知得失，自考正也。」這些紀錄都可以說明國風是平民歌謠。而平民歌謠具有用語俚俗，抒情爲主，很少說理說教的特質，這一點由歷代民歌都可以證明。而〈毛詩序〉則反其道而行，把詩當教化的文獻，並說明各篇詩對歷史眞人眞事之褒貶含義，至於詩歌之抒情目的則棄之不顧。而鄭玄爲《詩》作箋注，則完全遵奉〈毛詩序〉，並因鄭玄個人的學術地位使

---

❹參看文幸福著《詩經毛詩鄭箋辨異》第2編〈毛傳鄭箋與三家，義比較研究〉中所引三家之殘文便可明白。

《詩經毛傳》獨尊，正如王先謙所說：

> 東漢之際，古文大興，康成兼通古今，爲毛作箋，遂以翼
> 毛抑三家。（〈詩三家義集疏序例〉）

這幾乎歷代研究《詩經》學者的普遍看法。實際上，〈毛詩序〉
中解詩之支蔓，點題之可笑，美刺之失當可說隨處可見，而鄭玄
對這些明顯而不當的解詩，不僅未加糾正，反而極盡委曲求全，
而發揚其禮教或歷史褒貶之義，以下略舉數篇加以說明：

〈螽斯〉云：

> 螽斯羽，詵詵兮。宜爾子孫，振振兮。
> 螽斯羽，薨薨兮。宜爾子孫，繩繩兮。
> 螽斯羽，揖揖兮。宜爾子孫，蟄蟄兮。

毛序云：

> 螽斯子孫眾多也，言若螽斯不妒忌，則子孫眾多也。

鄭箋云：

> 凡物有陰陽情慾者，無不妒忌，維蚣蝑（螽斯）不耳，各
> 得受氣而生子，故能詵詵然眾多。后妃之德能如是則宜
> 然。

這篇詩就內容而言，純然是一篇祝人多子多孫的歌謠，不僅與后
妃無關，與忌不忌妒也全然無關，而鄭玄則曲意說解，甚至指說
一切生物惟螽斯不忌妒，可笑至極。

〈小星〉云：

> 嘒彼小星，三五在東。肅肅宵征，夙夜在公，實命不同。
> 嘒彼小星，維參與昂。肅肅宵征，抱衾與裯，實命不猶。

毛序云：

> 小星，惠及下也。夫人無忌之行，惠及賤妾，進御於君，
> 知其命有貴賤，能盡其心矣。

鄭箋云：

> 眾無名之星隨心（星）、嚣（星）在天，猶諸妾隨夫人以
> 次序進御於君也。心在東方，三月時也，嚣在東方，正月
> 時也，如是終歲列宿更見。

這篇詩從歐陽修以後，已多指其與夫人或賤妾無關，而序詩者把
它聯想到夫人容許小妾陪侍國君夜寢，其想像未免漫無邊際。詩
本意應是值夜小公務員，怨嘆命運不如別人，否則無需「抱衾與
裯」，而鄭玄為遷就這種極其扭曲的詩序，便要盡其所能加以合
理化，他透過天上星座之運行有序，來比喻夫人與賤妾入侍君王
之有序。又為了使他的解詩能言之成理，不得不把其中字詞，也
作必要之曲解，如指「三」字為「心星」，「五」字為「嚣星」
之類。

〈子衿〉云：

> 青青子衿，悠悠我心。縱我不往，子寧不嗣音。
> 青青子佩；悠悠我思，縱我不往，子寧不來。
> 挑兮達兮，在城闕兮，一日不見，如三月兮。

毛詩序：

> 子衿，刺學校也，亂世學校不修焉。

鄭箋云：

> 學子而俱在學校之中，已留而彼去，故隨而思之耳。禮，
> 父母在，衣純以青。君子之於學，以父會友，以友輔仁，
> 獨學而無友則孤陋寡聞，故思之甚。

這篇詩，詩中完全不見學校之意，何以見得是學友之相互思念，
以民歌中情歌所佔特多，則此詩又何嘗不是情歌。雖鄭箋提到
「禮，父母在，衣純以青。」也無法說明詩所謂「青青子衿」必
是學生。

〈東門之楊〉云：

> 東門之楊，其葉牂牂，昏以為期，明星煌煌。
>
> 東門之楊，其葉肺肺，昏以為期，明星晢晢。

毛詩序：

> 東門之楊，刺時也，婚姻失時，男女多違，親迎女猶有不
> 至者也。

鄭箋云：

> 楊葉牂牂，三月中也。興者喻時晚也，失仲春之月。親迎
> 之禮以昏時，女留他色，不肯時行，以至明星煌煌然。

此詩情調極美，大有李商隱「昨夜星辰昨日風，畫樓西畔桂堂東」之韻致，充份表現青年男女愛情之甜美，此類作品，國風多見，如〈宛丘〉、〈東門之枌〉、〈東門之池〉、〈月出〉，但〈毛詩序〉一律指為刺好色，或刺荒淫。這些作品若拿與〈周南〉、〈召南〉之愛情詩相較，其詩意未見得更淫亂，但〈周南〉〈大序〉中既指為王者之風，〈召南〉諸侯之風，因此序者在各詩小序便加曲意迴護，或指為夫人不妒忌，或為風化之始，說詩全無標準，而鄭玄便按〈毛詩序〉可是、可非，漫無標準去作箋注。

總之，以上並非特例，整部《毛詩鄭箋》幾乎隨處可見，尤其國風的部分，〈毛詩序〉之可信者少之又少。其中或證之史傳而有據，但詩意與史證不合，如〈衛風·碩人〉，左傳隱公三年：「初，衛莊娶于齊東宮得臣之妹，曰莊姜，美而無子，衛人所為賦碩人也。」於是〈毛詩序〉便解題為「美而無子，國人閔之。」鄭玄也照著箋注。而原詩只描述婦人之美，及迎親之隆重，與莊姜有無生育子女，全不相干。重要的是鄭箋何以如遷就〈毛詩序〉的序詩，如果他清楚該序出於東漢儒者，以他當時崇高之學術地位，必不肯如此遷就而附會。原來他誤信〈毛詩序〉為子夏所作，

其《詩譜序》云：

> 大序是子夏作，小序是子夏，毛公合作。子夏意有不盡，
> 毛公足成之。

由於鄭氏之誤認，加上信而好古之心態，而使《詩經》之錯誤釋義深植國人心中，單就至今國人猶稱小妾爲「小星」，稱學生爲「青青子衿」，影響之深可想而知。

## 四、〈毛詩序〉與「溫柔敦厚」之文藝理念

孔子曰：

> 入其國，其教可知也：其爲人也，溫柔敦厚，《詩》教也；
> 疏通知遠，《書》教也；廣博易良，《樂》教也；絜靜精
> 微，《易》教也；恭儉莊教，《禮》教也；爲辭比事，
> 《春秋》教也。（《禮記‧解經》）

這段話中「溫柔敦厚，《詩》教也。」旨在說明《詩》具有教人「溫柔敦厚」的社會功能。而〈詩大序〉所謂：「上以風化下，下以風刺上，主文而譎諫，言之者無罪，聞之者足以戒。」鄭箋云：「風化風刺皆謂譬喻，不斥言也。主文，主與樂之宮商相應也；譎諫，詠歌依違不直諫也。」也就說詩歌傍敲側擊而不直說意旨，爲其必要的表現手法。孔子的意思與〈詩大序〉的說法本來不同，但《詩》既能教育民眾，使之「溫柔敦厚」，就容易使人推想到《詩》的本質必是「溫柔敦厚」。《詩》既有「溫柔敦厚」的本質，所以〈毛詩序〉才有「主文而譎諫」的說法。這樣的觀念底下，引起我個人欲從作品本身去看所謂「溫柔敦厚」或「主文而譎諫」的想法。〈毛詩序〉所謂「譎諫」無疑對「刺」詩而言，所以底下就所指諷刺的詩來看〈毛詩序〉的作者「譎諫」的含義。

## (一)詩人無刺意，而序者指為刺詩

〈蟋蟀〉云：

> 蟋蟀在堂，歲聿其莫。今我不樂，日月其除。無已大康，
> 職思其居。好樂無荒，良士瞿瞿。
>
> 蟋蟀在堂，歲聿其逝。今我不樂，日月其邁。無已大康，
> 職思其外。好樂無荒，良士蹶蹶。
>
> 蟋蟀在堂，役車其休。今我不樂，日月其慆。無已大康，
> 職思其憂。好樂無荒，良士休休。

毛詩序：

> 蟋蟀，刺晉僖公也。儉不中禮，故作詩以閔之，欲其及時
> 以禮自虞樂也。

鄭箋云：

> 蟋蟀在堂，歲時之候，是對農功累，君子以自樂矣。今不
> 自樂，日月且過去，不復暇為之。

此詩出於唐風，唐為今天山西北部一帶，春秋時代屬於晉國，此
地民風素樸勤儉，蓋由於生活條件不佳，因此民眾養成不敢稍耽
逸樂的本性，此詩方玉潤講得最好，他認為是晉國民風的真實反
映❺。無奈作序者硬將詩篇放進美、刺歷史人物的框架上，去解
釋在儒家教條上的意義，這篇詩如硬要說其美、刺的意義，應該
是讚美晉民族的生活奮鬥，可惜序者只有刺大眾，從不美大眾。
從詩文來看，與晉僖公或禮教可說全不相干，但序者既如此點出
詩意，鄭玄只好在文中去撲風捉影，盡可能予以合理化。這種迂
遠的說詩，可能就是序者指為「主文而譎諫」以原因吧！

〈蒹葭〉云：

---

❺參看方玉潤著《詩經原始》〈蟋蟀〉篇注。

蒹葭蒼蒼，白露爲霜。所謂伊人，在水一方，遡洄從之，
道阻且長。遡游從之，宛在水中央。

（共三章，從二章從略。）

毛詩序：

蒹葭刺襄公也，未能用周禮，將無以固其國焉。

鄭箋：

蒹葭在眾草中，蒼蒼然彊，至白露凝戾爲霜，則成黃，興
者喻眾民之不從襄公政令，得周禮以教之則服。

這本是一篇愛情詩，抒情眞摯而深刻，文字鏗鏘有致，極可愛。
而序者指爲刺秦襄公不用周禮，詩序所指之詩旨與字面意思相去
如此遙遠，或許就是序者所謂「主文而譎諫」。但經此解詩，這
篇詩的風味、美感完全失去。三百篇中此類刺詩極爲普見，國風
尤其如此。

### ㈡以比體寄託刺意

〈碩鼠〉云：

碩鼠，碩鼠！無食我黍，三歲貫女，莫我肯顧。逝將去女，
適彼樂土。

（全篇共三章，二、三章從略）

毛詩序：

碩鼠，刺重歛也。國人刺其君重歛蠶食於民，不脩其政，
貪而畏人，若大鼠也。

鄭箋：（從略）。

此詩詩意與〈毛詩序〉相符，詩中指斥之意很強，但透過比體之
表現方式，多少掩蓋了攻擊意味，可視爲另一類的含蓄表達。
〈豳風·鴟鴞〉也屬此類，但周豳州爲周王朝的故土，也是儒家
思想之源頭，所以序者對〈豳風〉七篇全加正面的評述。

### (三)責罵式的諷刺

〈相鼠〉云：

> 相鼠有皮，人而無儀，人而無儀，不死爲何。
>
> 相鼠有齒，人而無止，人而無止，不死而矣。
>
> 相鼠有體，人而無禮，人而無禮，胡不遄死。

毛詩序：

> 相鼠，刺無禮也。衛文公能正其群臣，而刺在位，承先君之化，無禮儀也。

鄭箋：（從略）。

此詩詩意有刺斥之意，但序者指爲衛文公刺其臣下，則無根據。此詩指責極露骨，或者因其指責露骨，而使序者認爲君王斥責臣下之詩，但如此直斥，則有違刺詩含蓄之序則。

〈候人〉云：

> 彼候人兮，何戈與祋，彼其之子，三百赤芾。
>
> 維鵜在梁，不濡其翼，彼其之子，不稱其服。
>
> 維鵜在梁，不濡其咮，彼其之子，不稱其媾。
>
> 薈兮蔚兮，南山朝隮，婉兮孌兮，季女斯飢。

毛詩序：

> 候人，刺近小人也，共公遠君子而近小人焉。

鄭箋：（從略）。

此篇云：「彼其之子，三百赤芾」是指曹共公身邊享受厚祿的高官，而《左傳》僖公二十八年晉文公入侵曹國，也有「乘軒三百」之語，所以這篇詩應與〈詩序〉所指符合。詩中以下級官員，斥責曹共公親近之高官，不勞而食，即是指責曹公親近小人。詞氣非常露骨，惟第四章話峰一轉，指出家中幼女未進朝食，極有韻味。

### (四)含蓄的諷刺

〈黃鳥〉云：

> 交交黃鳥，止於棘。誰從穆公，子車奄息。維此奄息，百
> 夫之特，臨其穴，惴惴其慄。彼蒼者天，殲我良人。如可
> 贖兮，人百其身。

（共三章，二、三章從略）。

毛詩序：

> 黃鳥，哀三良也，國人刺穆公以人從死，而作是詩也。

鄭箋：（從略）。

這是一篇於史有據的詩，詩人只哀傷三良之死，而不直斥殉葬之
不當，卻也達到諷刺殉葬之意。作品語氣婉約，態度忠厚，應該
是最理想的所謂「溫柔敦厚」之詩，也應該是儒家最理想的刺詩。
可惜這種諷刺，三百篇中並不多見。

### (五)政治諷刺詩

這類此詩篇〈小雅〉非常多，但由於篇幅都很大，各章之間
意思之聯貫也很緊密，不便摘其部分加以徵引，以下只就其中數
篇說明其特徵。

1. 〈節南山〉

此詩〈毛詩序〉云：「家父刺幽王也。」應該不錯。家父可
能是周大夫之名。詩中不直接指斥幽王，而指向幽王的執政大臣
尹師，並指尹師不肯親政，一切事務委由親信姻婭諸人，由他們
胡作非爲，導致政事失序，民怨沸騰。詩末並有「家父作誦，以
究王訩，式訛爾心，以畜萬邦。」詩人不但寫出自己的名字，也
說明了作詩的本意。全詩政治抨擊意味很強烈，絕非所謂「主文
而譎諫」之詩。

2. 〈十月之交〉

　　此詩〈毛詩序〉云：「大夫刺幽王也。」確乎如此。詩由日
蝕、大地震、大自然的凶兆寫起，而指出「四國無政，不用其
良。」並於第四章把擅政八人集團，名字官銜一一指出，然後對
遷都向邑的事，也感到憂心忡忡。此類詩歌尚多，如〈正月〉、
〈雨無正〉、〈小旻〉、〈巧言〉等等，不勝一一列舉。

　　由上面刺詩粗略的分類，除㈠類詩無刺意，硬加附會者而外，
三百篇中雖有如〈黃鳥〉，實踐了「主文而譎諫，言之者無罪，
聞之者足以戒。」可以說內容多元化、表現方式也多樣化，語氣
由溫和到激烈也不一。此外，語言技巧也五花八門。像〈新台〉
挖苦衛宣公奪其子之妻，云：「魚網之設，鴻則離之。燕婉之求，
得此戚施（奇形的人）。」又像〈牆有茨〉明明有所指責人之行
為不端，卻說：「中冓之言，不可道也。」以「不可道」來道出
被刺者可恥可惡之行為。總之，三百篇中諸諷刺詩篇，都是依詩
人不同的情緒作用，或者斯文的點醒，或者忠厚的勸告，或者惡
毒的挖苦，或者不平的怨懟，或者激烈的抗議，而非全部是「主
文而譎諫」或「發乎情，止乎禮義」的作品。總之，三百篇雖經
孔子取為教育門生之教材，但作品都是許多詩人自然心境之流露，
而不是一定寫作理念規範下的產品，而文藝創作上要求婉約、含
蓄、不傷人、不失禮乃出於漢儒，尤其是〈毛詩序〉。而這種文
學思想卻成為此後中國人文學上的重要信條。

# 五、結　論

　　〈毛詩序〉的論詩，並非就文學而論詩，而是以儒家宣揚教
義的目的來論詩，或歷史人物之褒貶的目的來論詩，或為宣揚政
治倫理、社會倫理的目的而論詩。《詩》三百篇，其中雖有部分

詩篇含有政治統治或歷史傳承或文化禮教上的意義，但整體而言，這部詩集畢竟還是文學作品，文學作品以情感發抒為最主要。文學作品一旦被視為禮教文獻，表現微言大義的文獻，道德文獻，必然會大大減失其文學趣味，從而降低了作品可親、可近、可愛的特質。

《詩》三百篇這部詩集，由於它與儒家有其不可分離的關係，加上漢朝以後儒術取得獨尊的地位，這部詩集也隨儒家之崇高而崇高，而獲得經典的地位，而稱為《詩經》。正因為這關係，漢儒解詩，尤其是〈毛詩序〉加上鄭箋，便成為它的連體，而不可分離，《詩》三百篇中許多詩篇，也因此遭受嚴重的曲解，詩集也因為經典化，而高不可攀，令人敬畏，而無法親近。儘管如此，漢代以來，中國人在儒家式的教育體制下，《詩經》是不可不讀的典籍。《詩》與它的曲解，便一代傳一代，而植入人心。

自宋代歐陽修著《詩本義》開始質疑〈毛詩序〉及其種種不合常情的解詩以來，鄭樵、朱熹，以至於清代的姚際恆、崔述、方玉潤、皮錫瑞諸大家，紛紛對〈毛詩序〉解詩加以質疑，並提出新說，但整體看來，彷彿糾葛越纏越緊，迷霧越來越深。實際上，今天如果能完全脫離〈毛詩序〉先入為主的觀念，就詩論詩，就原文來賞詩，三千年前的語意、語法、語感之變遷，已使我們無法正確瞭解詩中語意與美感，何況我們無法以三千年前中國人一樣心境去品味欣賞當時的詩歌。

所以今天最重要的是，如何去看待《詩經》的問題，這部詩集既已不能當賞心怡情的作品，我們何妨把它看成中國純文學的老祖宗，並以學術的態度，去看《詩經》如何影響或啟發後代的中國文學、語言，乃至於文化等等的問題。

# 參 考 書 目

1. 《史記》。

2. 《漢書》。

3. 《後漢書》。

4. 《詩經欣賞與研究》初續三集，糜文開，斐普賢合著，三民書局。

5. 《詩經名著評介》，趙制剛著，台灣學生書局。

6. 《詩經毛傳鄭箋辨異》，文幸福著，文史哲出版社。

7. 《風詩序與左傳史實關係之研究》，朱冠華著，文史哲出版社。

8. 《詩經諸篇成立に關する研究》，松本雅明著，東洋文庫。

9. 《毛詩鄭箋》，新興書局。

# 從管理角度評析韓非
# 的人性論及用人思想

## 林 金 龍

## 一、前 言

「管理」一詞，為晚出的詞語，今意為管轄辦理之意。先秦諸子古籍中並無二字連用，但卻有「管」、「理」各自獨立的概念，且與今日習稱之「管理」詞義頗為類近。如「管」字，典籍上所載者有：

㈠當「鑰匙」解：

「掌授管鍵，以啓閉國門。」（《周禮・地官・司門》）

「鄭人使我掌北門之管」（《左傳・僖公三十二年》西元前六二八年）

㈡當「主領」、「總理其事」解：

「崔杼、淖齒管齊」（《史記・范睢蔡澤傳》、《戰國策・秦策》）

「趙高以刀筆吏入秦官，管事二十餘年。」（《史記・李斯傳》）

「管在縣官」（《漢書・食貨志》）

㈢當「樞要」解：

「聖人也者，道之管也，天下之道管是也。」（《荀子・儒效篇》）

㈣當「法則」解：

「似信爲管」（《呂氏春秋·用民篇》）

「理」字，典籍所載，有：

㈠當「治」解：

「王乃使玉人理其璞而得寶焉」（《韓非子·和氏篇》）

「聖人之所在，則天下理焉。」（《呂氏春秋·勤學篇》）

「政平訟理」（《漢書·循吏傳》）

「於理於理，至於南海。」（《詩經·大雅·江漢》）

㈡當「正」解：

「論道經邦，爕理陰陽。」（《書經·周官篇》）

「先王彊理天下」（《左傳·成公二年》西元前五八九年）

㈢當「通」、「達」解：

「理關市」（《淮南子·時則訓篇》）

「生氣乃理」（同上）

㈣當「法」解：

「以峻文決理爲廷尉」（《史記·平準書》）

「將軍已下廷尉，使理正之。」（《漢書·武帝紀》）

㈤當「條理」解：

「俯以察於地理」（《易經·繫辭上》）

「道也者，治之經理也。」（《荀子·正名篇》）

㈥當「文理」解：

「理者，成物之文也。」（《韓非子·解老篇》）

「形體色理以目異」（《荀子·正名篇》）

據許慎《說文解字》所載，「管」字原爲「如篪六孔，十二月之音，物開地牙，故謂之管，從竹官聲」，「理」字原爲「治玉也，從玉里聲」，二字皆爲「以事爲名，取譬相成」的形聲字。

「管」字，若從指事取形，指事取音而言，吹奏之間，啓閉有間，拿捏巧妙，操控自如，亦隱括協調、指揮、總管之意；「理」字，玉石加工，爲取精去粗，就其紋理規劃藍圖而施工的改造過程，進而引申爲治理、條理、法理之意也。是故，合「管」、「理」二字的原始用意及其衍生之義，吾人可以了解，我國古代管理思想不僅淵源甚早，於文字造字之初即已具有清晰之認知，並且與今日的「管理」概念，頗能互通。是故，管理是一種有職能的活動，是一種有目的有條理有次序有規範的活動，在本質上，管理涉及了人的自主行爲，對他人行爲之互動及各類關係的組織、協調、溝通等，要求以個人或團體目標爲行爲上的選擇依據、並設定一切行爲追求的最高境界與一套適合人性的行爲評價標準。是故，從宏觀的文化人類學角度來看，管理本身是一種活動，也是一種文化現象。於此文化圈活動的人事物有組織架構、規章制度、領導統御、監督考核……等，形成一個有機的結合系統，且會彼此協調運轉，構築成群體意識及群體行爲，並以此基礎，凝聚成一時代精神及區域特色。

　　我國古代「管」、「理」二字均具有獨立的概念，所以並不連用，而能表達管理內涵，且使用最爲普二的概念，是「治」，如《孟子·滕文公上篇》載「勞心者治人，勞力者治於人，治於人者食人，治人者食於人」；〈難勢篇〉載「抱法處勢則治」，又如司馬談於〈論六家之要旨〉一文中，嘗云「天下一致而百慮，同歸而殊途。夫陰陽、儒、墨、名、法、道德，此務爲治者也」，可見傳統諸子的思想，就是「務爲治」的管理思想，擴而大之，我國傳統文化，也可說是一種管理型的文化。《韓非子》全書中，「治」一共使用了三百八十多次，僅次於「法」字的四百四十多次，可見其以「法」而求「治」之企圖心。

　　必須指出：管理學作為一門獨立的學科，且日受重視，衍生多家派別，是在本世紀初才從西方世界逐漸發展的，然而有關管理理念之論述，管理實務之執行，古人頗有可觀之處。而諸子百家所構築的思想體系，不但是「那個時代最偉大輝煌的思維成果，也是人類歷史上從理論上提出管理課題的第一次」❶，可以說，「我們今天所碰到的重大管理問題，中國古代管理思想家們或直接或間接、或整體或局部、或明確或隱約、或深刻或浮淺、或抽象或具體、或實質或表面、或理性或直覺地提出來過」❷；實務之例如民國二十八年河南出土的殷商青銅器「司毋戊鼎」，通耳高一三三公分，長一一〇公分，寬七十五公分，形制雄渾莊嚴，重達八百七十五公斤，當年，要完成此一龐然大物，於澆鑄作業時，坩鍋現場指揮調度者，銷熔銅塊者，裝運銅掖者，應有數百人來回奔波，方能使燒熔銅液於未冷卻前，貫注範板，其間，時間之拿捏配合、人員行進次序之安排、溫度之控制、突發狀況之處理等等，必定有精密之事前規劃，得以於分秒必爭、一氣呵成的鑄模作業中，完美鑄成，其管理上的複雜程度，想必亦不輸於今日生管人員的。再以萬里長城為例，總長六千七百里，大多建於陵線的偉大防禦工程，從可行性分析、設計圖樣、地點之抉擇、材料之籌備、運輸、儲存及技術工藝之栽培、制定、施工進度之統籌控制、質量之監督管理、後勤生活安排等等，此一精密龐大的系統工程，可謂是古代中國人於管理思想、實務上最傑出的展示吧！

　　管理既是一種文化活動，自然要求合乎實際。為求管理實踐

---

❶參閱楊宗蘭《文韜武略》，頁14，北京，國際文化出版公司，民國78年11月１刷。
❷前揭書，頁15。

之落實及方案設計之可行性、現實性、人間性、技術性等層面之問題及解決之道，乃爲管理活動引入實踐傾向之路途，並且偏向規範層面之設計。

我國古代文獻，大多政文合一、經文合一，內容豐富多樣，記載廣博詳實。其中，古人的管理思想與管理經驗，往往散見於各類文化典籍中，比較零亂散漫，加以無專人整理綜合，因此，缺乏有系統或完備的管理理論體系，自然無法獨立成爲一種學科，而引人注目。加以歷來封建王朝，朕即天下的專制君權統治，權術與權力被視爲管理的同義詞，含混模糊，令人認識不清；同時，自古我國以農立國，以農爲本，是農業自然經濟國家，人們頗重天時之配合與經驗之傳承，是故，管理思想之深入探討，未能受到高度重視，凡此，多少影響了理論建設與思想觀念的探索與研究❸。

韓非是先秦法家之集大成者，也是一位現實主義者，人性揭露、人情世態觀察深入者，更是一位論證嚴謹、思想犀利的管理設計者，此一特色，與先秦諸子的思想性格頗爲接近，章學誠說：「諸子紛紛，……皆自以爲至極，而思以其道易天下者也」（《文史通義‧原道中》）他們皆欲以經營管理人間現世之政治秩序、社會秩序、經濟秩序以濟百姓、易天下而自我期許。雖然《韓非子》全書中並無管理二字，但以今日管理學的角度來檢視其作品，於披沙揀金之餘，隱微伏匿之處，仍然有頗多深思的管理論見，有些或者有益於今世，甚者亙古彌新者；有些論見有欠穩當、成熟者，皆可提出研參。

必須澄清的是：韓非雖然說過有關與今日管理學頗爲吻合的

---

❸參閱李安編《中國古代管理文選》，頁 1-2，長沙，河南文藝出版社，民國76年12月1版。

言論，也有精采的看法，但其立論之背景、角度，針對問題之考量、解決問題之方法、觀點等，並不能完全與當今錯綜複雜的管理難題取得一致，韓非的管理思想，只能說是在特殊的時代，爲了解決特殊的問題，而提出的特殊命題。

## 二、韓非的人性觀

人是管理課題的核心概念。管理行爲是因人而起的行爲，管理目標是因人而設的目標，管理者與被管理者，既是執行管理的主體，亦是管理觀察的客體，並通過規範化及客觀標準之制度，由人加以審核、督導而完成預定計劃，其間，均離不開人。古代中國在長期的生存經驗中，與天、地、神、人的關係，很早就已確立了人的主導角色，如：「惟天地，萬物父母；惟人，萬物之靈」（《尚書·泰誓上》）、「人強勝天」（《逸周書·文傳篇》）、「天地之間，莫貴於人」（《孫臏兵法·月戰篇》），人的價值被肯定，以人爲中心的觀念，落實於管理思想中，就形成了中國古代管理思想的傳統與特色，即重人治而凸顯治人、用人之道。

翻開成語大辭典，與用人之道有關的成語，不下五百條，歷來典籍所載，比比皆是，如：「天子之責，在知人，在安民，知人則哲，能官人」（《尚書·皋陶謨》）、「人之云亡，邦國殄瘁」（《詩經·大雅篇》）、「其人存，則其政舉；其人亡，則其政息」（《禮記·中庸》）、「天時不如地利，地利不如人和」（《孟子·公孫丑下》）、「得賢人，國無不安，名無不榮；失賢人，國無不危，名無不辱」（《呂氏春秋·求人篇》）等，實例中如商湯四請伊尹，劉備三顧茅廬，蕭何月下追韓信，皆可見重視人才，求才若渴的重要。甚者，金無足赤，人無完人，雖有少錯，亦在重用之列，如吳起，貪而好色，然用兵之能，司馬穰

不能過也；陳平有盜嫂、受金之過，但魏文侯、劉邦有容人之雅量，不以爲意，而傳爲美談。

　　必須指出：用人之道所觸及的三個層面君主、官吏、百姓，彼此是相互聯繫的，但是，在興廢由人事的基礎上，以人爲中心的管理模式，必須首先直接探討的課題，就是「人的本質」的問題，而我國古代思想家有關人的本質的基本假設，大多侷限於哲學、倫理學、政治學範疇內，且特別凸顯「人性」的形式提出命題。歷來各種管理思想的論見，大多以對人的認識爲基礎，此一基礎，與人性的認知息息相關。因此人不但是管理思想發展的一條主軸，其管理思想的歷史演變，就是對人性看法的歷史。據今人楊宗藍的歸納，可延申出三個層面及數種人性假設。三個層面是：

　　一、由人與自然關係，延申出人與動物的區別。

　　二、由物質與精神關係，延申出道德精神、道德現象與社
　　　　會存在、社會物質生活的關係。

　　三、由人與人的關係延申出個人利益與他人利益、社會利
　　　　益的關係。

而人性假設，在先秦的思想家們，就有：孔子的「性相近，習相遠」之說 ；孟子的「人之初，性本善」之說 ；道家「性自然之質」、「稟生之本」、「性不可易」之說；荀子的「性惡」之說；韓非的「性趨利避害」之說；管子的「人性隨水性」之說；墨子「性自利自愛」之說；告子的「性無善惡」說；世碩的「人性善惡兼有」說；及早期先民的「性爲天命」說等等❹。

　　看來，孔子作爲第一位講人性的思想家，他並沒有直接對人

───────────

❹參閱氏著《文韜武略》，頁 77-78，北京，國際文化出版公司，民國78
　年11月1版。

性下定義，但在強調通過道德教化的方式以改變人性及承認環境對人性影響很大的層面上而言，孔子似乎並不否認人性中有惡或不好的成分存在。但孔子對於人性究竟是善是惡、性相近是善相近亦是惡相近，習相遠是善相遠還是惡相遠，並無交代，只是揭開了人性的序幕而已。孔子之後，孟子說「人性之善也，猶水之就下也。人無有不善，水無有不下」（《孟子・告子上》），又說「惻隱之心，人皆有之；羞惡之心，人皆有之；恭敬之心，人皆有之；是非之心，人皆有之」（同上），同時，在〈盡心下〉章又說「口之於味也，目之於色也，耳之於聲也，鼻之於臭也，四肢之於安佚也，性也，有命焉，君子不謂」，可知孟子認為人性中的善良屬性，是「人皆有之」的，是皆產生於「內也，非外也」的，人們只要把握住這些人性本質的善，即可成就自己的道德人格，並充分發揮人性善的主觀、積極的本我，以四端之心為起點，邁向仁義禮智的道德最高層次。孟子同時也認知人有生理需求的自然屬性，但需接受制約，用天命以駕御人欲，亦即人性善的成份中，人仍得接受自然條件與社會制約的約束。戰國初期的世碩，則是我國思想史上最早提出人性有善有惡論者❺，據王充《論衡・本性篇》所輯錄，「周人世碩，以為人性有善有惡，舉人之善性，養而致之則善長；性惡，養而致之則惡長。如此，則性各有陽陰，善惡在所養焉」，世碩認為人性有善有惡，此一差別，是先天就具有的，如同陰陽之氣般，與生俱來，不能抗拒，但又認為後天的環境影響及教育訓練，對人性善惡之形成、增長具一定的作用。告子在《孟子・告子上》提出了「生之謂性」、「食色，性也」、「性無善無不善也」、「人性之無分於善不善

---

❺參閱王立仁〈荀子性惡論的歷史地位〉，《吉林師範學院學報》，民國82年2期，頁9。

也，猶水之無分於東西也」、「性猶杞柳也」、「性猶湍水也」
等，告子認爲性無善惡，先天生來的本能叫做性，後天學習養成
的習性不得爲性，食與色皆爲人之自然本能，故曰性，善、惡皆
爲後天的教育、環境所養成，如同杞柳、湍水般，借諸人爲之力，
方能爲桮捲，或決向東西。告子太過突顯了人的自然天性，把
「生之」、「食色」皆稱之爲性，如此一來，一則混淆人與動物
本質上的差異性，二則犯了類比邏輯推理之錯誤。人與動物皆共
同擁有普二意義的無善無惡，此一共同性，證諸人類與動物之差
別，基本上是不夠周延的。

　　道家的老、莊，在人性論上，主張「見素抱樸，少私寡欲」
（《老子》十九章)的自然人性論，要求人回到自然、樸實的狀態
中，人居天地之中，就要順乎自然、任諸自然，人要少私寡欲，
敦厚樸素，如此，就產生了無爲、虛靜、貴柔、不爭、居下、取
後、去奢等觀念。老子又說「無名之樸，夫亦將不欲。不欲以靜，
天下自定」（三七章），可見老子認爲人性是無知無慾的，人們
因爲違背、拋棄了自然的原始本性，抗拒不了物慾而產生了自私
心、佔有慾，因此人性必需去除外在的干涉，才能化育自然之性。
莊子認爲「性者，生之質也」（《莊子·庚桑楚》），人性是人
生的自然本質，人是自然的一部分，人是生物學的一份子，人與
萬物皆是「通天下一氣耳」，而「人之生，氣之聚也」（見〈知
北游〉），是故，人與自然並無二樣。而人的「死生、存亡、窮
達、富貴、賢不肖、毀譽、飢渴、寒暑、是事之變、命之行也」
（〈德充符〉），自然現象與人間社會現象，皆由命來控制主宰，
人只能「不知吾所以然而然」（〈達生篇〉）、「知其不可奈何
而安之若命」（〈人間世〉），人之存在價值就在於恢復自然本
性，進入渾沌原始狀態，澈底把名利、世俗的善惡隔絕，以之安

生順死，保持本然，過著無知無慮、無拘無束的天放生活，才是保全眞性，求其全生，達到「忘乎物、忘乎天」（〈天地篇〉）的忘己境界、與天地合而爲一的人。墨子對於人的本質，尤其是人與動物之區別，不僅慧心獨具，而且是哲學史上最正確、最具科學概念的觀點❻。墨子在〈非樂篇〉中說「人固與禽獸麋鹿蜚鳥貞蟲異者也。今之禽獸麋鹿蜚鳥貞蟲，因其羽毛以爲衣裘，因其蹄蚤（爪）以爲(丸)履，因其水草以爲飲食，故唯使雄不耕稼樹藝，雌亦不紡績織(丸)，衣食之財，固已具矣。今人與此異者也，賴其力者生，不賴其力者不生」從這段敍述中，可以看出，墨子區別人與動物之關鍵，在於「力」，力是人類對自然環境利用、生產的來源，力也是人類以自身的能力來維持生存，這些自發的、主觀的活動、能力有異於動物的被動性，而人的價值、本質就是在盡其力以自利、自生。但若是人人多爲自己自利自生，易起爭端，墨子又提出「兼愛」說，當作「自利自生」的補充，說「視人之國若視其國，視人之家若視其家，視人之身若視其身」（〈兼愛篇〉）、提出「兼相愛，交相利」（同上），並且要求「有力者疾以助人，有財者勉以分人，有道者勸以教人」（〈尚賢篇〉），此一性自利自愛並兼及他人，具有明顯的人道主義色彩及博愛精神，頗似宗教家的情懷，雖然是陳義過高的想法，在當時是近乎不可能的理想，但墨子區隔人與動物的識見，仍是高明的。管子的人性觀，在〈牧民篇〉中提到「倉廩實則知禮節，衣食足則知榮辱」，揭示了人性有兩種需求的滿足。一是生理需求的滿足，二是社會需求的滿足。並提出先要滿足生理需求，才能進一步滿足社會需求。而在追求生理之滿足的前提下，追求功

---

❻參閱楊宗蘭《文韜武略》，前揭書，頁81–82。

利乃是人之本性:「審利害之所在,民之去就,如火之於燥濕,水之於高下」(〈禁藏篇〉)、「夫凡人之情,見利莫能勿就,見害莫能勿避,……故利之所在,雖千仞之山,無所不止,深淵之下,無所不入焉」(同上)、「凡人之情,得所欲則樂,逢所惡則憂,此貴賤之所同有也」(同上),可知《管子》作者對人的本性有鮮明的形象描繪,並把人的內部行為發展成從需要到慎思至行為的三個流程。荀子是我國先秦時期第一位從性惡論的觀點來論評人之本性者。而且又是很有層次、有系統地進行論述者,不僅勾勒出人之本性為何,且提出許多論據,其中,尚論及了人性中具有可以知善之本質,可知能善之工具。荀子在〈性惡篇〉中,開門見山地提出「人之性惡,其善者,偽也」的命題,此一人性是惡的內涵,並不含涉人性所有內涵,因為荀子認為「塗之人可以為禹」(同上),因為「以其為仁義法正也」;因為「以其可以知之質,可以能之具」(同上)。荀子又說「凡性者,天之就也,不可學,不可事。不可學,不可事之在天者,謂之性」(同上)、「不事而自然謂之性」(〈正名篇〉),又說「性者,本始材樸也」(〈禮論篇〉),指出:性是天然存在,不學即會,不事即能,而其具體內容就是「飢而欲食,寒而欲暖,勞而欲息,好利而惡害」(〈榮辱篇〉)、「目好色,耳好聲,口好味,心好利,骨體膚理好愉佚」(〈性惡篇〉)等欲望及需求,假如順其自然,不加限制,爭奪衝突層出不窮,出現「辭讓亡」、「忠信亡」、「禮義文理亡」的亂象,因此,人性必須加工、改造,「無偽則性不能自美」(〈禮論篇〉),最大的工具就是禮義。看來,荀子性惡論中,對性偽、善惡的區分上,還涉及到自然之天性及後天的社會教化,人性為惡,但卻著重於後天道德教育的必要性。從荀子在性偽、善惡的表現形式及獲得方式的論證中,吾

人應可了解，荀子在提出性惡論之同時，又明確地區分人之先天、後天之性之差異，區隔人的自然之性與社會之性，從而強調社會的禮義師法，有矯正、調整、改造人之自然屬性的功能，如此，化性起偽才具有可能、可貴的特色。

韓非人性論及歷史觀，為其思想體系中之二大基礎。韓非人性論師承荀子性惡論且加以發揚光大，歷來為學界接受，幾成定論，但細審《韓非子》全書，並對照法家前期人物論著，此一說法，似乎尚有商榷之必要。據〈解老篇〉所載：

> 人無毛羽，不衣則不犯寒。上不屬天，而下不著地，以腸胃為根本。不食則不能活，是以不免於欲利之心。

從這些話可以看出：人類的生存是人的第一需求，不能存活，其他根本無存在價值，亦毫無意義，而為了存活，人類屬於本能的生理需求與欲望，就是最原始、基本的訴求，同時也是無法根除的欲望，也因為這些基本欲望，才使「人莫不欲富貴全壽」（〈解老篇〉），是故，人類如果基本的衣、食、住的問題沒有解決，一切歷史的活動將很難存在，在這個意義上，韓非一方面抓住了人的基本問題，二方面也確實掌握了歷史發展正確的方向。當韓非提出人的最基本需求來認識人性問題時，我們也同時看到了古人對自身的認識已建立了客觀的標準，因為這種認知，已經從外觀的行為觀察，亦直接觸及了人之本性的深層次分析：人的基本欲望會有一連串的連鎖反應，如果物欲過渡追逐，則會有災禍產生：

> 人有欲，則計會亂。計會亂，而有欲甚。有欲甚，則邪心勝。邪心勝，則事經絕。事經絕，則禍難生。由是觀之，禍難生於邪心，邪心誘於可欲。（〈解老篇〉）

除了少數明智的聖人外，一般人對於來自本能的物欲需求，是很

難有能力自我克制的，韓非說：

> 聖人衣足以犯寒，食足以充虛，則不憂矣。眾人則不然，大為諸侯，少餘千金之資，其欲得之憂不除也。（同上）

在「禍莫大於不知足」(同上)的情況下，韓非已看出來，人的這種與生俱來的需求，就是惡的根本、欲望的本身，就是惡。而韓非把欲望與惡直接劃上等號，並沒有進一步分析，未嘗不是他主觀上的認定，立論雖然深刻，但卻太過武斷。因為，一般人「基本的」欲望，不見得就會直接導致災禍，有時，反而是社會進步的力量，文明的助力。

再者，韓非於〈喻老篇〉裏，舉「紂為象箸而箕子怖」的故事，「居五年，紂為肉圃，設炮烙，全部糟丘，臨酒池，紂遂以亡」，韓非除凸顯「防微杜漸」之旨意外，亦指出：大惡乃是小惡的累積，小惡是大惡的發端，不可不慎，印證了「有形之類，大必起於小；行久之物，族必起於少」（同上）的道理。韓非在〈說林上〉中，也舉了一個故事：

> 魯人身善織屨，妻善織縞，而欲徙於越。或謂之曰：子必窮矣。魯人曰：何也，曰：屨為履之也，而越人跣行；縞為冠之也，而越人翦髮。以子之所長，游於不用之國，欲使無窮，其可得乎！

在這個事例中，告訴我們生活中要揚長避短，選擇對自己最有優勢的，避免處於劣勢，這個寓言故事，在指導生存技巧的同時，清楚揭示了——人應該要選擇有利於己的條件，人是會趨利避害的。韓非屢言「凡人之有為也，非名之則利之也」（〈內儲說上〉），他如〈姦劫弒臣〉篇云「夫安利者就之，危害者去之，此人之情也」、〈心度篇〉曰「民之性，惡勞而樂佚」、〈外儲說右上〉說「利之所在民歸之，名之所彰士死之」，〈說林下〉

曰「漁者持鱔，婦人拾蠶，利之所在，皆爲賁、諸」、〈制分篇〉載「死力者，民之所有者也，情莫不出其死力以致其所欲。……民者好利祿而惡刑罰」、〈五蠹篇〉說「民之故計，皆就安利如辟危窮」、〈難二篇〉載「好利惡害，夫人之所有也」，這些論見，指出了人之所以趨利避害，除了是人的生存本能外，亦說明了人的存在，是爲了自我的存在、自私的存在，這些自私心理，是人性惡的一部分，並構築了人類最原始的惡❼。韓非對人類本性的論述，在理性認知層面似乎有些保留，但落實於現世人間的行爲本身時，韓非實際上承認了自私行爲的可接受性，儘管韓非並非專注於人的本能需求的價值面的探討，其最終目的是爲統治者找到可資取用、控制人性的管道，但我們仍然得接受，古往今來，許多人類行爲的本身，依然逃脫不出「趨利避害」這個大原則而運作著。

從社會進化的觀點來看，趨利避害的自私行爲，也是一種防衛、保護自我的本能之一，作爲人性的首要法則，維護自身的生存，相對地就是維持對其自身所應有的關懷，問題是：趨利避害的個人求生法則，對個人而言，確實理直氣壯，但對他人而言，則多少帶有惡的色彩了。因此，這種自私的爲己設想、或名之曰必要的惡，吾人不能無視於其存在，吾人須承認人人有自私的權力，趨利避害是人的正當防禦行爲、求生本能時，我們才能知曉韓非在接受人追求私慾滿足本能的合理性之餘，進一步指出：此一趨利避害的行爲，也是一切社會倫理關係的基礎。

審視《韓非子》全書，並無專章論述人性，韓非主張人「皆挾自爲心」（〈外儲說左上〉），一再凸顯「挾夫相爲則責望，自

---

❼參閱黃浩《韓非子的智慧》，頁24，延吉，延邊大學出版社，民國81年7月出版。

爲則事行」（同上），及「人之爲己者，不如己之自爲也」（〈外儲說右下〉），以之鋪陳理論依據，並以父母與子女、夫與妻、兄與弟、君與臣、君與民、一般人與人等六種關係加以剖析，詳細論證了人性自爲及人際往來皆不離利害關係之觀點。

以父母與子女關係而論，韓非在〈外儲說左上〉、〈六反篇〉、〈難二篇〉中及〈姦劫弒臣〉中，反覆說明父母對子女「猶用計算之心相待」的自爲行徑；而得出二者關係實爲利害關係。夫妻關係亦不例外，在〈備內篇〉中，一再將夫妻關係視爲利害甚至敵對的關係，並以〈內儲說下〉「鄭夫人鴆殺鄭君」、「衛人夫妻禱祝各懷鬼胎」作事例說明。兄弟關係亦不能超越利害關係之侷限，在〈五蠹篇〉、〈難四篇〉中，皆有敘及。他如君臣關係，韓非頗爲用心地構築了人主與臣下之間的相對關係，不但有利害之衝突，更具有敵對之威脅，因此，一再彰顯「君臣之利異，故人臣莫忠，故臣利立而主利滅」（〈內儲說下〉）的觀點，從而得出「主賣官爵，臣賣智力」（〈外儲說右下〉)的買賣關係。在〈揚推篇〉、〈孤憤篇〉、〈外儲說右下〉、〈備內篇〉、〈難四篇〉、〈外儲說左下〉、〈難一篇〉、及〈飾邪篇〉、〈六反篇〉、〈外儲說右上〉、〈八經篇〉、〈五蠹篇〉、〈顯學篇〉中，屢屢提醒人主防臣制民之重要性，於強調勢位之懾服臣民之外，同時又明確地將君臣、君民彼此定位於利害關係上。而人與人的關係是最尋常的人際往來，韓非亦一視同仁，同時又把人們好利惡害的普徧性，伸展至單純的世人彼此對待的關係中，從〈備內篇〉中舉「王良愛馬」、「越王愛人」、「醫吮人傷」、「輿人成輿」、「匠人成棺」及〈外儲說左上〉舉「買庸播耕」等例，得出「教人行事施予，以利之爲心，則越人易和；以害之爲心，則父子離且怨」（同上）的結論。

　　韓非人性論的思想淵源，有脈絡可尋，好利避害之說，並非源自荀子，實乃先秦法家一貫主張。據《史記・管晏列傳》所載，管仲相齊時，嘗「通貨積財，富國彊兵，與俗同好惡」，管仲雖未在理論上直接論述人性，但「與俗同好惡」已指出人性好利、爭利是合理的，對照《管子・禁藏篇》及〈牧民篇〉，可知支配社會個體行為及價值取向之原始動力，肇基於「好利惡害」的人性論上，二者可相互印證。鄭國大夫子產，則直接指出人皆好利惡害，人主可運用此一人性特色，作為統治手腕以靈活調度。（事見《左傳》襄公三十年及昭公二十年）。商鞅亦主張「民之於利也，若水之於下也，四旁無擇也。民徒可以得利，而為之者」（《商君書・君臣篇》）又說「民之生，度而取長，稱而取重，權而索利」（〈算地篇〉）、「凡民之所疾戰不避死者，以求爵祿也」（〈君臣篇〉）、「民之性，飢而求食，勞而求佚，苦則索樂，辱則求榮，此民之情也」（〈算地篇〉）「利出於地，則民盡力；名出於戰，則民致死」（同上）這些見解，幾乎與韓非同出一轍。是以人既然皆好利避害，所以「民可治也」（《商君書・錯法篇》）。慎到也認為「天道因則大，化則細，因也者，因人之情也。人莫不自為也，化而使之為我，則莫可得而用矣，故用人之自為，不用人之為我，則莫不可得而用矣，此之謂因」（《慎子・因循篇》）。慎到貴因賤化的思想、自為的概念，頗多影響韓非的思想，於〈大體篇〉中說「守成理，因自然，禍福生乎道法，而不出乎愛惡」，這種「因道全法」的看法，均見其思想繼承。這些前期法家的理論，凝聚成了韓非「自為的」、「好利惡害」的人性觀點。

　　必須指出，先秦諸子論人性，並非純然研究人性而立論的，主要的仍然是以教育、法律、道德、政治等角度來討論人性，雖

有性善、性惡之說，但實際的方向集中於善是性或者惡是性，抑或兩者皆不是。韓非趨利避害、人皆挾自為心、用計算之心以相待的論點，既不是性惡論，亦非性善論，而是屬於一種不帶任何道德判斷的自然人性論，人們的利己動機並無道德屬性，而善惡的價值評斷只不過是不同社會條件下的不同需求，在自為心的趨使下，有著不同表現，而韓非高明之處，在於他避開了人性是善是惡的爭端，以「貴仁者寡，能義者難」（〈五蠹篇〉）、「賢者，不有者衆」（〈難二篇〉）而得出「善者不多」的主張，並劃上一個等號。而且面對無法回避的歷史與社會的現實，多元化、多角度、多層次地探討人們難以割捨的欲求，而建構了從「善者不多」的事實層面為其法治、耕戰、富國強兵、鞏固君權制定了周密詳備的制度與方法。韓非立論的最終目的，乃是為成就君主國富兵強的霸王事業為其大利，並依據君主的大利需求而建立其利害關係的系統脈絡，迎合人主大利者即為善，反之則為惡。在「人性趨利避害」的認知上，荀子與韓非有共同的焦點，但師生對自為的好利避害的態度與評價卻有落差，荀子對「惡」賦予了先驗性並予道德評價，倚靠後天禮義教化以矯正先天的自然惡性，有貴化賤因的前題，及對好利避害的人性以有色眼光持否定態度，並認為好利避害的人性只會引起爭奪，而忽視其合作之可能性。這些與韓非的持論出入頗大。荀子雖然沒有進一步利用人類自然惡性的先天存在，再加以理論的探討，但其性惡論確實被韓非加以掌握，並舖陳出好利是人的本性、人際關係唯有物質的保證、物質的利益才是真實的，並把道德看成是純粹由人的物質利益來決定。在這個基礎點上，韓非人性論本身理論上的片面、不完善之特質，比荀子的性惡論更加絕情化和形而上化了。可以說，荀子是基本意義的儒家，韓非是基本意義的法家，在如此絕情化的

自為心、趨利避害認知下，韓非構築了他那冷冰嚴酷、不近人情
且極端化的法治思想。吾人可謂荀子性惡論多少對韓非思想有啓
發的作用，但若說韓非思想是性惡論者，恐難成立，若視為人性
好利自為說，應是較為貼近的說法。況且，如果韓非視趨利避害
的自為心為惡，就應該對自為心持否定的態度，然而，在《韓非
子》書中，我們看不到韓非從道德層面上反對自為心，甚至還認
為自為是不可改變的，人們若想「去求利之心，出相愛之道」
（〈六反篇〉），很難成為事實，也正因為如此，韓非走出了荀
子「化性起偽」的性惡論範疇，主張因之情而立法，而非借化以
成全道德，終於走入非道德主義的格局裏。再者，韓非儘管無意
於對人性抽象義理的闡述，但對人性的自然流露，卻有其歷史演
變的探索及現實人性深邃洞察的省思作基礎，同時並順應歷史發
展趨勢而牽引，其邏輯思考乃是由「上古競於道德，中世逐於智
謀，當今爭於氣力」（〈五蠹篇〉）所推動，每一個歷史分散階
段，由兩相對應的價值尺度的交互更迭，並彼此連繫於歷史之現
實情境的變化中，可以說，在我國的思想史中，恐怕只有韓非對
人性的外顯行為所表現的，如此真率坦白，峭刻峻急地加以描敘、
概括、說明，又列舉許多事例加以驗證，並以世俗之眼光，返照
世俗的人，淋漓中見其冷漠，灑脫中見其絕情❽，在剝去虛偽的
外衣與面罩時，赤裸裸地展示人性的一面時，在他的那個年代，
在政治利益尖銳衝突、人際關係複雜詭詐的時局中，他的理論姑
不論對錯，至少勇氣是令人佩服的。也就是對人性的認知有如此
態度，在管理思想上就有其影響面，尤其是用人的觀念上，及其
人治思想，頗多可供省思的議題。

❽參閱東方朔〈韓非之功利觀：在歷史與邏輯之間〉，《復旦學報》，民
國82年5期，頁49。

## 三、韓非人事管理思想

人性被先秦思想家提出並加以討論，主要的是爲了解決管理問題。是以不同的人性論，乃會衍生不同的管理思想。然而不管是那家思想，在涉及「用人之道」時，卻呈現出頗爲一致的看法：各家均重視用人之道，均具備了愛才容才的觀念。並以之形成了十分完備和系統化的人才管理思想體系❾。有效管理，即指深諳用人之道，在人力資源的掌握、開發上，落實用人所長，避人所短，人能適其職、職能得其人，如此人盡其才，才盡其用，即是成功的管理者。

是故，人才觀念即成爲選任人才、管理社會國家秩序的指導原則。尤其在戰國時代，傳統用人唯貴、用人唯親的標準，強調等級結構，講求血緣親疏的觀念，已爲當時潮流所拋棄否定，韓非於〈八經篇〉中，就直接批判「主母、后姬、子姓、弟兄、大臣、顯賢」等具有貴族血緣的集團人物，是「亂之所生」者、是政治動盪不安的根源。這些人不僅不能稱之爲人才，而且要驅逐他們遠離管理者行列，更重要的是：這些來自君主身前身後，與君主關係密切的人，是對政權威脅最大的一群「起亂」者。對韓非來說，這是不能接受的，況且，人才與國家興亡的互動關係頗爲密切，且已成共識，從韓非說「任人以事，存亡治亂之機也」（〈八說篇〉）的話中，已側寫了戰國時代「賢才之臣，入楚楚重，出齊齊輕，爲趙趙完，畔魏魏傷」（《論衡·效力篇》）的真實面貌。人才的深刻認識與實際效能，在這樣的歷史條件下，才有可能被提昇到如此崇高的地位，而人才的作用與價值才能得

---

❾參閱楊宗蘭《文韜武略》，前揭書，頁88-89。

以凸顯。如此看來，韓非似乎認爲知人用人的重要性，已接近了
法度了！

　　有效而合理來發揮人才的功能，必須要解決人才進用的去取、
調派、升遷、考核的問題，各機構各層次的決策人物，其考量絕
非以「衆之所譽，從而悅之，衆之所非，從而憎之」（〈說疑篇〉
）爲準則，韓非講求的是人才在工作中的實效性，人才在社會閱
歷中的基礎性、實踐性，因此，爲了在最大限度提高國家機器之
正常運轉及其效率，人，作爲管理要素首要對象，在韓非的思想
體系中，就構築了他特殊的脈絡系統，並使其人事任用制度有較
大的空間可以靈活調度，也有較強的適應性及自我調節的能力。
細審韓非有關用人的主張，其相關言論有：

> 見能於官以授職，盡力以權衡以任事，……明君使事不相
> 干，故莫訟；使士不兼官，故技長；使人不同功，故莫爭。
> （〈用人篇〉）

> 官襲節而進，以至大任，智也。（〈八經篇〉）

> 明主之道，一人不兼官，一官不兼事。（〈難一篇〉）

> 人皆寐，則盲者不知，皆嘿，則喑者不知。覺而使之視，
> 問而使之對，則盲、喑者窮矣。不聽其言也；則無術者不
> 知，不任其身也，則不肖者不知。聽其言而求其當，任其
> 身而責其功。（〈六反篇〉）。

> 因任而授官，循名而責實。（〈定法篇〉）。

> 群臣守職，百官有常；因能而使之，是謂習常。……賢者
> 效其材，君因而任之。（〈主道篇〉）

> 臣不得越官而有功，越官則死。（〈二柄篇〉）

> 宰相必起於州部，猛將必發於卒伍。夫有功者必賞，則爵
> 祿厚而愈勸；遷官襲級，則官職大而愈治。（〈顯學篇〉）

　　試之官職，課其功伐。（同上）

　　任人以事，存亡治亂之機也。無術以任人，無所任而不敗。
（〈八說篇〉）

　　其用人也，不取同。（〈八經篇〉）

　　廢置之事，生於內則治，生於外則亂。（同上）

韓非對人才之選擇與權限，注重從基層做起，依等次循序漸進的
原則，不可選用比周相譽者，需依其專業知識與專門能力為考量，
且以能力授與職位，若有才能出眾者，應提供發揮才能的空間。
當授與職位後，就需相對要求職責，且不得兼職，要分層負責，
職責不可相互侵犯，而辦理事務，必須遵循法度，有了這些方法，
任用何人就不會有失敗之虞！這些用人的主張，涉及了公平、專
業、制度、機會、客觀、公開等觀念，與今日管理層面的用人原
則，頗多吻合之處。

　　然而，韓非選用人才仍有其特殊的標準，其中，有幾種人他
認為不必考慮的，一種是「上見利不喜，下臨難不恐，或與之
天下而不取，有萃辱之名，則不樂食穀之利」的「不令之民」
（〈說難篇〉），如許由、續牙、晉伯陽、秦顛頡、衛僑如、狐
不稽、重明、董不識、卞隨、務光、伯夷、叔齊等，或者是「不
臣天子，不友諸侯，耕作而食之，掘井而飲之，無求於人；無上
之名，無君之祿，不事仕而事力」（〈外儲說右上〉）的狂矞、
華士昆弟，與「不恃人而食，亦無益人之國」的「堅瓠之類」
（〈外儲說左上〉)的田仲等這類孤芳自賞、自命清高以出世為志
業獎賞不足以勸之，人主亦不能用的人；另一種是「上不能說人
主使之明法術度數之理，以避禍難之患；下不能領御其眾，以安
其國」的豫讓之流，這種人不學無術，不過是亡命之徒，不懂治
國大略，沒有管理能力，儘管忠心聽話，亦在割捨之列。再者，

還得注意「思小利而忘法義，進則揜蔽賢良以陰闇其主，退則撓
亂百官而為禍難」（〈說疑篇〉）的人，如豎刁、易牙等人，及
「言非如是，言是如非，內險以賊，其外小謹，以徵其善，稱道
往古，使良事沮，善禪其主，以集精微，亂之以其所好」的「郎
中左右之類者」（同上），如優施、成駒等人，及「朋黨比周以
事其君，隱正道而行私曲，上逼君，下亂治，援外以撓內，親下
以謀上」（同上）的人，如子之、田恆、太宰欣等。另外，尚有
一種「疾爭強諫以勝其君」（同上）、「一言而不聽，一事而不
行，則陵其主以語，從之以威」(同上)的人，如比干、伍子胥、
關龍逢之流，亦非當今之時可用之才。韓非心目中的理想人選，
是「皆夙興夜寐，卑身賤體，竦心自意，明刑辟，治官職，以事
其君，進善言，通道法，而不敢矜其善，有成功立事，而不敢伐
其勞」（同上）的后稷、皋陶、伊尹、周公旦、太公望、管仲、
隰朋、百里奚、蹇叔、舅犯、趙衰、范蠡、大夫種、逢同、華登
等人，他們不但能「明於霸王之術，察於治強之數」（〈姦劫弒
臣〉），而且又能「適當世明主之意」(同上)。另有二種人要特
別防範，一是「為多其智，因惑其信」（〈八說篇〉）；一是「為
潔其身，困惑其智」(同上)，他們各有缺點，或欺君、或亂事，
儘管智慧、道德皆可取資，亦不適任。綜合這些細節，排除了這
些限制，才算是滿足了韓非心目中理想的人才標準。

　　對君主而言，具有人才的選擇權與經營權，韓非也有一番期
許，他認為選用人才，不可憑君主個人的好惡，更不可輕信輿論
的毀譽而左右決定，「有賢不肖而無愛惡」、「有尺寸而無意度」、
「有愚智而無非譽」（〈安危篇〉）。如果君主聽信左右，愛惡
率性由己，就是放棄人事任用權，不但造成近旁持勢而矯，更容
易使僚臣結黨營私，反而易賓為主，迎合討好以求荐舉，有所企

求者每每以荐舉者之利益而設想,以致「屬數雖多,非所以尊君也;百官雖具,非所以任國也。然則主有人主之名,而實托於群臣之家也」(〈有度篇〉),整個官場結構、政治生態將成為權重之臣安插人事的溫床,官職成為酬庸或是交易取利的籌碼,人主則被架空,反而成為當道重臣賣官以謀私利,以圖私心的工具了。因此,這種「父兄大臣上請爵祿於上,而下賣之以收財利及以樹私黨。故財多者買官以為貴,有左右之交者請謁以成重」(〈八姦篇〉)的現象,若不改善,政治圈內將有許多大小不一的集團,分食政治利益之大餅,舉荐者與被舉荐者相互狼狽為奸,外內朋黨成群,對君主威勢及統治造成危機,「此亡國之風也」(同上),不可不慎。在〈說疑篇〉中,韓非認為從周宣王以來,許多亡國者,皆因禍自內起,其主要關鍵就是人主放棄了人才的支配、管理的權責,一味片面聽信他人推荐之辭或自荐者說辭,或以人主主觀印象為定奪,真正的智能之士,將與「無令而擅為,虧法以利私,耗國以便家」(〈孤憤篇〉)的重臣,形成不可兩存之敵對狀態,難以伸展抱負,又有遭到迫害的可能。

況且,人主憑主觀印象及舉荐者製造假輿論,其本身就具盲目性及不確定性,在「觀客服,聽辭言,仲尼不能以必士」(〈顯學篇〉)的條件下,也都未能符合事實真象,何況這些投君所好、避君所惡的擅為重臣,他們以人主主觀好惡傾向為考量,所設計、安排,且造假成分頗為明顯的推舉對象,自然不可能是真正的智能之士了。為了防患這些人性弱點造成的缺失,韓非認為「明主使法擇人,不自舉也;使法量功,不自度也」(〈有度篇〉),以具體事功依法律一定程序來擇優用人,在〈六反篇〉中,韓非更作了進一步的闡發:

　　不聽其言也;則無術者不知。不任其身也,則不肖者不知。

> 聽其言而求其當，任其身而責其功，則無術、不肖者窮矣。
> 夫欲得力士，而聽其自言，雖庸人與烏獲不可別也；授之
> 以鼎，則罷、健效矣。故官職者，能士之鼎也，任之以事，
> 而愚智分矣。

如果能依此標準擇人用人，所有的自荐、舉荐者之美麗說辭或人主之主觀好惡，將頓時失效，在核察人才所相應的具體事功上，才能避免與眞實能力不符的庸才充斥迷漫著整個官場。

必須指出：韓非的時代，科舉舉才用人制度尙未建立，以自荐或他人推舉來徵求人才，是常見的現象，韓非特別警告以這種管道取得的用人對象有其危險性，但是，韓非並未能提供另一種更爲有效的擇才方法，事實上，也不能否定自荐或他荐取得的人才，個個都是僥倖之徒，都是庸才，其中最主要的原因，就是嚴加考核。當某人自稱有某種能力，或被推舉者被肯定有才華時，人主宜「以其言授之事，專以其事責其功，功當其事，事當其言，則賞；功不當其事，事不當其言，則罰」（〈二柄篇〉），因此，自荐者或被荐者立功授官，推荐者亦等於立功，而可受賞，反之則同受處罰。這種連坐色彩，將使推舉者不敢造次，不能言過其實，也不會妄自隨意推荐，如此一來，君主選才任官，「論之於任，試之於事，課之於功」（〈難二篇〉），即可避免濫竽充數或庸才與重臣當道的惡性循環，自然可以人盡其才，官稱其職。人主在國家機器的整體運作中，才能廣泛地徵集人才，選用智能之士參與政事。此一選人用人的理論，不但可以擺脫傳統血緣關係的巨形束縛，並凍結重臣以荐舉人才爲名用以大樹私黨的管道，同時以具體事功之嚴格考核爲主旨的選才原則，將逐漸形成一個人才圈，此一人才圈的效應，在政治層面的意義上，一則凸顯出其治國才華，二則又能爲君主效命盡忠，三則構築成一官僚體系，

四則建立了中央集權君主專制政治的雛形。這種以具體事功的標準及量功授祿的主張，有其時代的合理性，有其時代的改革趨勢，在我國的政治制度、管理思想的地位，應有其一定的意義及影響。

　　韓非的人才管理思想，涉及了人主、臣下及百姓等層面，及三者之間彼此的運行規律及內在機制，並且透過一定的約束力量及全面具體事功的考核，進行指揮、協調、掌控，使其人才的效率能有效地發揮，完成整個系統的總體目標。而這些因用人擇才所涉及的管理思想，有其組織、統御、監督的最終企圖，那就是為了建立一個統一的中央集權及成就霸王事業的國家。在這個設計過程及改造過程中，身為最高層管理者與經營者的君主，其一切擇才選官的設計，必須觸及了人主智慧水平。韓非認為人主的個人力量及智慧水平是有限的，縱使一個人主智慧、能力多高多強，也不可能全面掌控一切，但只要有效率的管理、支配及技巧，一樣可以使臣下、百姓竭盡其才智，韓非說：

> 明君之道，使智者盡其慮，而君因以斷事，故君不窮於智，賢者勅其才，君因而任之，故君不窮於能。（〈主道篇〉）
> 下君盡己之能，中君盡人之力，上君盡人之智。（〈八經篇〉）
> 夫物者有所宜，材者有所施，各處其宜，故上無為，使雞司夜，令狸執鼠，皆用其能，上乃無事。（〈揚搉篇〉）

韓非認為人主必須具備有管理與用人的才能，則可不必事事躬親，只要方法得當，用人正確，確實考核，賞罰落實，人主「抱法處勢」（〈難勢篇〉）即可，懂得掌握管理領導之妙方，比那些滿口仁義道德的聖賢，更能步入正軌，使得管理者可以清靜無為，達到名尊身安的理想境界。

　　因此，韓非在〈外儲說右下〉中，批判了管理者親自救火與組織力量、發揮團隊力量去救火，二者產生的效率是不一樣的，

在〈難一篇〉中，更直接點名批判了舜的事事躬親，巨細靡遺的管理方式、用人技巧，正是無術的表現。人主若是能「以一得十者，下道也，以十得一者，上道也，明主兼行上下，故姦無所失」（〈八經篇〉），能盡人之力，盡人之智之餘，並且能對各人力、物力資源，安頓於適合的位置上，能「因人以知人」、「因物以知物」（〈難三篇〉），君主何懼有事！

韓非反對人主事必躬親，是否就是肯定權限下放、委任責成呢？〈主道篇〉說「人主之道，……不自操事而知拙與巧，不自計慮而知福與咎」，明顯看出反對人主躬自「操事、計慮」，於〈八說篇〉中，卻又指出「酸甘鹹淡，不以口斷，而決於宰尹，則廚人輕君而重於宰尹矣；上下清濁，不以耳斷，而決於樂正，則瞽人輕君而重於樂正矣；治國是非，不以術斷，而決於寵人，則臣下輕君而重於寵人矣，人主不親觀聽，而制斷在下，托食於國者也」，韓非從口食味覺，音調音質到治國是非等層面為例證，說明人主要躬親聽斷，否則大權旁落，成為寄生的傀儡，會形成「托食於國者」。比較二文，似有矛盾對立，然則韓非如何從中取得平衡呢？

細審〈外儲說左上〉「魏昭王欲與官事」、〈外儲說右下〉「田嬰請齊宣王聽斗石參升之計」二件事例，韓非明確表示了反對人主躬親涖下的態度。於〈難二篇〉中，另載有「齊桓王時，晉客至，有司請禮，桓公曰告仲父者三，而優笑曰易哉為君，一曰仲父，二曰仲父。桓公曰吾聞君人者勞於索人，佚於使人。吾得仲父已難矣，得仲父之後，何為不易乎哉」一事，韓非以「或曰」的方式，駁斥了桓公之說。韓非認為人主「設官職，陳爵祿，而士自至」，看來人主「索賢不為人主難」，只要「無逆賢而已」即可！然而，人主「以刑名收臣，以度量准下，此不可釋也」，

看來，韓非認爲人主只要不拒絕賢人，賢能之士自然湧至，但是，當人主委託賢能者治國理政時，卻獨獨不可安逸而放鬆，表達了韓非要求君主對於人事監督權，不能也不可以釋手的立場！最後以桓公既重用仲父，亦委政豎刁、易牙，落得「蟲流出屍而不葬」的下場，可見桓公「不知臣欺主已明矣，而任臣如彼其專也」，是以，韓非認爲桓公只能稱得上是一位「暗主」罷了！對照〈八經篇〉中「上君盡人之智」的說法，已有要求臣下參預決策、謀議、諮詢過程的假設與可能，韓非也說過「人主者，守法責成以立功者也」（〈外儲說右上〉），及「聖人不親細民，明主不躬小事」（同上）的主張，可見，在理智層面，韓非應是主張委任責成的，但在〈二柄篇〉中又說「人主者，以刑德制臣者也」，〈亡徵篇〉中，且以人主「權輕而臣重」列爲亡國徵兆的首條，可見韓非的反對人主事必躬親，必須是人臣能明分責誠的條件下進行，但是，假如人臣過專權重，有欺主蔽主之嫌，「使國家危削、主上勞辱」（〈孤憤篇〉）時，就必須監督，因爲「大臣甚貴，偏黨衆強，壅塞主斷而重擅國者，可亡也」（〈亡徵篇〉），此即韓非的立場：他可以「閉著一隻眼睛委任臣下」，但卻要「睜著一隻眼睛防閒督責」❿。

　　再者，在君主－人臣－百姓的管理系統結構中，韓非特別凸顯中間的人臣這個階層的上下對應關係：人臣受君主支配指揮，而各級官吏則直接管理廣土衆民。在這個管理系統中，一個國君，一個最高管理者，他的角色，只要掌握住中間的官僚系統即可，韓非說：

　　善張網者，引其綱，若一一攝萬目而後得，則是勞而難；

❿參閱霍存福《權力場》，頁43-47，台北，揚智文化事業公司，民國81年11月出版。

> 引其綱,而魚已囊矣。故吏者、民之本綱也,放聖人治吏
> 不治民。(〈外儲說右下〉)

可見治吏即是治民,人主只要引其綱(各級官吏),魚(平民眾
生)即可入囊,懂得管理技巧的人主,即可輕易支配,不必勞而
難了。問題是:官吏人數龐大,君主可能無法全面掌握,若要
「身察百官」,事實上是「日不足」而「力不給」的(〈有度
篇〉),因為君主「用目則下飾觀」、「用耳則下飾聲」、「用
慮則下繁辭」(同上),如此,人主容易被蒙蔽欺騙,為防止臣
下有飾觀、飾聲及繁辭之動作,君主必須「捨己能,而因法術,
審賞罰」(同上)外,尚且還能使各級官吏,依職位大小,分門
別類,彼此相互制約、相互牽連,建立一個環環相扣的內在機制,
使整個官僚體系自動運轉,整個系統納入有效管理之行列,此即
韓非所謂的:

> 相室約其廷臣、廷臣約其官屬;軍吏約其兵士,遣使約其
> 行介,縣令約其辟吏,郎中約其左右,后姬約其宮媛,此
> 之謂條達之道。(〈八經篇〉)

儘管有這種「下約以侵其上」(同上)的承諾,但是,韓非在〈難
二篇〉中記載了晉平公問叔向「昔日齊桓公九合諸侯,一匡天下,
不識臣之力也?君之力也?」,叔向以管仲、賓胥無、隰朋三人
通力合作,認為是「臣之力也」,師曠卻以「君為攘地,臣為草
木」之喻,主張是「君之力也」,韓非駁「叔向、師曠之對,皆
偏辭也」,主張「凡五霸所以能成功名於天下者,必君臣俱有力
焉」,並認為「有其臣而無其君」、「有君而無臣」皆非成功之
道。在〈功名篇〉中,韓非進一步強調了君臣彼此的共生共榮的
依賴關係:

> 人主者,天下一力以共載之,故安;眾同心以共立之,故

尊。人臣守所長，盡所能，故忠以尊主。主御忠臣，則長
樂生而功名成。名實相持而成，形影相應而立，故臣主同
欲而異使。人主之患在莫之應，故曰：一手獨拍，雖疾無
聲。人臣之憂在不得一，故曰：右手畫圓，左手畫方，不
能兩成。故曰：至治之國，君若桴，臣若鼓，技若車，事
若馬。

在「古之能致功名者，衆人助之以力」的前提下，「人主之患在
莫之應」，如果「位不載於世」，即使「德若堯、舜，行若伯
夷」，也會落得「功不立，名不遂」的結局，因此，雖然人主與
臣下「異使」，如果能通力合作，就可「近者結之以成，遠者譽
之以名，尊者載之以勢」(俱見〈功名篇〉)。從這些言論來看，
說明韓非不僅闡述了「君臣之際，非父子之親也，計數之所出也」
(〈難一篇〉)的一面，同時也了解到君臣合作的重要性。這種
君臣合作的觀念，與今日講求團隊精神、集思廣效，群策群力的
人力資源管理概念，亦有異曲同功之處。然而，在「忠以尊主，
主御忠臣」(〈功名篇〉)的前提下，是群臣必須活著，只有他們
活著，而且有意願爲人主效忠，人主才有實質的政治利益與意義，
要讓他們活著，且有養家活口的足夠俸祿，並要限制與利用人們
的欲望，韓非在用人的思考中，另外提出了官吏需要「養忠」的
概念，用來區別〈說疑篇〉中那些不令之民，以凸顯韓非不認同
官吏清廉的立場。

　　〈難一篇〉中，韓非舉齊桓公爲管仲取得與其地位適當的「立
高、國之上」、「有三歸之家」、「立以爲仲父」等措施爲實例，
在〈姦劫弒臣〉中，更用對比的方式強化了「養忠」的迫切性及
可行性，及以優渥條件以吸引人才效忠君主，「以便治也」的態
度：

> 今為臣，盡力以致功、竭智以陳忠者，其身困而家貧，父
> 子罹其害；為姦利以弊人主，行財貨以事貴重之臣者，
> 身尊家富，父子被其澤；人焉能去安利之道而就危害之處
> 哉？

韓非實際上已指出官僚體制在本質上就不太可能是養廉的。因為
就君主而言，官僚是可以收買的，賞罰可皆由他，並且集司法、
立法、執法為一體，此一政治形式本身的特殊情況，人主關切的，
並非是清廉的操守，而是忠誠的順服，人主比較在乎的是官僚們
集體效忠以鞏固中央集權的領導中心，而並不想「養」出對眾生
百姓有利的廉政❶。然而，在缺乏相對獨立的、中立的及超然、
權威的監督單位，在一人為政的政治條件下，官僚們的私慾與其
權力將逐漸形成正比，而此一難以填滿的欲望及權利會不斷膨脹
的趨勢，到了最後，可能不是人主可以通過「養忠」的途徑可以
控制的。韓非企圖以物質的付出得到忠誠的保證，有時候可能是
無限貪婪的欲望深淵及令人更加腐敗的絕對權力之擴張。

　　雖然韓非主張養忠以用人，而且也似乎有官場無廉政的思考
傾向，但這不表示只要「養」，所有臣下都會絕對忠，也不表示
所有臣下一定要忠。韓非認為「治強生於法，弱亂生於阿，君明
於此，則正賞罰而非仁下也」（〈外儲說右下〉），因為所有可
以用來養的爵祿，皆「生於功」，如果「臣明於此」，只要「盡
死力而非忠臣也」，是故，人主可以「通於不仁」，官下可以
「通於不忠」，依然「可以王矣」（同上）。看來，韓非提出用人
養忠的命題時，並沒有忘記為人主所用的臣下們，他們仍得「明
法」。在〈六反篇〉中，韓非說明了「聖人之治也，審於法禁，

---

❶參閱黃浩《韓非子的智慧》，前揭書，頁69。

法禁明著，則官法；必於賞罰，賞罰不阿，則民用官」的道理，並且謂「君不仁，臣不忠，則可以霸王」之道，就是「人主挾大利以聽治，故其任官者當能，其賞罰無私，使士民明焉，盡力致死，則功伐可立而爵祿可致，爵祿致而富貴之業成矣」(同上)，可知，「法」本身就已是保證，人臣的爵祿富貴，依法辦事，可以說就是忠誠，可見忠誠與明法並不矛盾，儘管在當時的政治氣候及政治生態中，明法、守法本身可能有其時代侷限，但韓非的用人思想中，提出了「臣可以不忠」的大膽又反傳統的識見，力求以法作為人們的遊戲規則，有「法禁」、「官法」的保證，加上賞罰不阿的公正性，本身也是法的執行，隱隱中指出「法」的權威高於忠君的官性本質，不能不說是一個很突出的看法，尤其是從一位君權至上論者及法治理論家身上說出來，令人佩服。對今日管理領域，人事困擾容易出現效忠雇主與遵守國法的二難抉擇，頗多啟發與省思之處。

　　有關用人的思想中，《韓非子》書中提及了許多察姦、防姦之權謀術的描寫。韓非認為「今天下無一伯夷，而姦人不絕於世」(〈守道篇〉)、「猾民愈眾，姦邪滿側」(〈揚搉篇〉)，若人主沒有「術數以御之」(〈姦劫弒臣〉)，姦臣必然「欺主成私」、「乘信幸之勢以毀譽進退群臣」(同上)，基於這種認識，韓非為了「潛御群臣」(〈難三篇〉)，方便治國持政，專門寫了〈八姦篇〉、〈八經篇〉、〈說疑篇〉、〈姦劫弒臣〉、〈內儲說〉的「七術、六微」等篇章。為了防姦，必須先掌握成姦之道，〈八姦篇〉提及了形形色色的姦術來源：「同床、在旁、父兄、養殃、民萌、流行、威強、四方」等八種，值得注意的是：八姦中，首姦及第三姦，均是「其賊在內，禍在所愛」(〈備內篇〉)的親人，尤其是同床，韓非「反對君主把裙帶關係牽扯到政治中去的觀點看，

他在政治上的鑒別能力還是相當了不起的」❷，其次要防朝臣官
僚，尤其是韓非於〈說疑篇〉中，所提及的五種姦邪之臣：侈用
財貨賂，以取譽者：務慶賞賜予，以移眾者；務朋黨徇智尊士，
以擅逞者；務解免赦罪獄，以事威者；務奉下，直曲怪言，偉服
瑰稱，以眩民耳目者。這五種姦臣，或用錢財施賄以釣譽：或謀
求賞賜但卻轉手他人，以拉攏人心；或結黨營私、禮賢下士而專
權放肆；或赦免罪犯之過，以塑造自己威勢；或討好下屬，顛倒
是非曲直，發表奇談怪論以惑亂視聽，皆是人主所不知者。第三
個要防的是人主自己。看來，韓非所謂的成姦者，嚴格說來，人
主左右無一是好人，人主自己也是成姦者，人主也不是東西。事
實上，韓非的法治藍圖，極權化、人治化色彩相當濃厚的，人主
仍然必需仰賴一群官僚維持政令、政務系統的運作，國家機器還
是得靠群臣操控，而且，想要擺脫社會交往及宗族血脈的親情聯
繫，幾乎是不可能。在〈內儲說上〉中，韓非為人主設定了七種
具體的御臣防姦之術：眾端參觀、必罰明威、信賞盡能、一聽責
下、疑詔詭使、挾知而問、倒言反事。其中，前四術，屬陽謀之
術，是攤在陽光下的正當手段，仍然可資為今用，頗具借鑒意義。
後三術則屬陰謀術，是玩弄手法，詭譎無行的狡猾術。吾人承認
防姦、察姦有「必要的手段」，在策略上，允許一定的監督技巧，
但以「掎挈伺詐，權謀傾覆」(《荀子·富國篇》)的玩弄權術，
與今日的間諜、特務，實無二樣。而密謀策劃，在爾虞我詐的情
境下，或許短期可能見效，但從長遠來看，只會造成心懷鬼胎、
相互猜忌，而傾軋陷害，層出不窮，使權術從陰暗面變為公開化
的活動，終將腐蝕人心，政治舞台上，個個是包藏禍心的陰謀家，

❷前揭書，頁115。

人人隨時提防別人落井下石，「無人不壞，無官不姦」❸，將使人們對政治產生冷感症。

　　韓非於〈內儲說下〉中，另外論述了人主需察覺的六種姦邪術：權借在下、利異外借、託於似類、利害有反、參疑內爭、敵國廢置等。所謂的「微」，指的是防微杜漸，以免養成大患，韓非於此提出一個很有意義的原則，卽治姦防姦，應早治早絕，此卽「蚤絕其姦萌(〈外儲說右上〉)、「禁，先其本者治」(〈心度篇〉)、「明君見小姦於微，故民無大謀；行小誅於細，故民無大亂。此謂國難於其所易也，爲大者於其所細也」(〈難三篇〉)之意也。韓非提醒人主「知微之謂明」(難四篇)，又說「知下明，則禁於微，禁於微，則姦無積，姦無積，則無比周。……知下明，則見精沐，見精沐，則誅賞明」(〈難三篇〉)，如此才能明察秋毫。另外，一個人知微、防微是不夠的，如果能夠「以一得十者，下道也，以十得一者，上道也。明主兼行上下，故姦無所失」(〈八經篇〉)、「使天下不得不爲己視，天下不得不爲己聽，故身在深官之中而明照四海之內」(〈姦劫弒臣〉)，聚合眾人力量，來防微杜漸，更勝於一人之力，如此，才有可能眞正防微、知微。其他，尚須注意姦臣可能「託於似類」，造成判斷的誤差，需要敏銳的觀察，其他如權力不可分散；君臣不同利而發生勾結外援；並且應善於從反面去考慮、反省問題；與屬臣權力應界限劃分清楚：及提防敵國的離間計而誤殺忠臣。整體而言，韓非要求人士詳察微末、細覺端倪，不要依違兩可，且能權限分明，辨別是非，減少觀察、判斷上的誤區、盲點，這是值得肯定的。從管理的角度而言，更是具有實用的價值。

----

❸前揭書，頁77。

　　韓非於〈八經篇〉中，另行論述了人主的治國理政的八種方法，它們是：因情、主道、起亂、立道、周密、參言、任法、類柄。值得注意的是「主道」之法中，有「力不敵衆，智不及物，與其用一人，不如用一國」的看法，這是韓非「直截了當地指出了統治者個人在智力上的侷限性，這種冷靜客觀的剖析，打破了那種由權力的魔法而塑造出的無所不能的君主形象」⓮，另外，在人主「事至而結智」的方法中，韓非也提出了人主如何發揮臣下的智慧、才能的策略，即所謂的「結智五法」：(1)一聽而公會；(2)自取一，則毋墮壑之累；(3)使之諷，諷定而不怒；(4)言陳之日，必有策籍；(5)用其人也不取同，同則君怒。其中，有防止人云亦云、群臣集思廣益，以明決斷、勇於諷喻並陳說建言、備載在案、定謀不取建言比周者等。韓非所「強調的君主要注意對人的智力的潛能發掘，其實已經超出了他以刑德二法來驅使群臣的法家思想範疇」⓯，在「立道」之法中，韓非提出了「參伍之道，行參以謀多，揆伍以責失」的原則，並且以「揆之以地，謀之以天，驗之以物，參之以人」等「四徵」，從天、地、物、人四個角度，多了解情況，而能參驗考察。在參伍之道之大原則下，韓非也舖陳開展出一系列人主考驗臣下的具體作法：

> 參言以知其誠，易視以改其澤，執見以得非常，一用以務近習，重言以懼遠使，舉往以悉其前，即通以知其內，疏置以知其外，握明以問所闇，詭使以絕黷泄，倒言以嘗所疑，論反以得陰姦，設諫以綱獨爲，舉錯以觀姦動，明說以誘避過，卑適以觀直諂，宜聞以通未見，作鬥以散朋黨，深一以警眾心，泄異以易其慮，似類則合其參，陳過則明

> 其固,知罪辟罪以正威,陰使時循以省衰,漸更以離通比,
> 下約以侵其上。

韓非從多聽人言、交換角度、以明察暗、任用近習、加重處罰、參考往事、主動接近、疏遠下臣、懂得套話、使用詭計、故意倒反、反面議論、設立督察、舉人之錯、公開政策、迎合臣下、推測未知、挑起內鬥、深入了解、故意洩露、參驗類似、列舉臣過、知罪必罰、派人暗查、更換官吏、下侵其上等策略,幾乎把人主的一切防姦技倆,全部派上用場了。韓非認為「人臣太貴,必易主位」(〈愛臣篇〉),因為「貴者,無法而擅行,操國柄而便私者也」(〈人主篇〉),因此,韓非主張「任事者毋重,使其寵必在爵」(〈八經篇〉),不可使人臣權力過於膨脹,而應表現在不涉及權力的爵位上。同時,為了方便人事管理,韓非亦極力主張防姦,必須鏟除朋黨,如果「為人君者,數披其木,毋使木枝扶疏,木枝扶疏,將塞公閭,私門將實,公庭將虛,主將壅圍」(〈揚搉篇〉),因此,「欲為其國,必伐其聚,不伐其聚,彼將聚眾」(同上),為了避免植黨營私,集體欺君罔上之亂象,韓非強調了「下不一門,大臣不擁」(〈八經篇〉)的立場,臣下不可以從單一的管道選擇,否則就容易培植黨羽,而為非作歹。

值得注意的是:韓非以法治吏而防姦的思想中,嘗提出:

> 夫姦,必知則備,必誅則止;不知則肆,不誅則行。……
> 故明主之治國也,眾其守而重共罪,使民以法禁,而不以
> 廉止。(〈六反篇〉)

作惡之人,若一定會被察覺,就有所戒備:一定會被懲罰,就停止作惡。反之,則會放肆而為所欲為。因此,英明的君主必然廣泛設置防範措施而加重處罰,使下屬受到法令拘束,而不會仰賴他們自身的品德操守。韓非這些看法,提及「知」及「誅」的關

係，知姦及相應的「誅」，兩者不可或缺，不知姦，治姦無從談
起，然而，知而不誅，亦不能治姦，反而會使作姦犯科，更爲嚴
重，而依賴人民的道德自覺，是收效不大的⓰。論者謂《韓非子》
書，「堪稱中國古代社會最早也是最爲現實完備、堅強的一部禁
姦理論大全」⓱，應是可以接受的。

從韓非系列防姦、察姦、治姦的主張中，雖然在人事管理的
角度上，不乏現實意義，仍有借鑒、參考之價值。然而，細審全
書，韓非身爲一個臣下，卻製定、設計權謀系統如此完備的馴臣
牧臣之術，看來，可能有韓非不得不如此的時代要求，但是，從
歷史的長河來看，這些防姦治姦之術，被防姦之臣子也可以用來
對付自己的下屬、幕僚、親朋，而且原來作爲上對下的權謀之術，
又會刺激下屬發展出另一套下對上的權術，如此一來，使單純又
單向的帝王御臣之術，演變成複雜、全面性且又雙向的官場權謀
術，防姦察姦，由上防下，上察下，形成了下也防上、下也察上，
上下相防相察的局面，眞是蔚爲大觀。而歷史卻告訴我們，韓非
之防姦權謀之術，在先秦時代，卻大爲世用，而且對後世科舉、
文官體制之建構及人臣、人主關係結構之變本加厲，發揮了一定
的影響，值得深思的是：是否韓非所代表的法家之權謀，因秦國
專制治國的一時得意，而與民情、民性的某些情境相關？或者抓
住了人性在歷史狀態中，某些眞實的陰暗面呢？⓲，或者，這正
是政治的本質──高明的騙術呢？

在我國古籍中，能夠大方又大膽地把一系列陰謀詭計的技巧、

⓰參閱潘乃樾《韓非子與現代管理》，頁146。中國經濟出版社，民國84
年6月1版。
⓱參閱謝芳琳、乾永昌《君人南面之術──法家與人才管理》，頁192。
四川人民出版社，民國85年1月1版。
⓲參閱吳興明《謀智、聖智、知智──謀略與中國觀念文化形態》，頁
232-233、246。上海，三聯書店，民國82年6月1版。

方法及過程以「教科書」的專業口吻作爲政治學的必修課程，廣
泛記載、分類講解，大概是絕無僅有的，以國人喜歡「儒雅和遮
掩的人情化的文化傳統」❶習慣來看，實在是一件不可思議的事。
問題是：韓非何以樂此不疲？何以寫得如此津津有味？並且企圖
推荐給衆多有心人士？韓非的眞正心理，我們或許已無法眞正了
解，但從全書的觀點及常引爲佐證的案例中，不難覺察有：時代
事實之側寫，透視了人性的私利本質及官場無正義的黃金法則、
認知政治是騙人的把戲、對君主集權政治之高度嚮往及陰謀權術
是必要的惡及生存競爭的無奈及手段……，不過，無論韓非如何
鼓吹權謀術，不可否認的是：這種花招確實是官場上的普二現象，
不僅不可少，最重要的，使用權謀之術，它眞能發揮效力。

　　就是在滿足私欲及保護自己及既得利益的趨使下，人事傾軋
必不可免，如果人主這位管理者又喜歡以個人好惡及聽信左右之
言來解決問題，那麼玩弄權術、欺世惑衆等陰謀活動必然流行，
如此的君臣關係，劍拔弩張，「上下一日百戰」（〈揚搉篇〉），
恐將塑造出人人自危的政治氣氛。當權術大爲流行，官場遊戲規
則變質，權謀在亂世時政治行爲會從地上轉入地下，而權謀可以
在抬面下進行時，事實上就等於公開化的祕密了。不可否認，可
能會有短暫的實用效果，但此一衝天炮似的短暫作用，長期下來，
將嚴重傷害人們的自尊及人際往來的信任感、彼此相互尊重及合
作意願，人人各自構築自我防衛的高牆，僅有的，只是猜忌、落
井下石、攻訐、暗箭傷人等卑鄙行徑，這將使人們對政治產生冷
感、厭惡及否定、懷疑的心態，作爲臣僚，在這個狀況下，將只
是棋子，任人擺佈。從用人的觀點而言，權謀術如果廣爲使用，

---

❶前揭書，頁74。

才智之士不能被重用而遭冷落，這將是人力閒置、人力資源的浪擲！更甚者，爲人主僚屬，爲了身尊家富，向人主效忠，視爲最大職責，而芸芸衆生的生存疾苦、社會百態的了解、發展等，皆不在關懷之列。必須指出：官吏的形象實即意謂著人民對君主的認識，尤其是百姓不能直接見面接觸人主的時代。易言之，各級官僚的施政成效及與民衆的關係，就等於顯示民衆對人主本人及國家政權的第一印象；而當臣下皆只專心於營建與人主的關係時，不但可能豢養出一批唯利是圖的官僚階層，而且視廣土衆民只不過是個一群豞狗罷了！這不能不說是韓非管理思想引人爭議處，這些主張是其學說的反面宣傳，也可視爲其思想的糟粕。

## 四、結　論

　　韓非人皆自爲利己的人性論，是其倫理道德、人際往來、政經關係的思想基礎，並擴充且完成其政治理論。反映了韓非的時代，人的基本欲望及對權力追逐的部分社會原貌。然而，韓非把人的欲望滿足，歸之於個人生理之需求，從而得出人性自私自利的觀點，實有其片面之處。因爲：人的欲望及追求私利，並非一體，也非天生即具有的，欲望可以發展成私利，但欲望並非皆是私利圖己的，欲望演變成私利，多少與人口增加，社會進化有關。韓非嘗指出：「古者人寡而相親，物多而輕利易讓，故有揖讓而傳天下，然則行揖讓，高慈惠而道仁厚，皆推政也」（〈八說篇〉）此意原爲談論聖人不行推政之意，但卻指出：遠古時代，人們既然可以相親輕利而行揖讓，則人之欲望及私利，根本不存在有「皆挾自爲心」，韓非此處的說法，適足以否定了人皆自私自利的論點。

　　韓非以人皆自爲的主張，提出「明仁義愛惡之不足用，而嚴

刑重罰之可以治國也」（〈姦劫弒臣〉），從而否定了道德教育、親情關係的必要性及必然性，事實上，道德教育及親情關懷對人性的改造、人性的支持、人性的昇華，均俱功效，而且，道德、親情皆是人的一種內在精神需求，人際關係也是倫理關係，更何況社會人群往來，總比利益交換來得豐富、多元與充滿了新奇，韓非卻認為仁慈不能使人為善，善行更是法制強迫的結果，把人的行為動機、價值標準、調節手段，硬生生地貼上了否認道德、反對教育、排除感化的標誌，亟力強調利是引導社會的主要力量，自私是人的本性，謀利是行為的唯一動機。表面上看來，韓非的人性自為論，有其事實角度的成分，也有其強烈的現實感，讓我們看到社會現實的某一側面，看到利欲在變革社會中的某些引導功能，也看到部分行業人心唯利是圖，絕仁棄義的真相，無疑的，這些現象，是存在的，且具有一定意義，然而，韓非在規範角度的考量上，卻一再否定私利，為的是凸顯賞罰二柄而高揚公利，使公利與私利嚴格分立而對應。必須指出：人們為己謀利時，並不等於人的全部價值及全部追求，人們仍會要求高於利、超越利的精神價值及道德追求，人仍有其尊嚴、崇高的一面，如果沒有人格尊嚴，那就只剩下工具的價值了。

韓非對人的本質揭示了非道德的色彩，細玩全書，頗多貶抑之辭。但值得注意的是：韓非對道德的貶值，主要是探討「道德政治」在當今之世的社會功用問題上，它是歷史過客，是政治陳跡，已是往而不復，尤其是在「爭於氣力」的現實社會、現實政治層面，並無助益，韓非「不僅涉及了道德的歷史性、相對性的問題，而且否定了道德政治在當時社會的功效」[20]，此即韓非一

---

[20]參閱尚明《中國人學史》，頁118，北京，對外經濟貿易大學出版社，民國84年7月1版。

再貶斥道德的特殊命題及其思想基礎所在。再者，韓非並不否定有如孔子般祖述堯舜、憲章文武、崇尙往古德治的思想及其完美道德形象的事實，全書中，韓非仍承認有少數的仁義者，貞信之士，公民等人的存在，看來，韓非並未將自爲心絕對化爲一切人的本質。然而，「貴仁者寡，能義者難」（〈五蠹篇〉），舉世滔滔，既仁且義者，不過如孔子者一二人而已，因此，韓非乃有道德本身是不可能爲普遍而常在的人格之看法，因此，吾人仍可以感受到韓非喜歡把片面一再誇大，或把一時的，局部的現象，轉化爲經常的、普遍的事實之心理習慣。

　　韓非思想以其人性論爲基點而舖陳，但是，韓非對於人性問題並沒有再進一步地作哲學探索，他既不大談論人心何以自爲，更不像孟子、荀子般，對於人性是善是惡，在先天本性、道德自覺心之存在與後天環境、人之情欲爭奪心之存在進行辯析駁論，或者在道德文化面上重價值之心性與自然生物面上重生理之情性❷❶，區隔界限，韓非只是將「人皆挾自爲心」視爲不證自明的既定事實及普遍現象，來強調人的自爲性，而忽略了人的爲他性。於是，人性自爲求得私利，乃「成爲整個群體社會的價值標準，也成爲君臣上下相結的唯一媒介，治國之道，以此爲前提，亦由此開展」❷❷，是故，當韓非依據對人心的不信任，擴大而爲人與人關係的不信任時，自然而然地會逐漸發展爲統治而統治的極權政治思想❷❸，熊十力先生謂韓非論人性，偏偏專從「壞處衡人，

---

❷❶參閱王邦雄《韓非子的哲學》，頁 106，台北，東大圖書公司，民國68年9月再版；黃光國《王者之道》，頁3，台北，台灣學生書局，民國80年9月初版；尙明《中國人學史》，頁122-123，北京，對外經濟貿易大學出版社，民國84年 7 月出版。

❷❷參閱王邦雄《韓非子的哲學》，前揭書，頁 115 。

❷❸參閱徐復觀《中國人性論史》，頁 439，台北，台灣商務印書館，民國68年9月5版。

依其偏見，以言治道，則將不外猜防、錮閉、誘誆、劫制四者，則人類決無可以一息通力合作者」❷，前賢所論，自有識見，唯若從整體觀察及現代人事管理之角度思考，恐仍有商榷餘地。何以然哉？其理有三：

韓非對人性的看法，可謂古代人性論之非主流者，幾可視爲獨樹一幟。韓非不但以純然客觀、現實層面、具體例證的冷暖態度來觀察人性，而且根本避開了人性是善是惡的爭論泥淖，不作評價，此即其高明之處。先秦的人性學說，各家論述，各異其趣，但是，對於治國之道，必須建築在對人性的認識、掌握上，及符合人性的治國之道，才是正確的認知上，均有共同的出發點，此即韓非明確提出的「凡治天下，必因人情」（〈八經篇〉）的原則，此一原則，適足以反映我國文化以人爲中心的設計、考量，並同時說明了人性問題爲何受到先秦諸子高度重視的原因❷，亦且解釋了東方的傳統管理思想，是把人的管理，以「因人情」的原則來處理，有別於西方偏重於物的管理思想，此其一也。

韓非對人性、人事管理所作的價值判斷，率多有其事實依據，雖然部分持論，頗爲後人非議，但是，韓非的學說，如果不把它視爲政治理論，「而視之爲一般組織原理，韓非的說法又有了一條活路」，因爲法家思想「適用於情感性成份極淡，而工具性成份較濃的工作場合之中」、「其組織理論的形式結構卻是歷久而彌新，有永恒的價值」❷。必須指出，法家前驅人物及重要代表人物，除了韓非行政經驗久缺外，每一位幾乎是高才遠識，或位

❷參閱熊十力《韓非子評論》，頁21，台北，台灣學生書局，民國67年10月初版。
❷參閱錢遜《中國古代人性學說的幾點啓示》，此文輯入《中國智慧透析》頁174，北京，華夏出版社，民國84年7月1版。
❷參閱黃光國《王者之道》，前揭書，自序及頁4、頁104。

居要津，有過實際的管理經驗，如管仲、子產、李悝、吳起、商鞅、申不害、愼到、西門豹等等，累積了這些前輩從政管理的豐富經驗，可謂集大成者的韓非，亦不例外，書中洋溢著許多管理思想，近人馮友蘭嘗謂：「用現代的術語說，法家所講的是組織和領導的理論和方法」㉗，此說應無可議，此其二也。

以君臣之間「君以計畜臣，臣以計事君」（〈飾邪篇〉）的關係爲例，可視爲一種相對權力的關係，亦可視爲相對依賴的關係，甲方對乙方可以根據權力及依賴性的大小強弱，而取決於其他替代性對象能提供的比較水準，是故，當某方確知有其他替代性對象可以提供更爲有利的條件，對方的依賴性、權力便會相對縮減，因此，君對臣行使權力、支配的歷程，或上司對下屬行使類似的歷程，基本上，就是一種政治交易或社會交易的歷程，這時，已不是一種絕對權力的關係，此一供需關係的演變，有如今日工商業社會中自由市場的交易關係，這正是兩造雙方考量自己利益的立場下，精打細算之後，所作出的理性行動㉘。其他如：「法分明，……貞士不失分，奸人不繳幸」（〈守道篇〉），管理需以法制之，法即大家遵守的共同遊戲規則，其中有制度、紀律、規章、條例、政策、指令等等，法，其實就是最低限度的道德尺度，韓非談「因道全法」（〈大體篇〉），道者，公道也，公平法則也，因道指遵循著客觀規律，在公平法則條件下，以法處事，全法，可視爲一切組織之最高公利也；〈心度篇〉說「治民無常，唯治爲法，法與時轉則治，治與世宜則有功」，管理上並無定法，能夠有效率、上軌道就是好方法，此說頗似權變管理；

㉗參閱馮友蘭《中國哲學簡史》，頁178，北京，北京大學出版社，民國83年9月2刷。
㉘參閱黃光國《王者之道》，前揭書，頁17、46-47。

〈亡徵篇〉中，列出四十七項亡國徵兆，其中與任人用人有關者，占一半以上，可視為管理學上的危機管理也；〈楊搉篇〉說「欲治其下，官置一人」；〈難一篇〉說「一人不兼官，一官不兼事」，指出一官一職，避免人力浪擲，精力分散而顧此失彼，有專職專責的概念；〈八經篇〉說「力不敵眾，智不及物，與其用一人，不如用一國」可視為人力資源開發之觀念；〈定法篇〉謂「因任而授官」、〈二柄篇〉謂「審合形名」，亦可視為任務分工明確之責任中心制度；〈難一篇〉說「卑賤不待尊貴而進，大臣不因左右而見」、〈八說篇〉說「賤得議貴，下必坐上」、「決誠以參，聽無門戶」，指的是上下直接溝通，下情上達的門戶開放政策；〈顯學篇〉說「宰相必起於州部，猛將必發於卒伍」，指負有重責大任的人，宜有基層實踐的經驗，才能有解決複雜問題的能力；〈說疑篇〉說「內舉不避親，外舉不避讎」，指出用人不可有差別對待，不能因親疏而有所區隔；韓非在識人問題上，亦指出：「有愚智而無非譽」（〈安危篇〉），又說「好以名問舉錯，…可亡也」（〈亡徵篇〉)可見識人不以輿論為準，不可被民意所左右；〈人主篇〉說「與愚論智」、「與不肖論賢」，亦指出人主若依親信和被識者的上司評價，作為識人選人的依據，恐有營私結黨，私設輿論之可能；〈用人篇〉說「善用人者，必循天，……循天，則用力寡而功立」，人非全才，人事管理，宜揚長避短；用人者，不要過於「吹毛而求疵」（〈說難篇〉），不要求全責備，每個人「雖有駁行，必得所利」（〈外儲說左下〉），人雖有其短，但亦有其長，如果能「以有餘補不足，以長續短」（〈觀行篇〉），優劣互補，長短互濟，再量才施用，避免大才小用，小才大用，如此一來，可以避免「立難為而罪不及」及「私怨生」（〈用人篇〉）也。上列各項，皆可視為

韓非人事管理思想具現代意義者，皆有其可資借鏡、啓發之處，或相互印證者，此其三也。

　　無可諱言，韓非思想有其糟粕，班固謂子書，往往是「各引一端，崇其所善」（《漢書‧藝文誌》），其管理思想中，既無民主的意識，且只有君主一人，擁有人權及人格，所有臣民，只有義務效忠，沒有個人自主權，這些觀念，在現代的管理思想，確無立錐之地，更無傳承必要。但從人才學、人力資源之開發、運用等人事管理的角度來衡量，先秦之際，列強爭霸，逐鹿中土，可謂是人才識別、選拔、引荐、舉用，考核、交換上的鬥智較勁的戰場及歷程，揆度其他子書，韓非的人才觀、用人之道，實可稱上較明確、具體、實在、客觀，公允及經得起時代洗鍊者。秦國、曹操能統一天下，從人事管理層面思考，頗足令人深思。

# 〈國殤〉乃祭祀戰死
# 楚境之敵國軍士考

## 許　建　崑

## 一、〈國殤〉的傳統解釋

　　〈國殤〉是一篇高中國文教學常選用的教材，選自《楚辭・九歌》之中。《九歌》爲楚國南部流傳久遠的一套民間祭歌，屈原潤色而成，主要是祭祀山川鬼神。〈國殤〉在其中，是追悼死於國事者的祭歌。而選讀的目的，不外是：「歌頌了戰士的英勇氣概與犧牲精神，也表現了作者的愛國情操。」[1]

　　這樣的一個「標準答案」，對我們了解〈國殤〉，是不是有幫助？是不是正確？選讀的目的，達成了沒有？

　　爲了使討論方便，先把〈國殤〉全文，四段、十八句、一百二十六字，錄下：

　　　㈠操吳戈兮披犀甲，車錯轂兮短兵接，旌蔽日兮敵若雲，
　　　　矢交墜兮士爭先。

　　　㈡凌余陣兮躐余行，左驂殪兮右刃傷，霾兩輪兮縶四馬，
　　　　援玉枹兮擊鳴鼓。天時墜兮威靈怒，嚴殺盡兮棄原壄。

　　　㈢出不入兮往不反，平原忽兮路超遠。帶長劍兮挾秦弓，
　　　　首身離兮心不懲。

---

[1] 國立編譯館依據教育部72年7月修訂之《高級中學國文課程標準》編輯，〈國殤〉選在74年版第3冊第13課，84年改編版同冊第9課。

㈣誠既勇兮又以武，終剛強兮不可凌。身既死兮神以靈，
　子魂魄兮爲鬼雄。

　　據一般的高中參考書解釋：首段言戰士全副裝備，兩軍接戰，
敵人衆多，飛矢交墜，戰士們能義無反顧，爭先殺敵。次段言戰
不得利，敵軍犯我行陣，我軍則左右兩驂非死即傷，仍擊鼓進兵。
我軍之敗，非戰之罪，乃因上失天時，下犯神怒，最後只有慷慨
犧牲，暴屍原野。第三段言道路遙遠，國殤遊魂未得歸鄉里。屍
首仍帶劍挾弓，身死而心不忘殺敵。末段歌頌國殤勇氣十足、武
藝高強，並且剛強不可凌辱。人雖死神靈彷如在眼前，而爲鬼中
雄傑❷。

　　這樣的解釋，最讓人疑惑的是「主詞」常常易位，有時候是
敵軍，有時候是我軍。既然第四句「楚軍爭先殺敵」，何以第五
句爲「敵軍凌陣」？敵軍凌陣，何以第六句我軍「車陷馬死」？
描寫楚軍陣容，何以出現「操吳戈」、「挾秦弓」的情形？楚軍
英勇抗敵仍然敗陣，所以又歸罪於「天時」與「威靈」，老天爺
與祖靈何以不助於我？在自己的國境上抵抗敵軍，何以「平原忽
兮路超遠」？戰場上廝殺慘酷，仍不致於「首身離兮」而「心不
懲」，會不會與現俘殺俘有關？如果是楚軍戰敗，能否言勇敢或
武藝高強？死後自然回歸「楚國魂」，繼續爲楚國子孫奮鬥？楚
國子孫奉祀「祖靈」於宗祠中，何以混入山川祭祀之中？祭祀山
川鬼神的「套曲」中，何以會夾入對「愛國將士」的祭禮？

　　一連串的問題，很難得到合理的解釋，要堅持「歌頌楚國將
士的爲國捐軀」，恐怕不會有正確的答案。

---

❷參考王新華、林明進編《新超群高中國文》第 3 冊 B 本277頁，臺南南一
　書局。

## 二、確定〈國殤〉的賓主詞為「國殤」，就是「你們」

請先確定〈國殤〉的賓主詞為「國殤」❸，也就是王逸《章句》中所註：「謂死於國事者。小爾雅曰：『無主之鬼謂之殤』。」《左傳》成公十三年云：「國之大事，惟祀與戎」。既然祀與戎為國之大事，謂死於國事者，則死於祭祀與戰爭也。戴震在《屈原賦音義》中解釋「殤」字，他說：「殤之義二：男女未冠笄而死者，謂之殤。在外而死者謂之殤，殤之言傷也。國殤，死國事者，所以別於二者之殤也。」〈國殤〉既然祭祀死於國事者，整篇「祭辭」是祭祀者向著「國殤」者申述，也就是向著「你們」這些死於國事者訴說的。只要把每一句話都加上一個主詞「你們」，意思就明朗了。

「你們」操吳戈、披犀甲，車錯轂、短兵相接，儘管旌旗蔽日，敵人若雲，矢矢交墜，「你們」仍然爭先向前。「你們」侵凌我們陣地，踐踏我們，儘管「你們」的左驂傷了，車輪陷土坑，馬匹無法動彈，還是拿玉枹擊鳴鼓，向前攻來。天神因此生氣了，不保佑「你們」，而我們的祖先威靈也發脾氣了，把「你們」通通殺死，棄置原野。「你們」離開家很遠了，無法從山川壅隔的戰場回去，所以帶著長劍、挾著秦弓，被砍去了頭顱，抱持著長恨，遊蕩在我們的國境內。「你們」啊！勇敢！有武藝！剛強的個性不可欺凌。「你們」身死之後，我們祭拜「你們」，「你們」真是鬼中的豪傑啊！

初看這樣解釋的人，可能受不了「顛覆」之苦！但請想想以下幾個問題：

---

❸《屈賦通箋》頁93，附有〈九歌賓主詞諸家異同表〉，歸納王逸、朱熹、林雲銘、王夫之、戴震、吳汝綸之見，均認為賓主詞為「國殤」本身。

　　(1)以第二段「凌余陣兮躐余行」為例，如果不肯定「你們」為「侵凌我陣地踐踏我行陣」的主詞，以下連續五句就會被誤會為說明我軍「車毀馬亡」的慘況。古代的車戰、騎兵、箭雨、短兵肉博之後，不論輸贏，雙方都不免死傷累累。而這樣的祭鬼之詞只一面倒的述說：英勇的我軍用優良的武器，也有為國捐軀的決心，竟沒有一點可以歌頌的事功嗎？

　　(2)楚軍戰敗被殺，不是不勇敢，而是歸因於「天時墜兮威靈怒」。天時何以不利於我？威靈何以盛怒殺我全軍？是因為楚王昏庸不明，還是「天時」與「威靈」只庇佑「正義」的敵軍？顯然是「天時」與「威靈」假借敵軍之手，來殺伐楚軍，還棄屍原野。這樣的老天爺以及神靈，楚人須要祭祀祂們嗎？有一句話是這麼說：「真理永遠站在我們這一邊」，此語雖涉及詭辯，但用在與天神的關係，是不會錯的。「天時」與「威靈」永遠保佑我們，永遠是我們的天神與祖靈，「嚴殺盡兮棄原壄」的對象，自然是來侵犯我們的敵人了。

　　(3)楚軍怎麼有可能「操吳戈」、「挾秦弓」？高中國文課本注釋：「吳人善製戈，故云。……秦人善製弓，故云。」當時已有了「國際軍品買賣」？吳、楚之爭，遠從西元前五八四年開始，逮伍子胥奔吳，率兵攻楚，西元前五〇六年攻破郢都。楚昭王使申鮑胥求救於秦，後漸受制於秦。西元前三一二年，即楚懷王十七年，為秦敗於丹陽，失漢中，斬甲士八萬，虜大將軍屈丐、稗將逢侯丑；復敗於陝西藍田。西元前三〇一年，楚將唐眛被殺，失重丘。次年，楚將景缺又被殺。次年，再失八城❹。吳、秦為楚世敵，楚國如何而得敵國武器？朱熹《集註》云：「吳戈一作

❹楚與吳、秦的關係，見《左傳》成公七年至定公四年；又見《史記》〈吳太伯世家〉、〈楚世家〉、〈秦本紀〉。

吾科，楯名也。」姜亮夫《屈原賦校注》認爲：吳戈，同吾科、
吳科、吳魁。他引《爾雅·釋器》曰：「吳魁，盾也。」《釋名》
曰：「盾大而平者曰吳魁。」吳戈變成了盾牌，當然可以閃避楚
軍用吳軍武器的尷尬。《教師手冊》更進一步說：「戈不必眞的
是吳戈，甲不必眞的是犀甲，用「吳」和「犀」字，是取其修辭
之美。」那麼秦弓呢？「秦」也是修飾之語嗎？

　　有學者謂：「戰士死後，他們的遺體上還佩帶著長長的寶劍，
腋下還挾持著秦地產的良弓。」❺楚國戰士規矩眞好，死前還把
寶劍收入腰際劍囊，還緊緊抓住從敵人之處搶來的戰利品「秦弓」，
這樣的解釋，未免轉得太硬！

　　(4)守勢的戰爭中，楚軍就在自己的國境上抵抗敵軍，何以
「出不入兮往不反，平原忽兮路超遠」？死在楚境的吳、秦軍士
靈魂，遠離家園，爲山川障隔，無法回歸，更無法受到後代子孫
的祭祀，自然要在楚境漫無目的的飄盪，所以仍然「帶長劍、挾
秦弓」。至於「首身離兮心不懲」，又怎麼解呢？戰場上廝殺慘
酷，仍不致於「首身離兮」而「心不懲」，會不會在祭神的儀式
中，與獻俘、殺俘有關？削去首級，再加以祭祀，可以使「無首
之鬼魂」變成保衛楚國的「戰神」！

　　(5)末段云：「誠既勇兮又以武，終剛強兮不可凌。身既死兮
神以靈，子魂魄兮爲鬼雄。」如果是楚軍戰敗而死，可以說他們
勇敢、剛強、不可欺凌，說他們武藝高強，似乎有些嘲弄。他們
既然爲楚國而死，死後爲「楚國鬼」，集聚「楚國魂」而成爲
「威靈」的一部份，繼續保衛楚國子孫而戰；不致於遊蕩原野之
中。相反的，吳、秦戰士在兩百多年侵略楚國的行動中陸續死去，

❺見林河《九歌與沅湘民俗》頁257。

不知凡幾。他們的靈魂漂泊在楚國境內，他們能「懲忿窒欲」，不作祟，不傷害楚人嗎？楚國人祭祀這些敵國戰士或祭典中被殺的敵國俘虜，使他們心無怨恨，甘願為楚國效力。這就是楚人要用阿諛的口氣來祭祀這些敵國戰士了。

從以上的分析，〈國殤〉乃祭祀敵國戰死楚境軍士的解釋，會比祭祀為國捐軀的楚國戰士，較為可信。王逸等人認為〈國殤〉祭祀「死於國事者」或者「無主之鬼」，是沒有錯的，在他們的理念中既已收編為楚國戰神的鬼魂，不用特別標示鬼魂們原來的身分。而後人在不同的宗教祠祭的觀念中，以及闡揚愛國主義的意圖下，誤會了〈國殤〉原有的祭祀意義。

## 三、〈國殤〉在〈九歌〉之中，
## 　　同樣是「山川鬼神祭祀」之一

〈國殤〉為〈九歌〉中的一篇，要了解〈國殤〉的內容與寫作意義，自然要從〈九歌〉入手。《章句》中說：「〈九歌〉者，屈原之所作也。昔楚國南郢之邑，沅湘之間，其俗信鬼而好祠；其祠必作歌樂鼓舞以樂諸神。屈原放逐，竄伏其域，懷憂苦毒，愁思沸鬱，出見俗人祭祀之禮，歌舞之樂，其詞鄙陋，因作〈九歌〉之曲。」這段話有兩個重點：首先是〈九歌〉乃楚沅湘之間信鬼好祠風俗下的產物。其次，內容為屈原改寫過。

### ㈠〈九歌〉是一套祭祀鬼神的舞曲

何謂〈九歌〉？歷來學者說法甚多❻，但大都沿承王逸《章句》之說，同意為沅湘間祭祀的巫歌。朱熹《楚辭辨證》、戴震《屈原賦注》、陳本禮《屈辭精義》都注意到男女巫扮神的祭祀過程。王國維亦說：「楚辭之靈，殆以巫兼尸之用者也。其詞為巫曰靈，謂神亦曰靈。蓋群巫之中，必有象神之衣服形貌動作者，

而視爲神所依憑，故謂之曰靈。……是則靈之爲職，或優蹇以象神，或婆娑以樂神，蓋後世戲劇之萌芽，已有存焉者矣。」❼日人青木正兒〈楚辭九歌舞曲的結構〉，謂：〈九歌〉十一篇是一組舞曲，且首尾結構俱備，〈東皇太一〉爲首篇，禮魂爲末篇。聞一多亦根據鄭振鐸、孫中雲、丁山之見，肯定「前後兩章確乎是一迎一送的口氣……中間所餘大概即《楚辭》所謂〈九歌〉」，他甚至還作〈九歌古歌舞劇懸解〉，用舞劇的形式來表現〈九歌〉的內容❽。

#### ㈡屈原改寫過〈九歌〉？

屈原有沒有改寫〈九歌〉？這是一個找不到答案的問題。胡適曾說：「屈原的傳說不推翻，則《楚辭》只是一部忠臣教科書，不是文學。」游國恩說：「自來《楚辭》的注家，往往歡喜拿〈九歌〉附會到屈原身上。」他們兩人持論的目的，很明顯是要

---

❻馬承驌《九歌證辨》頁9-14，歸納〈九歌〉之作有五說，宗教歌舞（沅湘祭歌、楚宮廷宗教舞歌）、屈原自祭之辭、記事之賦、漢甘泉壽宮歌詩，最後仍肯定王逸《章句》以來沅湘祭歌一說。聞一多《神話與詩》頁263-266，引〈離騷〉、〈天問〉及《左傳》中文字，則〈九歌〉與夏代有關；結論時又說神話的〈九歌〉不同於教誨式的〈九德之歌〉；頁273又云「趙代秦楚之歌」。游國恩《楚辭概論》頁68-69說：〈九歌〉相傳是夏代樂歌，民眾讚美九種善政的樂歌，而《楚辭‧九歌》全是迷信與風俗的寫眞，與所謂「九德之歌」無關。張正明《楚文化史》頁253云：應是在越人之地仿越人之歌而作。〈九歌〉諸神有楚、越、夏三類。不過他又說：「沅湘之間正是越人聚居之地」，顯然他對王逸《章句》之見，也只是補充。最不贊成「沅湘祭歌」的是蘇雪林，在她的《屈賦論叢》頁235-242，與凌純聲、陳炳良先生的互質中，認爲〈九歌〉乃祭印度無頭戰神迦尼薩(Ganesa)，或苗族領袖蚩尤，這當然也是用了文化人類學的觀點，但只從中印文化的交流，來證明「迦尼薩的祀典幾遍於全亞」，再證明影響〈九歌〉的形成，恐怕沒有十足的證據。龔維英亦作〈九歌國殤祭祀戰神蚩尤說〉，刊在《文學遺產》1985年第4期，就〈國殤〉內容，說是祭祀東夷集團的戰神蚩尤，恐怕要有更多的想像力。

❼王國維《宋元戲曲史》第一章〈上古至五代之戲劇〉，頁2-3。

❽聞一多《神話與詩》頁263-278，〈什麼是九歌〉；又頁305-334，〈九歌古歌舞劇懸解〉。有關〈九歌〉篇章問題，此說較爲多見。

脫開「愛國主義」的詮釋，把〈九歌〉還回原貌。〈九歌〉的原貌如何？游國恩又說：「表現祭祀和戀愛兩種揉合的作品。」他把〈九歌〉分為兩組：「第一組為祭歌：〈東皇太一〉、〈雲中君〉、〈東君〉、〈國殤〉、〈禮魂〉五篇。第二組為情歌：〈湘君〉、〈湘夫人〉、〈大司命〉、〈少司命〉、〈河伯〉、〈山鬼〉六篇。這樣的二分法，是靠「想像力」的，也受到蘇雪林的質疑。蘇氏認為〈九歌〉仍是表現宗教信仰的祭歌，中間有所謂的「人祭」；她舉了《左傳》昭公十年、十一年楚人獻祭俘虜於天神的證據，並且說：人神戀愛為人祭的變形；為了要宣傳神召，表達對神的愛慕，可以讓犧牲者以為自己與天神戀愛結婚，情願接受獻祭的命運。就這個觀點來看，祀水神、司命之神、河神、山鬼、國殤，都是相同系列的祭祀活動❾。

### ㈢〈國殤〉乃〈九歌〉之一章

　　〈九歌〉十一篇章，何以不是九篇章？歷來說法甚多，張壽平在《九歌研究》一書中，列表詳述，七十四年版《高中教師手冊》亦加載錄❿。其中涉及〈國殤〉的論述有二：⑴陸時雍、李光地、劉永濟等人不取〈國殤〉、〈禮魂〉二篇，以迎合九篇之數。⑵黃文煥、林雲銘、朱冀合〈山鬼〉、〈國殤〉、〈禮魂〉為一篇。凌純聲從陸氏之說，再根據英人韋力（Waley）所著《九歌——中國古代的薩滿教研究》說：「〈國殤〉、〈禮魂〉為〈九歌〉之附錄而得十一章，二者原來不在〈九歌〉之中」，所以他認為：「〈九歌〉為祭神祀典，〈國殤〉、〈禮魂〉雖祀人

---

❾胡適〈讀楚辭〉，見《胡適文存》二集卷二，頁　　　；游國恩之見，在《楚辭概論》頁69、81–92；蘇雪林〈九歌中人神戀愛問題〉，在《屈賦論叢》頁83–108。
❿張壽平《九歌研究》頁 15–17。

鬼，亦是祭典之一，故附於〈九歌〉之後。」⓫

### ㈣〈國殤〉屬「山川鬼神祭祀」之一

　　〈九歌〉所祭諸神為誰？這個答案當然又是眾說紛紜。但從題目直解，大抵不逃楚國天神、雲神、水神、太陽神、司命運之神、司後嗣之神、河神、山魅、亡魂等「山川神鬼」。凌氏歸納〈九歌〉所祀神鬼有四類：上帝、天神、地祇、人鬼；又認為〈國殤〉、〈禮魂〉係混入〈九歌〉之中。自然把〈國殤〉、〈禮魂〉單獨解釋為出戰、殺敵、祭梟、娛神四部曲，而「馘首祭梟」變成了主要行為，離開「追祀亡魂」的原有意義。

　　一般說法也是將〈國殤〉解為「祀人鬼之歌」，有別於「祀神之歌」；〈九歌〉因此被「兩截」化了。如果這個「人鬼」當作「愛國戰士」來看，就遠離了「山川鬼神祭祀」的統一型態。

　　英人韋力（Waley）所謂「薩滿教」是什麼？根據陳郁夫《人類的終極級關懷》說：「薩滿教通常泛指東起白令海峽，西迄斯堪地那維亞拉普蘭地區之間，亞歐兩洲北部說烏拉爾、阿爾泰語各族人所信仰的宗教，也有人用來指今天世界各地的原始宗教。『萬物有靈』是薩滿教的基本信仰，薩滿即巫師，死後若干時日，其靈魂或宗族的祖靈會附在本氏族某些成員或自己家族下一代人身上。他們拜火、拜山、拜日月星辰、風雨雷電，奉行自然崇拜，也崇拜動物（應該是圖騰信仰吧）、祖靈、還有偶像。他們祭祀祖靈，祭後驅逐趕離」。在正文中，陳氏也談到巫祝神靈信仰以四種方式保留到今天：祖先崇拜、天帝崇拜、鬼神崇拜、巫祝占卜。其中在「鬼神崇拜」一項，陳氏述及古帝王從五代開始便祭祀山川鬼神，舉凡五嶽四瀆、土神、穀神。相信人死後的鬼魂能

---

⓫韋力（Waley）之見，轉引自凌純聲《中國邊疆民族與環太平洋文化》頁636。

感恩報答，亦能懷怨報復，祀鬼靈爲了祈求消災去禍⓬。王祥齡《中國古代崇祖敬天思想》中，談及中國的古代原始宗教，經過自然、圖騰、祖先三個時期的崇拜進程。他還舉「禘祭」之例，最初爲殷人祭天及自然神、四方之祭，最後才演變成也祭先公、先王⓭。從文化人類學上的探討，〈九歌〉的祭祀，恐怕存有「自然崇拜」及「薩滿教」相當多的特徵，而「祖先崇拜」還埋沒在「圖騰信仰」或「恐懼祖靈」之中，如何去祭祀「愛國戰士」？應該還有一段相當長的距離。即使在「祖先崇拜」的宗教自覺產生後，楚國子孫應當奉祀「祖靈」於宗祠，何以混入山川祭祀之中？

　　近代學者發覺秦簡《日書》，是一個很好的外證。劉信芳撰〈秦簡日書與楚辭類徵〉，引述諸多秦簡，指出三十幾種「外鬼爲崇」，需供給豐厚的祭品。他還引述湯炳正之見，鄉人行祭殤鬼爲「鄉殤」，國家之祭爲「國殤」。〈國殤〉的內容爲楚王借「強鬼」以「弭兵」。劉氏並謂，〈國殤〉所祀之「強鬼」，當與秦簡《日書》所祀之「外鬼」相類。劉氏再引楊昌鑫〈愛國詩篇，還是沅湘殤悼葬詞？——國殤主題質疑〉一文，說明：「沅湘民族中祭奠超度的不是自己家裡死殤的親人，而是自己家裡人殺死的仇敵「殤鬼」，祭儀且格外莊嚴、隆重、虔誠，祈禱殤鬼寬恕，頌揚殤鬼勇烈，護送殤鬼升天，轉世超生。」用這樣的觀點去檢視〈國殤〉，其所祀爲敵國陣亡將士之靈，有如秦簡《日書》之以供品祀「外鬼」，以求平安，應該是可以被接受的⓮。

---

⓬陳郁夫《人類的終極級關懷》頁184-190，引述自《神祕面紗的背後》；另見第一章〈中國古代的宗教〉，頁 51-57。
⓭王祥齡《中國古代崇祖敬天思想》頁 26-35。
⓮劉信芳〈秦簡日書與楚辭類徵〉，引述湯炳正、楊昌鑫，原文未見，暫從劉氏所徵引。

### (五)〈國殤〉與「外鬼」、「祖靈」間的關係

祭祀「外鬼」的旁例還有很多，如：

1.本省山地賽夏族的矮靈祭。矮人是一支文化較高的部族，與賽夏族毗鄰而居，因故爲賽族所屠。事後，賽族瘟疫，疑矮人懷忿作祟。所以迎祭矮人之靈求得饒恕。宴飲三日，獻牲祭拜之後，驅靈離去。此所以祭異族之鬼也。

2.本省山地泰雅族有出草風俗，獵首之後，舉行招魂式，稱「茲馬茲培奧透夫」。祭辭有數種，其一爲：請你們隨遇而安吧！我向你供酒歡迎你，請你告訴你的父母妻子兄弟姊妹們，我們所住的這個族社是個好地方，邀請更多你的同胞一起來住，共享快樂❺！

3.十七世紀末葉孟田氏（Montanus）載臺灣平埔番紀事：平埔人殺敵取敵首級歸。如再出戰，取出頭骨，塞米飯於口，祈禱說：你，頭骨，雖是我們的仇敵，啊！讓你的靈魂離開你，陪我們同去戰場，幫助我們得到勝利，如你樂意允許，當我們逢到時節，我們永遠向你獻祭，敬你如諸神。

4.中國西南野卡族列首事。卡瓦人獵人頭歸寨，男子在前唱歌，婦女在後哭云：「人家都會走路，你這頭爲什麼走錯了路，送掉了命，爺娘生了你，哪裡知道今天是你的死日……」一路槍聲、歌聲、哭聲不絕。入寨，先祭人頭，大家對之哭泣，悲弔被砍頭知人，爲他們而犧牲性命、回不得家鄉、見不得爺娘。祭人頭後，割人頭之唇或耳一些，再宰牛豬狗雞，以祭拜祖先。祝告祖先今年已獻祭人頭，請保佑全寨人口平安、穀物豐收、六畜興旺、驅逐邪魔。卡瓦人相信「遠處人被砍頭以後，他的靈魂不認

---

❺見吳瑞琴編校《臺灣原住民風俗志》，頁 119，此書翻譯自日人鈴木質原著《臺灣蕃人風俗志》。

識路途回去；且在本地又無親友，可以專心致志的保護他們」❶。

　　從以上四個例子，可以見到殺敵或砍去敵人首級後，再祭祀敵人，反能掌控「敵靈」，成為我方的「神靈」，與自己的「祖靈」混合為一，共同來照顧後代子孫。殷墟鹹葬區所見「無頭戰士」，將頭顱與身軀分開祭祀，墓主就可以帶著他們前往陰間。或許「砍頭後的祭祀」，可以完全控制他們❶。

　　「祖靈崇拜」有什麼意義呢？原始人相信，人死後其魂魄會永久留在人間，和其他先祖之神靈共同聚在一起，照拂子孫生活。泰雅族稱「祖靈」為「奧圖夫」，賽夏族稱「卡阿衣」，布農族稱「哈尼特(卡尼特)」，曹族稱「海奇幽」，排灣族稱「突馬斯」，阿美族稱「卡娃斯(沙米亞)」，雅美族稱「陶臬魯特」❶。「祖靈」可以保佑子孫，但如果子孫不敬、不按時祭祀、祭祀不合理法，也會生氣而降災報復。降災為烈的，自屬無人祭祀的孤魂野鬼，如臺灣常見「有應公」、「聖公媽」等，或行瘟疫的厲鬼，如王爺等。但在原始人在宗教與倫理還未緊密結合，顯然「祖靈崇拜」與一般的山川神祇、癘鬼、儺鬼混合而未能區分，還不是單純的「祖先祠祭」。

　　楚國祭祀的對象很多，張正明《楚文化史》中，分為三類：第一類是楚人之神，即風伯、雨師、日御、月御、山神、水神、癘鬼、司禍、地宇、土伯、東城夫人等。第二類是北方諸夏之神，

---

❶以上兩則例證俱見凌純聲《中國邊疆民族與環太平洋文化》頁622、523、632 。

❶石璋如《小屯遺址的發現與發掘》，1970年南港中研院史語所出版，車馬五座，每墓埋三人，鹹墓多座，每墓四、五、六、七人不等，合計二百零一人，應是墓主攜往陰間的戰車與將士。梁思永未完稿、高去尋輯補《河南安陽侯家莊1001號大墓》，1962年南港中研院史語所出版，亞字型四向墓道上均有七至十三人梟首戰士，頭顱則集中另一處，乃為墓主所做的鹹首殉葬者。

❶見吳瑞琴編校《臺灣原住民風俗志》頁128、153。

即高辛、軒轅、海若、河伯(馮夷)、雒嬪等。第三類是南方夷越之神，即伏犧、女媧、湘君、湘夫人等。從東皇太一至尊之神與這串長長的神明名單上，似乎看不到「祖先祠祭」。但不可能沒有「祖先祠祭」啊？張氏又云：「天子祭祀及於群神萬物，諸侯祭祀星辰、山川和祖先。」⓳「祖先祠祭」如果混入了「山川崇拜」之中，總要能成比例才是；〈國殤〉在〈九歌〉中的份量顯然太少；所以「山川崇拜」與「祖先祠祭」，必然在不同的領域中。

　　說〈國殤〉祭祀吳、秦各國戰死楚境的軍士，是比較接近癘鬼、儺鬼的崇拜，把這些無所皈依的「外鬼」，透過祭祀的手段，轉換成楚國的「祖靈」，甚至成為楚國的天兵戰將，來保護楚國後世子子孫孫。祭祀的對象之所以被誤會為「楚國的祖先」，特別是「為國捐軀的愛國戰士」，可能就是迷惑於「祖靈崇拜」與「祖先祠祭」的不同吧！

## 四、傳統文學合理詮釋的必要

　　傳統對〈國殤〉的解釋，都是陷在「愛國主義」的牢籠。王逸《章句》先說〈九歌〉為祠鬼之歌，屈原見其詞鄙陋，加以改寫。可是卻又說：「上陳事神之敬，下見己之冤結，託之以諷諫」；朱熹《集註》接著說：「以寄吾忠君愛國眷戀不忘之意。」他們兩人對〈國殤〉祭祀的對象只說是「死於國事者」，後人逃不脫「愛國」的大傘，徑自解為「愛國戰士」了。迨胡適、陸侃如、游國恩等人，為了破除「愛國」的迷障，力闢屈原為烏有人物，或未曾修訂〈九歌〉；他們沒有把目光轉移到文章的詮釋。

---

⓳張正明《楚文化史》頁106-118、288-290。

凌純聲則以文化人類學的觀點切入，看見了殺敵、祭祀等現象，但他把〈國殤〉、〈禮魂〉當作〈九歌〉的附錄，結論放在「馘首祭梟」的活動上，無法了解〈國殤〉也是祭祀活動中連續的一環。蘇雪林能把〈九歌〉統合在「人祭」的活動上，看出「人神戀愛」是用來安慰、鼓舞被獻祭者；但蘇氏執著〈國殤〉為祭祀印度無頭戰神迦尼薩，又把祭祀「殤鬼」的論點跑掉了。近人劉信芳等從考古發掘中獲得秦簡《日書》，提供了祭「外鬼」的間接佐證，但還沒有完整地解釋〈國殤〉的文章內容。

用「愛國主義」的思維法則，來看〈國殤〉有什麼不好呢？請想想，用諛詞來讚美自己戰場失敗的戰士，說他們「武藝高強」，又說「時運不濟」，到底是褒詞還是貶意？這種「愛國」是很無力的，最終「填入溝壑」，恆想、恆愛而恆怨的心情永遠化解不開。一般無愛國雄志的人，也沾染了怨艾的口氣與失敗的情緒。不禁讓人想到鴉片戰爭、割讓香港以後，國人所醞釀出來的「阿Ｑ精神」！

假如我們借取文化人類學的知識，了解〈九歌·國殤〉祭祀的意義，可以體會人類敬神、畏神、諛神、驅神的種種心理，對人類在天地之間的自處之道，能有進一步的體會。宣揚「愛國主義」，讓人迷信「統治者」、不辨真理、無法了然敵我，反為「有心人」役使，而不能真正的「愛國」。我們被訓練站在弱勢楚國的立場，來宣揚愛國理念；為什麼不換個角度，來想想吳、秦戰士為了反制楚國稱霸中原的野心，拋頭顱、灑熱血，而死於異域呢？還有，我們是誰的子孫呢？楚、吳、秦晉，還是來自更遙遠的「國度」？我們應該愛哪個國家呢？在不傷害他國生存的情況下，來爭取本國生存的權利，才是重要的；從這個理念引申，宇宙上每一個生命都應該被尊重的。吳、秦的侵略行動，受到了

重創，而楚國人祭祀了吳、越陣亡的戰士，這也是對敵人的寬恕與禮遇。從這個角度來讀〈國殤〉，會不會比哀禱「為國犧牲的楚國戰士」，來得有意義？

高中選教本文的原因，以本文篇幅短小，「歌頌了楚國的將士在保境衛民的戰爭中視死如歸的英勇氣概」。《教師手冊》列舉教學重點有三：知識探求、能力培養、情意陶冶。希望教師能使學生在知識探求上，能(1)了解本文寫作背景，(2)認識屈原及其作品對後世的影響。在能力培養上，能(1)培養運用映襯、誇飾等修辭技巧的能力，(2)培養用「先敘後論」的形式寫作的能力。在情意陶冶上，能(1)體認將士為國犧牲的英勇精神，(2)體認屈原的愛國情操。這樣的教學目的，能夠成功嗎？只選了〈九歌〉的單篇〈國殤〉一百二十六個字，要了解屈原寫作背景、作品與對後世作品的影響力，恐怕是「夸父追日」；要從中模擬「賦體」、「騷體」還是「祭歌」的寫作，是「緣木求魚」；要從中學會起承轉合的文章作法，是「捨近求遠」；認為從中可以了解「愛國精神」，可以掌握文章主題，也是「買櫝還珠」。

我們通過教科書選文的方式來認識傳統文學，觀察的角度不夠寬；也常沿襲舊的解釋方法，缺少重新思考的空間，以致於誤解了原作的意義。如果能夠通過新的社會學、心理學、文化人類學等新興的知識，來幫助閱讀，尋求「文通字順」的解釋，才能夠得到正確的解說。〈國殤〉的新解說，其實只是找尋「原本意義」的一條途徑而已；但願能在「傳統文學的現代詮釋」的討論中，提供一個小小的例證。

# 參 考 書 目

1.劉永濟《屈賦通箋》，北京，人民出版社，1961年初版。

2.游國恩《楚辭概論》，臺北，臺灣商務印書館，1968年6月臺影印版。

3.王國維《宋元戲曲史》，臺北，河洛圖書公司，1975年9月臺影印版。

4.蘇雪林《屈賦論叢》，臺北，國立編譯館，1980年12月初版。

5.錢誦甘《九歌析論》，臺北，臺灣商務印書館，1994年1月初版。

6.張壽平《九歌研究》，臺北，廣文書局，1970年4月初版。

7.馬承驌《九歌證辨》，臺北，文津出版社，1981年7月初版。

8.林　河《九歌與沅湘民俗》，上海，三聯書店，1990年7月初版。

9.聞一多《神話與詩》，有朱自清1947年序，臺灣影印版。

10.王祥齡《中國古代崇祖敬天思想》，臺北，臺灣學生書局，1982年初版。

11.張正明《楚文化史》，臺北，南天書局，1990年4月臺初版。

12.陳郁夫《人類的終極級關懷》，臺北，幼獅文化事業公司，1994年8月初版。

13.蔡相輝《臺灣的祠祭與宗教》，臺北，臺原出版社，1989年9月初版。

14.吳瑞琴《臺灣原住民風俗志》，臺北，臺原出版社，1992年元月初版。

15.凌純聲《中國邊疆民族與環太平洋文化》，臺北，聯經出版事業公司，1979年7月初版。

16.劉信芳〈秦簡日書與楚辭類徵〉，《江漢考古》，1990年第1期。

# 附錄一

# 中華文化與文學學術研討系列
# 第三次會議：傳統文學的現代詮釋
## 【 議　程　表 】

會議時間：86年5月31日(星期六)　　　　　　　　　　會議地點：東海大學茂榜廳

| 時　間 | 場次 | 主持人 | 主講人 | 論　　文　　題　　目 | 講評人 |
|---|---|---|---|---|---|
| 08：00 08：20 | | 報　　　　到 | | | |
| 08：20 08：40 | | 開　　幕　　式（王亢沛校長） | | | |
| 08：40 10：10 | 一 | 林聰明 | 吳福助 | 「文學詮釋學」理論體系的構建 | 鄭邦鎮 |
| | | | 甘漢銓 | 從字詞的訓詁到作品的詮釋 | 戴瑞坤 |
| | | | 林茂賢 | 台灣扮仙戲的象徵意義 | 胡萬川 |
| 10：10 10：30 | | 茶　　　　敘 | | | |
| 10：30 12：00 | 二 | 胡森永 | 李建崑 | 孟郊詩的考校與詮釋 | 薛順雄 |
| | | | 徐照華 | 蘇軾農村詞研究 | 李時銘 |
| | | | 李立信 | 唐人詩文集之結集體例 | 謝海平 |
| 12：00 13：20 | | 午　　　　餐 | | | |
| 13：20 14：50 | 三 | 鄭靖時 | 薛順雄 | 試探台灣明清時期漢語舊詩所反映本島原住民的風土及習俗 | 陳萬益 |
| | | | 林政華 | 台灣本地兒童歌謠的若干問題 | 趙天儀 |
| | | | 廖美玲 | 西方閱讀理論對詮釋文學作品的影響 | 張逸帆 |
| 14：50 15：10 | | 茶　　　　敘 | | | |
| 15：10 16：40 | 四 | 李立信 | 魏仲佑 | 論《詩經》與〈毛詩序〉 | 朱維煥 |
| | | | 林金龍 | 從管理角度評析韓非的人性論及用人思想 | 陳榮波 |
| | | | 許建崑 | 〈國殤〉乃祭祀爲楚所殺之敵國軍士說 | 張簡坤明 |
| 16：40 | | 閉　　幕　　式（洪銘水院長） | | | |

註：每篇論文宣讀十五分鐘，講評十分鐘，討論十五分鐘。

## 【主持人】

王亢沛　東海大學校長

洪銘水　東海大學文學院院長

林聰明　逢甲大學中文系主任

胡森永　靜宜大學中文系主任

鄭靖時　彰化師範大學國文系主任

李立信　東海大學中文系主任

## 【論文發表人】

吳福助　東海大學中文系教授

甘漢銓　東海大學中文系講師

林茂賢　靜宜大學中文系講師

李建崑　中興大學中文系副教授

徐照華　中興大學中文系副教授

李立信　東海大學中文系教授兼主任

薛順雄　東海大學中文系副教授

林政華　台北師範學院語教系教授

廖美玲　東海外文系副教授兼教育學程中心主任

魏仲佑　東海大學中文系教授

林金龍　台中商專副教授、東海中文系兼任副教授

許建崑　東海大學中文系副教授

## 【講評人】

鄭邦鎮　靜宜大學中文系教授

戴瑞坤　逢甲大學中文系教授兼人文研教中心主任

胡萬川　清華大學中語系教授

薛順雄　東海大學中文系副教授

李時銘　逢甲大學中文系副教授

謝海平　中正大學中文系教授兼主任

陳萬益　清華大學中語系教授

趙天儀　靜宜大學文學院院長

張逸帆　東海大學外文系副教授

朱維煥　中興大學中文系退休教授

陳榮波　東海大學哲學系副教授

張簡坤明　彰化師大中文系副教授

## 【籌備委員】

大會名譽主席：王亢沛

大會名譽副主席：洪銘水

召集人：李立信

議事組：吳福助　王建生　薛順雄　李金星　黃淑滿

秘書組：龍宇純　楊承祖　魏仲佑　鍾慧玲　林秀玲
　　　　劉瑞玲

總務組：王天昌　張端穗　甘漢銓　馮以堅　周芬伶
　　　　蔡宗祈　張素華

接待組：許建崑　周世箴　阮桃園　呂珍玉　楊永智
　　　　林威宇

附錄二

# 「傳統文學的現代詮釋」
# 學術研討會紀要

## 葉勵儀　　劉麗珠

　　本世紀以來，人類知識急劇發展，學術體系的構建詳瞻邃密，分科因而日趨精嚴，理論架構與分析方法不斷創新，面對當前研究方法學突飛猛進，資訊又快速傳播、相互影響的嶄新學術環境，中國傳統文學如何運用文學自身及其他相關學科的新知，予以適當詮釋，俾能因應現代社會生活的需要，此乃學術界急待探索的新課題。

　　東海大學中國文學系教師有鑑於此，於民國86年5月31日假東海大學茂榜廳，舉辦「傳統文學的現代詮釋」學術研討會。本次會議即針對上述新課題加以研討，希望透過學術界相互激盪，共同努力擬構「文學詮釋學」這一門新學科的理論體系。讓多元相關學科作有機體的結合，從而為傳統文學的詮釋，開拓多視角的領域，也為傳統文學的研究與教學工作，提供新的充滿時代精神並富積極意義的方向。

　　本次會議邀集中部地區學者，進行為期一天的討論。共宣讀12篇論文，分為四場進行。開幕式由東海大學中文系主任李立信教授主持，邀請東海大學校長王亢沛先生致詞。

# （一）

　　第一場研討會由逢甲大學中文系林聰明主任主持，論文發表者爲吳福助、甘漢銓、林茂賢三位先生。講評人分別爲鄭邦鎮、戴瑞坤、胡萬川三位先生。

　　吳福助先生發表〈「文學詮釋學」理論體系的構建〉，主要是論「文學詮釋學」這個學科的理論建設問題。第一部分指出此學科緣起於東海大學中文系薛順雄教授首先提出，並於民國八十五年上學期在該系碩士班新開「文學詮釋學」選修課程。第二部分論述此學科成立，可從三大原則來進行：一是文學作品從孕育產生到現實功能的整個流程，均應整體加以考宗，避免割裂孤立地看待問題。二是由於文學所反映生活的廣闊性和豐富性，故在不排斥各個學派堅持自已的立場、觀點的基礎上，所援引的文學理論應容許有多元的選擇。三是如何看待作品的社會功能。第三部分是理論體系的構建，分爲三方面：一是文學文獻學，有利於文學作品原貌及流傳利用情況的探索，爲文學作品的詮釋，奠定堅實的考據基礎；二是文章學，此應是詮釋學最主要的依據；三是相關學科（諸如文學心理學、文學批評學、比較文學、兒童文學、接受美學、語意學、語言學、哲學、宗教、歷史學、文化學、民族學、社會學、藝術學及自然科學等等）可援引作爲有機體結合，以便深入詮釋作品的相關內容。最後認爲應該藉由科學思維和藝術思維相結合的詮釋方法，來重新看待中國大陸和台灣本土的文學。

　　鄭邦鎮先生認爲本篇論文爲學術界提出一個新的議題，作者明顯有「超越西方、整合世界、觀照傳統、落實主體」的遠大理想。文章缺點則是實例較少。學者們咸認「文學詮釋學」亟需加

以明確定義與定位。

　※　　　　　※　　　　　※　　　　　※

　　甘漢銓先生發表〈從字詞的訓詁到作品的詮釋〉一文，是從小學的基礎出發，討論訓詁學和它在中國傳統學術中的地位；認為訓詁學中除了詞義的解釋以外，更涵蓋作者、歷史、思想等不同層面的考量。文中先引用《毛傳》的「故、訓、傳」，作為參考依據，來看早期訓詁的融貫性。又引宋明理學家朱子的主張，認為從名物訓詁開始，亟需弄清楚這字義詞義，才能夠通其意，這樣的方法和毛公三位一體的解經態度，基本上是一致的。但是宋明理學家的解釋之所以不受重視，歸因於他們比較喜歡探討義理方面的問題，被認為它是虛妄、牽強的。而到了清代段、王等乾、嘉之學，純粹解說字義，並未全面性去探討作品思想內涵。《馬氏文通》之後的語言學，其訓詁的性質愈來愈清楚、嚴格，同時排斥非語言學的方法，導致訓詁本身趨向嚴格化、嚴密化，但在功能上反而比較狹窄。近來大陸學者所提出的注釋學，是以訓詁學為基礎的，所關心的問題不只侷限於字詞的訓詁而且更深入地探討關於作者的思想和生平、作品的背景和歷史、作品思想和意義，以及文學的欣賞批評等等問題。由宏觀的角度來看，它提供了一個新的方法來對待文學作品，然而卻必須考慮注釋學本身易陷於主觀的窠臼。尤其注釋學所處理的並非對外部語言的訓詁，而是對內部語言的詮釋。處理內部語言的成分時，注釋者本身的知識、情感、思想等等，勢必要融入到作品裏面，如此更易陷於主觀、與更多隨意附會之陷阱。於是注釋學很可能又重新陷入毛傳所犯的錯誤，如何能避免而達到理想的融合是今後應探討的問題。

　　戴瑞坤先生以為本文有關「訓詁的嚴密化」，是從非語言的

角度來探討作品，而不再屬於訓詁的範圍之內，這樣的方法，雖然有助於訓詁學科的準確性和精密化。但是同樣有其缺點，即是弄清楚詞義之後，詞源本來是有助於理解作品，但作品的詮釋如果不能以融合的態度去進行廣泛的探索思考，則無法竟其全功。其次是有關「注釋學的宏觀意義」的探討，是從作者的生平事蹟、歷史背景、思想體系與創作的意圖等等各種不同角度來分析，對作品深刻的辨析，必可彌補訓詁的嚴密化以後作品詮釋上功能的不足。然而，關於訓詁嚴密化以後，在微觀的意義上雖然比較嚴密，但在這種宏觀的意義上就顯得比較偏枯，所以能夠從微觀與宏觀這兩者加以結合，對作品的詮釋可能會比較理想。最後，注釋學有關「復古與創新及其困難」方面，除了以往對於詞義的解釋以外，更涵蓋作者的歷史思想等等方面的問題。將這些非語言的方法重新納入做為作者詮釋作品的整体考量，有其積極創新意義在內。但注釋不具備宏觀的知識和豐富的經驗，可能對於作品語言的訓詁、思想的把握會有落差。注釋學的困難，另作者的意念或思維是否正確，可以透過語言文字，在作品呈現之前讓它披露，則這種內部語言抽象的東西或者個別的東西，在注釋學上可能存有「書不盡言」或是「不盡意」的困難。

※　　　　※　　　　※　　　　※

　　林茂賢先生〈台灣扮仙戲的象徵意義〉一文中指台灣民間演戲的習俗，凡是和宗教信仰有關的演出，如廟會酬神、作醮、入廟、謝平安等，演出前定要先演出一段吉慶戲。在民間俗稱「扮仙」。「扮仙」是台灣演劇的開場戲，且是最重要的一部分。近幾年來，由於傳統戲曲沒落，所以廟會也用放電影的方式，包括在放電影之前，都仍要先放一段扮仙的影片，可見扮仙在民間演劇活動的重要性。這篇論文即嘗試對扮仙的內容，以及它在民間

所象徵的意義,提出一些討論。臺灣戲劇的表演,它基本上分爲
兩個部分。第一個是扮仙戲,第二個是正戲。不管南管、北管、
歌仔戲或者布袋戲都是一樣。扮仙戲的特色都是情節非常簡單,
內容非常單調的一些短劇。它的藝術性不強,可是他的宗教性非
常強烈。扮仙戲使用的語言是介於國語和臺語之間的北管官話。
民間一般表演的扮仙有「三仙白」、「三仙會」,其次是「醉八
仙」、「天官賜福」,再其次是「蟠桃會」、「富貴長春」,而
「大拜壽」、「太極圖」、「五福天官」、「金牌仙」則較少演
出等等。 一般而言,扮仙戲是由兩部分組成的, 一個是神仙戲
(八仙、三仙、天上神仙),第二部分是人間戲,描述歷史人物
功成名就、闔家團圓的故事,種類有「加官」、「封王」、「封
相」、「卸甲」、「金榜」等等,其中只有「金榜」是必演之戲,
其它戲碼則以組合方式演出。扮仙戲的內容雖然是非常的枯躁,
但在臺灣戲劇裏面是最重要的一部分,甚至可以說台灣演戲最主
要的是扮仙,不是做戲。娛神比做戲更重要,因爲扮仙是反映所
有民衆對未來的期待。例如:三仙戲中的腳色:福祿壽三仙象徵
民衆期望福祿壽,麻姑代表的是壽,白猿代表的是祥瑞;金榜代
表的涵義是金榜題名、洞房花燭、闔家團圓等等,台灣人民的普
遍希望即呈現在戲裏。

　　胡萬川先生以爲就儀式劇來說,其演出的戲碼,因人因時因
地因事的條件來決定。從文化的角度來看,民間戲劇的儀式所呈
現的文化象徵意義,常因其儀式中有太多的禁忌,何人何時何地
何事可以表演。反觀,某種禁忌下,不能演出的限制提供了問題
的反面思考,如此由限制的角度,審視儀式劇所要表現的義意,
更能加深文化的象徵,與宗教的表現。所以,由正反面交互思考
儀式劇的內容,更能呈現扮仙戲在文化與宗教,所象徵的意義與

內涵。

## （二）

　　第二場研討會的主持人由靜宜大學中文系胡森永主任主持，論文發表者為李建崑、徐照華、李立信三位先生。講評人分別為薛順雄、李時銘、謝海平三位先生。

　　李建崑先生發表〈孟郊詩詮釋問題探論〉一文，指出自民國八十一年五月與邱燮友教授共同從事孟郊詩的全面校注工作，其間所面臨的問題以及相關的詮釋新方向，在此篇論文中做一報告。首先於「孟詩的成書和重要版本」中，孟詩的結集以北宋藏書家宋敏求所編之十卷本為主。重要的版本方面，宋刻本以北京圖書館藏《宋蜀刻本》五卷是目前所能見到比較早的刻本，《明弘治本》和毛氏《汲古閣刻本》二刻本是比較常見；注本則以陳延傑在民國二十八年九月出版的《孟東野詩注》，是自宋以來，惟一的全注本。其次在「考校孟詩的文獻資源」上有四種資料來源：一是比勘孟詩異文的文獻有選集、總集（如《樂府詩集》、《文苑英華》等）；二是《御定全唐詩》在編纂過程中，清代大學者季振宜、錢謙益等，所採用的很多寶貴校勘資料；三是歷代詩論的資料；四是現代學者所研究出的新資料，如李豐楙先生對有關孟郊〈列仙文〉詩的問題討論。最後是從詮釋學的角度對孟詩提出三個方法途徑：一是孟郊內心世界的觀察與說明，就其生活與創作富於戲劇性、特殊性，而認為他是「極佳的精神分析個案」，所以其內心世界的觀察可應用現代精神分析理論詮釋。二是孟郊語言風格的分析，採現代語言學的角度討論他奇特的文字用語方法，如情境的偏離、變形、轉換，意念的跳躍、思維的剝離，奇妙的譬喻等。三是從接受美學的角度來看孟詩意念的開發，這

包括讀者與歷代對孟郊詮釋的議題，在「詩囚」與「有理致」、「思不成倫，語不成響」與「龍肝鳳髓」兩極化的評論中，有很大的論述空間可加以闡述。

薛順雄先生認為李先生論述孟集版本，包括括歷代的評論，以及版本之間的差異性的基本工夫做得很紮實。就此單篇論文提出的看法是，首先從題目來看頗似《孟郊詩集校注》之序，為避免讀者的混淆，或可將題目就其範圍再求語義更明確。其次，在第四節中提出對孟郊詩詮釋的新途徑，可以舉實例來落實所論述的原則，如『情神分析的個案』中可舉一作品說明，更具有說服力。最後，對於一些新的理論名詞，如「語言風格學」可以做一定義的詮釋，避免誤解。

　　　　※　　　　　　※　　　　　　※　　　　　　※

徐照華先生發表〈蘇軾的農村詞研究〉一文，從社會寫實的角度解讀蘇軾的某一些農村詞，它的意義是「花間」「尊前」抒情類型發展的軌跡，至蘇軾始獨樹異幟，為詞另闢了一個天地。蘇軾農村詞的特色是表現人生的一些自我經驗，結合本身宦遊，在農村詞中抒寫自我性靈懷抱，又表現其對社會人生的關懷與體察；對擴大詞的題材範圍，提高詞的社會寫實功能，有其劃時代的意義。從蘇軾農村詞的內涵觀察，以《浣溪沙》五首為主，再配合其他詩詞，歸納有三：一是農村生活的苦樂，絕大部分是取決於外力，即是自然氣候（如：見瑞雪則喜麥收，薰南風則阜民財）與政治因素的影響（如：〈浣溪沙〉「拾青擣麥軟饑腸」、〈陳季常所蓄朱陳村嫁妾圖〉一詩的「縣吏催租夜打門」）。二是農村的自然風光，從「美」、「真」的角度來描繪（如〈浣溪沙〉所寫的黃童、白叟、紅妝、桑姑、醉翁等色鮮明而情態可掬的人物形象和豐富的草木、動物；密州農村的景象；黃州登高望

遠郊外的景況等），可看出蘇軾超然物外的胸次。三是歸隱農村
自然的希望，這在〈浣溪沙〉其四下半片的「酒困」、「路長」、
「欲睡」、「日高」、「人渴」中寓有深刻的象徵意義。最後論
及蘇軾農村詞的特色，分析有二：一是用世與超世的衝突，在
〈滿庭芳〉詞的牽掛著「天遠夕陽多」、「老去君恩未報」，還
要「彈鋏悲歌」，可見其心境是充滿困惑而不能平靜。二是扮演
角色的定位，有關懷與同情者、所賞與喜愛者、回歸並參與者三
種角色，可看出他本身豐富而繁複的心靈世界，表徵著他的歡樂
和痛苦。

　　李時銘先生認為此論文，以一組〈浣溪沙〉為主來討論蘇軾
農村詞，焦點集中在求雨、謝雨這個活動，再配合其他詩詞，把
整個有關農詞方面的作品串連，是一非常高明的技巧。並且根據
吳福助、薛順雄二位先生所提出的「文學詮釋學」角度，提出二
點看法，其一就東坡詞的問題，在對文本解釋時是需要有比較精
確的認知為前題，如東坡詞的祈雨或謝雨，在〈浣溪沙〉中段是
指謝雨，然而文章中提及謝雨的地點大約在「蒼石」、「巖竇」
之間，然所引用資料是祈雨的〈起伏龍行〉一詩。其二對於援引
資料做佐證或說明時，而要對這些相關資料有較清楚認知，如文
章中所提及社神的問題，根據顧炎武的《日知錄》卷廿三得知，
「社」是一個行政組織，而非廿五家是一個社神。

　　　　　　※　　　　　　　※　　　　　　　※　　　　　　　※

　　李立信先生發表〈唐代詩歌之結集體例〉一文，是以唐人白
居易所自行編定的《白氏長慶集》為基礎，加上《張說之文集》、
《權載之文集》、《劉夢得文集》、朱文公校《昌黎文集》、
《元氏長慶集》、《樊川文集》、《浣花集》七種文集，論述唐
人詩文集之結集體例。文中首先論白居易《白氏長慶集》是唐人

少數自行編定的文集之一，並就其編纂的過程、時間加以考定。再針對《白氏長慶集》編排的體例，製表比較日本元和那波道圓的活字本與宋紹興刻本，兩者只是卷次先後的不同，全書的體例及各卷內容並無不同，可見與白氏原本相近。因此可以透過《白氏長慶集》來充分掌握唐人對詩歌的一些觀念。文中特別提及宋紹興刻本第廿九卷，舉出四點來證其應屬「格詩」：一是卷數與格詩卷爲近；二是卷內詩用仄韻者甚多，且偶有換韻；三是詩題不類律詩，與其他格詩卷較近似；四是細按各首平仄，無一合譜者。此外另一項更有力之證據是大陸中華書局據宋紹興七十一卷爲底本，由顧學頡校定標點之《白居易集》於卷二十九律詩凡四十七首下，有註云：「按：應作『格詩凡五十首』」。最後再加上張說之等七人文集中得出結論：唐人都把詩歌分爲「古調詩」（或古詩、或雜詩），及「律詩」兩大類，此外另有少數作家還分「樂府」或「雜體詩」，其中以古體及律詩兩大類爲主，這種情形一直到北宋仍是如此。

　　謝海平先生認爲閱讀本文，有助於日後使用唐人文集時翻查資料方便。全文結構大體圓滿，但在題目訂定方面，因內容多在論白居易體例編排的問題，且又以詩歌部分爲討論的重心，故建議可把範圍定在詩歌部分，或〈從白居易的文集編排體例看唐人文集的結集體例〉。其次，在分析白居易詩時用表格來顯示其体例外，建議對張說之等七人的文集或可用此法表之可更明確。在場學者認爲關於唐人文集結集體例的形成，可以上溯至魏晉南北朝去探討；並建議日後或可將觸角再伸到唐人文章體例的編排。

（三）

　　第三場研討會由彰化師大國文系鄭靖時主任主持，論文發表

者爲薛順雄、林政華、廖美玲三位先生。講評人分別爲陳萬益、
趙天儀、張逸帆三位先生。

　　薛順雄先生發表〈試探台灣明清時期漢語舊詩所反映本島原
住民的風土及習俗〉一文，從平等、同情、瞭解、尊重的立場出
發，重新詮釋明清時期漢語舊詩所反映本島原住民的風土及習俗，
期使對原住民文化有一新的發現與認識。秉持「文學比歷史更爲
眞實」的態度，選錄了二十首較能顯露早期原住民風俗的代表詩
作，加以排比綜述解析，使吾人了解原住民的語言、習俗對漢人
的影響，以及原住民的一些特殊習俗，增強人們對早期原住民的
深度認識。本文引用明清時期一些由大陸內地來台灣當官、旅遊、
探礦、避難等文人所寫的傳統漢詩，由於這段時期所留下的文獻
相當多，本文限於篇幅，僅能選擇少數較具代表的作品。本文從
民族學和文化學的立場出發，以現代詮釋的角度，重新解讀這些
作品的民俗文化內涵，只盼能具有拋磚性的探討目的。

　　陳萬益先生認爲薛先生論文具有兩大創見：一爲透過台灣漢
詩的探討，可查出很多台灣話的源頭以及一些習以爲常但實際上
並不清楚的語彙，如「牽手」、「黑貓」等；二爲對原住民風土
習慣的探索，如「出草」、「吃檳榔」的風俗，不僅可從中探討
出詞語的語源，而且可了解當時原住民和漢人的交流情形。將台
灣文學視爲學術範疇約自1990年代開始，傳統漢詩的研究處在中
國傳統文學的邊緣，較不受重視，但這幾年陸續有幾部博士論文
發表，而且有幾位學者正在從事地方性的傳統漢詩的收集整理工
作，可見有愈來愈多的人重視台灣傳統漢詩的研究。原住民在台
灣的漢人文化視野中，基本上是邊緣又邊緣的，1980年代後期雖
然原住民已能夠掌握中文來從事文學的創作，但成果有限。薛先
生論文所提供的研究觀點和資料尙可就其他方面來詮釋，可從移

民歷史的思考角度入手，必須注意不要站在漢民族的觀點，以免對原住民的文化有所誤會或偏見。吾人應努力去化解因移民歷史先後所造成的衝突，進而開展出台灣文學或整個台灣文化未來良性發展的康莊大道。

　　※　　　　　　※　　　　　　※　　　　　　※

　　林政華先生發表〈台灣本地兒童歌謠的若干問題〉一文，以文本詮釋的觀點，論述台灣本地兒童文學的相關問題。題目中用「本地」一詞，乃為有別於中國僑胞自稱其國內為「本土」；也是台灣河洛話「本基地」的簡稱。文中分別論述六個問題：一、將「傳統童謠」和「創作性兒歌」作一界定：「傳統童謠」的特質是民間性的、沒有作者、口傳；「創作性兒歌」可分童謠、兒歌兩部份，是近人所創作，具個人創意性質的兒歌，亦可寫童謠式的作品。二、台灣本地兒童歌謠發展概述：列舉書目，以歷史鳥瞰式的方式來呈現，分「傳統童謠」和「創作性兒歌」兩類。三、台灣本地兒童歌謠的分類：此問題牽涉到分類學，而各家分類或因立場、或因方便，有各種不同分類方式，林先生加以參酌，且配合作品實例，而作出自己的分類。四、第一首台灣本地兒童歌謠誰屬：此問題牽涉到探源學，一首真正的兒童歌謠，必須具備「兒童性」、「文學性」、「兒童趣味性」和「潛在教育性」的特質，如此才具有兒童文學作品的條件。要判斷第一首台灣本地兒童歌謠，可能要從所有的兒歌中去作資料集成、分析之後，才能找到答案。五、台灣本地童謠的文學特質：廖漢臣先生在《台灣兒歌》中有一些比較，但仍有重視中國輕忽台灣之弊。六、台灣本地兒童歌謠教育的展望：一般歌謠具有音樂性，因此應將兒童文學家和音樂工作者結合起來，配樂唱和，以使兒童歌謠的感受力較強；那麼，林文寶先生提到的「鄉土情懷」，在兒歌中

就可建立起來。兒歌功能很多，應廣加推廣。

　　趙天儀先生認爲此篇論文利用「詮釋學」的方法來解釋論文所述之問題，有必要先釐清「詮釋學」的原始觀念及其意義。對於題目中「本土」、「本地」之爭，似可以台語「本基地」稱之。日據時代之童謠與現代童謠的定義有所不同，但日本童謠運動對台灣有影響。林先生將童謠分爲「傳統童謠」和「創作性兒歌」，但「創作性兒歌」與「現代兒歌」不能劃上等號，不知其中有何差別？所引用之童謠書籍是一種很好的參考書籍，但建議列上出版社和年代。此外，論文中強調「文本觀念」，但趙先生以其幼年農村實際的生活體驗，認爲童謠可分兩大類，一爲死了的童謠：只有文字記載，但早已不流傳；一爲活著的童謠：有文字或沒有文字記載，但可能還在流傳，趙先生並以口頭舉例說明之。而在「創作童謠」方面，耳熟能詳的如「妹妹背著洋娃娃」，這個才是眞正的童謠，若只有文字上的記載，而不能在民間流傳，或者創作性的兒歌不能配樂，這些只是徒歌，不能變成既有文字記載又具音樂性的童謠。

※　　　　　※　　　　　※　　　　　※

　　廖美玲教授的〈淺談西方閱讀理論對詮釋文學作品的影響〉一文，探討閱讀理論和詮釋文學作品的關係。文中將閱讀理論的變革、源流做一介紹，然後從中去探討閱讀理論對文學作品的詮釋所提供的一種新的角度。閱讀理論其實體是文學作品，而所謂「閱讀」，即閱讀文學作品，在國外閱讀理論和文學理論的發展是同時進行的。西方的閱讀理論從十九世紀到現代，其中經過了幾次的變革。在十九世紀時，認爲閱讀主要在於解釋作者的意圖，因此必須對作者的歷史背景、生平事蹟等等做一種透徹的了解，是一種「歷史紀傳式」的閱讀方式，因此在閱讀文學作品時，必

須將關於作者的日記、書信等，都一起閱讀，以期真正了解作者的思想。到了二十世紀初期，則認為閱讀文學作品應從文學作品本身的角度來詮釋，後來即形成以文本為主的閱讀理論觀，就是研究有關文字的張力、結構等等；但過了一些時候，閱讀理論慢慢的和心理學產生了關連，開始研究讀者本身的認知、意識形態和對文字的了解。綜觀閱讀觀念從所謂的「傳遞觀」，就是將作者的訊息、意圖傳遞給讀者，又演變到讀者和作品的對應關係，後來又受到一些如 Chomsky 的語言學理論和心理學理論的影響，由讀者去解釋、建構作品意圖。因此從以作者為主演變到以讀者為主的閱讀方法，現在已經轉變成完全以讀者為主，讀者自己已有一套自己的詮釋方式，在文學詮釋上便產生了完全與傳統詮釋不一樣的角度。經過了這樣的轉變，在文學作品的詮釋上，可說完全肯定了讀者的地位。現在重點在於如何閱讀，如何利用閱讀理論來詮釋文學作品，使其詮釋更豐富、更多元化。

張逸帆教授認為這篇論文的特色，簡明扼要、提綱挈領的介紹西方閱讀理論的來龍去脈，並期許閱讀理論對我國傳統文學的詮釋有所啟示。論文有三大貢獻：一、切合主題：切合大會主題「傳統文學的現代詮釋」，將中國傳統理論和西洋文學的理論共同運用；二、方法論：在比較文學方面的嘗試，將西洋文學、中國傳統文學的研究和語言教學、文學教學等方面企圖加以整合，提出新觀念；三、具實用價值：將語言教學和中國文學研究結合，引用西方閱讀理論在其他學科領域的用途，相當難得。張教授並以其西洋文學研究者的立場，提出其意見：一、論文題目〈淺談西方閱讀理論對詮釋文學作品的影響〉，閱讀理論和詮釋文學作品兩者前後關係有待商榷；二、若詮釋指的是西方文學理論中的詮釋學，則閱讀理論和詮釋學是兩個不同的領域；三、論文中介

紹了諸多理論和理論的發展過程，但在對文學作品詮釋上面的影響，可多做說明。此外，文中對於西洋文學理論的條列有待修正，西洋文學理論的發展相當早，從古希臘、羅馬時期到中古世紀文藝復興時代和啓蒙時期、浪漫主義時期和維多利亞時期，皆有一系列的發展。二十世紀的文學理論，從1920、30年代的形式主義、讀者回應理論、社會學方面的批評、新歷史主義、心理分析、結構主義、後結構主義、解構主義等方面可再做補充。另外，有關現象學派應屬哲學領域的研究方法，在文學上較少人應用。從西方文學研究來看，讀者回應理論已經相當廣泛的應用於文學作品的詮釋上，在1960年代就已經發展爲大家普遍接受的一種立場。注重文字本身而忽略作者，在西洋文學研究中應屬於形式主義學派，其時期應在1920、30年代初期，而非廖教授所言的十九世紀末期。Skinner的《Verbal Behavior》促使了心理語言學的興起，但重點不是語言發展的心理與精神層面，而是語言的認知和獲得。張教授並回應林秀玲教授，認同必須對詮釋學下了精確的定義之後，才能談運用哪些理論來詮釋文學。並期許廖教授以其語言教學的專長和閱讀理論在語言教學方面的應用，對文學作品的詮釋提出更多的見解。

## （四）

第四場研討會由東海大學中文系主任李立信先生主持，論文發表者爲魏仲佑、林金龍、許建崑三位先生，講評人分別爲朱維煥、陳榮波、張簡坤明三位先生。

魏仲佑先生發表〈論詩經與詩序〉，此篇論文的重點分爲三部分：一、毛詩序應於何時寫作之問題。毛詩序的作者，過去討論《詩經》者談過很多，且傾向於東漢初年衛宏所寫，但仍無定

論，不過可確定的是在漢朝，且可能是東漢所寫。至於爲何要寫詩序？在先秦之前是沒有詩序的，焚書坑儒之後至漢朝成立，整個學術環境改變，獨尊儒術、設立博士。儒家過去要干祿、爭官位，必須與其他各家競爭，但此時，儒家要與自己不同派系的人競爭，魯詩、齊詩、韓詩，即在此種情況下出現。經學上的競爭，是爲做官，今文經和古文經之爭，亦是如此。在詩的範疇中，則促使了毛詩序的產生，毛詩序屬於古文，其產生是爲與今文三家去競爭。且毛詩序以《左傳》內容爲重要根據，《左傳》約在西漢末年才開始流行，亦即今古文之爭後才出現，這種觀念爲清代姚際恆等人所談過。二、討論毛詩序與鄭玄注的關係，選取詩序中最荒謬的部份，與鄭注做一比較，由此可看出鄭玄對詩序的態度。鄭玄完全遷就詩序，鄭玄原先學三家詩，後來轉向毛詩序，故毛詩的地位因此而提高。三、「主文而譎諫」的問題，在文中第五類政治諷刺詩，指名道姓的去攻擊，在〈小雅〉中非常普遍，每一首諷刺詩都很自然的表達，而無一定的規範。最後結論得出，〈詩序〉的寫作乃是以禮教甚至以文化、人倫的立場來做序，並不是針對文學的立場而發。

　　朱維煥先生認爲此論文主要爲討論詩序論詩與原意不符之檢討，極具企圖心。其在形式結構上很通順。在內容、觀點上，第一、提出《詩經》的定性問題，認爲《詩經》爲文藝作品，不容置疑，且《詩經》被儒家吸收之後，發展到東漢變成一種道德教化的作品。三百篇的美感經驗以及伴隨此詩集的禮教觀念、思維模式一代一代的植入中國知識份子的心中，而牢不可拔。清朝以前，除歐陽修外，大概皆認爲《詩經》是經，是一種道德教化；第二、毛詩序的寫作問題，朱教授原相信鄭樵所說的「采詩之官」說，後來閱讀此文後，改變想法，認同魏教授所言。詩小序引

《左傳》和《國語》來附會，《左傳》為戰國末年以後的散文大家所寫，直到西漢末年劉歆開始引傳解經，至杜預才將經、傳合成一本書，可見如錢穆先生所言：「古文家爭的是榮辱」，今古文之爭後《左傳》出現，故寫詩小序的人方能把《左傳》的文章引用至詩小序中，因此詩序是在《左傳》以後寫的。第三、鄭玄作箋乃將詩序加以疏通。中國文化的優點在於繼承傳統，孔穎達寫五經正義亦先引注，然後加以疏通增損，後人亦多承此法，缺點則不能有個人單獨的見解。第四、有關「主文而譎諫」的問題，規勸要溫柔敦厚，所謂溫柔敦厚，就是用一種巧妙、委婉的筆法，來表現諷諫。從文學作品轉出道德教化，這可能即是詩序所表現的溫柔敦厚。除此之外，鄭振鐸曾言「詩序是漢朝詩書作者雜揉其常識，然後附會穿鑿而成的。」此語在當年是大膽之言論，但對於現在則影響深遠。另外，題目〈論詩經與毛詩序〉點到為止，留下一個迴旋的空間，可讓人去想像。

※　　　　　※　　　　　※　　　　　※

　　林金龍先生發表〈從管理角度評析韓非的人性論及用人思想〉。此論文涉及現代管理領域和傳統古籍的解釋。第一節將「管」和「理」作文獻上的觀察，以「司毋戊鼎」和「萬里長城」為例。第二節則切入韓非的人性觀，當以人為中心的管理模式被定位以後，便必須探討人的本質問題。引用了楊宗藍先生的觀點可延伸出三個層面和數種人性假設。文中並對人性提出澄清說明。韓非提出了人「趨利避害」，是一種人生存的本能，他用這種需求來建立社會人倫的關係。韓非高明的不涉入人性是善、是惡的爭論，以這樣的主張來建立他的思想基礎，且最終目的是為鞏固中央集權的官僚系統。第三節論韓非的人事管理思想，引用了《韓非子》書中有關人事管理的公平、專業、制度、機會、客觀、公開等觀

念,與今日管理層面的用人原則,頗多吻合之處。並從君主層面來談用人標準,孤芳自賞、自命清高、不學無術、不懂法度、疾爭強諫等是不用考慮的;其理想人選,乃相對於這些人。但為君者亦不可憑個人的好惡、輕信輿論的毀譽來用人。整個官僚體系的建構,涉及到使各級官吏依職業的大小、分門別類,彼此要相互制約、牽連建立一個環環相扣的內在機制,使整個官僚體系自動運轉。韓非在用人的思考中,另外提出了官吏需要「養忠」的概念,讓官吏生活沒有匱乏;但臣下亦須明法,亦即所謂忠,對君主的忠誠與明法和法律的遵守並不矛盾。此外,有關用人的思想,《韓非子》書中提及了許多察姦、防姦之權謀術的描寫,在這些論點中不乏正面的意義,尤其當我們面對今天的官場活動時,感觸尤深。韓非亦於〈八經篇〉中,論述了人主治國理政的二十六條策略。

　　陳榮波先生認為此論文將管理科學與文學互相結合,學以致用,極有意義。論文從思想方面討論,韓非將慎到、商鞅、申不害的思想結合起來,所以在韓非的整個思想中離不開法、術、勢三個觀念。論文從管理角度切入,引用中國古書的觀念,但西方學者所說的管理,即是Management,其字源是從義大利文引申出來的,中文「管理」的基本意思,就是訓練,可引申為一種有計畫的操縱、控制,其用意乃在使組織中的人員、物力,在有組織的行為當中完成目標。韓非治國的目的乃是如何使國家富強,因此其管理強調中央集權。韓非認為領導者雖不一定是一個賢人,但要會用人。韓非的思想是從其人性論中發展出來的,從荀子性惡說的中心思想「禮」出發,以禮來教化人,但是沒有強制力,因此韓非便將禮化為外在化的強制力,所用的觀念便是「法」,以法來替代外在的強制力。在《韓非子》中的「六反」篇,提出

了君臣、父子、夫婦等關係常常以「利」作爲出發點,所以韓非的人性論乃從荀子的性惡說發展出來的,強調一種利害關係的觀念。因此韓非認爲領導者如何使臣下完成其任務,主要即是利用利害關係,而非儒家所言的仁義道德。有關韓非的用人文章中,〈用人〉篇可作爲論文的參考,因爲韓非用人非常強調順應天理、順應人情,此外尚須養忠以助其集權發展。韓非用人最重要的觀念,是盡人之智,不僅要發揮自己的智慧,也要會靈活運用別人的智慧來辦事情;此外,韓非的管理非常注重效率。

※　　　　　　※　　　　　　※　　　　　　※

　　許建崑先生發表〈「國殤」乃祭祀爲楚所殺之敵國軍士說〉一文,企圖表現一種顛覆的說法,與教科書完全不同。第一部分列出傳統的解釋。傳統的解釋認爲〈九歌〉是楚國南部流傳久遠的一套民間祭歌,屈原曾加以潤飾,主要是祭祀山川鬼神。〈國殤〉在其中是一篇追悼死於國事者的祭歌。第二部分辨認〈國殤〉的賓主詞。〈九歌〉既然是爲祭祀山川鬼神,因此祭祀時,鬼應該就在前面,所以即對著「你們」來講話,這些「你們」即是因爲國事而死掉的人。王逸《章句》中註:「謂死於國事者。〈小雅〉曰:『無主之鬼謂之殤』。」《左傳》成公十三年云:「國之大事,惟祀與戎」,祀與戎乃指戰爭與祭祀而言,因此死於國事者,乃指死在戰爭與祭祀這兩件事情上。許先生並逐段闡述舉證之。第三部份說明〈九歌〉與〈國殤〉之間的關係,〈九歌〉是一套祭祀鬼神的舞曲,〈國殤〉是〈九歌〉中的一章,所以〈國殤〉具有和〈九歌〉祭祀山川鬼神的意義。至於屈原是否改寫過〈九歌〉,仍找不到答案。文中並引述了薩滿教的萬物有靈論加以說明;此外,以四個例子來探討〈國殤〉與「外鬼」、「祖靈」間的關係。最後總結傳統文學合理詮釋的必要,若誤會

〈國殤〉是祭祀愛國的戰士，那麼便無法統合在山川鬼神的祭祀上，則〈九歌〉的解釋是不完整的。若相信傳統解釋，則無法以文化人類學的角度來看人類祭祀的心理，因此以一個全新的詮釋去看待傳統文學，有其必要性且將有一個煥然一新的視野。

　　張簡坤明先生認爲本文所探討的主題是〈九歌〉中的〈國殤〉祭祀的對象，許先生以文章爲本，再透過文化人類學的角度來探討〈國殤〉祭祀的對象，是楚國人亦是吳國、秦國人？此論點與傳統解釋有很大的出入。這種透過科技整合來探討舊有典籍的研究方法，應值得我們運用。目前大陸正以這一套方法來研究《詩經》、《楚辭》、《老子》等，而且有很好的成果。此論文在資料的推論方面，很詳盡、周延，得到的結論大致上可接受。但有幾點仍待商榷：一、從出土的文獻來看，在春秋晚期國際之間軍品交流密切，因此吳、楚、秦三國所製作的器物應是彼此交流，在吳國墳墓中可找到楚國的文化特質；秦國的銅鏡則完全依據楚鏡的傳統，依此可證明三國物品在春秋晚期應彼此交流過，文化的彼此影響密切。因此在描寫戰爭時，楚國人拿著吳戈、秦弓應該是可能的，而且有人認爲吳戈、秦弓只代表一種製作精良的武器。二、「操吳戈兮披犀甲」一詞，《考工記》記載「犀甲壽百年」，因此犀甲的武器可維持一百年，犀甲應爲楚國的土產。此外，〈國殤〉一文應是有主詞的，以文法學而言，如第二句主詞應是「車」，故不應說文章的主詞常常易位，而是文章中動作的主動者常常易位。另外從原始民族把頭砍下來當作勝利品，作爲「首身離兮心不懲」的解釋，此說法有待商榷，楚國民族好像沒有這個習慣，反倒是秦國崇尚首功。

　　　　※　　　　　　※　　　　　　※　　　　　　※

閉幕式由東海大學文學院洪銘水院長致詞。在經過一天四場

密集式、廣泛的研討之後，不僅開拓了學術交流的視野，而且咸認運用多元學科的有機結合，如何將傳統文學符合作品原貌，並且作適合現代社會的詮釋，應是未來發展的重要方向。